DAS NEUE SCHULDRECHT 2022

Hemmer/Wüst/Tyroller/d'Alquen

LERNEN MIT DER HEMMER-METHODE

UNSERE HAUPTKURSE ZIVILRECHT - ÖFFENTLICHES RECHT - STRAFRECHT

Ab dem 5. - 6. Semester werden Sie sich erfahrungsgemäß für unsere Examensvorbereitungskurse interessieren. Hören Sie kostenlos Probe und besuchen Sie unsere Infoveranstaltungen.

IM REPETITORIUM GILT DANN: LERNEN AM EXAMENSTYPISCHEN FALL! WIR ORIENTIEREN UNS AM NIVEAU DES EXAMENSFALLS.

Gemäß unserem Berufsverständnis als Repetitorinnen und Repetitoren vermitteln wir Ihnen nur das, worauf es ankommt: Wie gehe ich bestmöglich mit dem großen Fall, dem Examensfall, um. Aus diesem Grund konzentrieren wir uns nicht auf Probleme in einzelnen juristischen Teilbereichen. Bei uns lernen Sie, mit der Vielzahl von Rechtsproblemen fertig zu werden, die im Examensfall erkannt und zu einem einheitlichen Ganzen zusammengesetzt werden müssen („Struktur der Klausur"). Verständnis für das Ineinandergreifen der Rechtsinstitute und die Entwicklung eines Problembewusstseins sind zur Lösung typischer Examensfälle notwendig.

Ausgangspunkt unseres erfolgreichen Konzepts ist die generelle Problematik der Klausur oder Hausarbeit: Der Bearbeiter steht bei der Falllösung zunächst vor einer Dekodierungs- (Entschlüsselungs-) und dann vor einer (Ein-) Ordnungsaufgabe: Der Examensfall kann nur mit juristischem Verständnis und dem entsprechenden Begriffsapparat gelöst werden. Damit muss Wissen von vorneherein unter Anwendungsgesichtspunkten erworben werden. Abstraktes, anwendungsunspezifisches Lernen genügt nicht.

Man hofft auf die leichten Rezepte, die Schemata und den einfachen Rechtsprechungsfall. Die unnatürlich klare Zielsetzung der Schemata lässt aber keine Frage offen und suggeriert eine Einfachheit, die im Examen nicht besteht. Auch bleibt die der Falllösung zugrunde liegende juristische Argumentation auf der Strecke. Mit einer solchen Einstellung wird aber die korrekte, sachgerechte Lösung von Klausur und Hausarbeit verfehlt.

ERSTELLER ALS „IMAGINÄRER GEGNER"

Der Ersteller des Examensfalls hat auf verschiedene Problemkreise und ihre Verbindung geachtet. Diesen Ersteller muss der Student als imaginären Gegner bei seiner Falllösung berücksichtigen. Er muss also versuchen, sich in die Gedankengänge, Annahmen und Ideen

des Erstellers hineinzudenken und dessen Lösungsvorstellung wie im Dialog möglichst nahe zu kommen. Dazu gehört auch der Erwerb von Überzeugungssystemen, Denkmustern und ethischen Standards, die typischerweise und immer wieder von Klausurenerstellern den Examensfällen zugrunde gelegt werden.

Wir fragen daher konsequent bei der Falllösung:
Was will der Ersteller des Falls („Sound")?
Welcher „rote Faden" liegt zugrunde („main-street")?
Welche Fallen gilt es zu erkennen?
Wie wird bestmöglicher Konsens mit dem Korrektor erreicht?

Wer sich überwiegend mit Grundfällen und dem Auswendiglernen von Meinungen beschäftigt, dem fehlt zum Schluss die Zeit, Examenstypik einzutrainieren. Es droht das Schreckgespenst des „Subsumtionsautomaten". Examensfälle zu lösen ist eine praktische und keine theoretische Aufgabe.

SPEZIELLE AUSRICHTUNG AUF EXAMENSTYPIK

Die Thematik der Examensfälle ist bei uns auffällig häufig vorher im Kurs behandelt worden. Auch in Zukunft ist damit zu rechnen, dass wir mit Ihnen innerhalb unseres Kurses die examenstypischen Kontexte besprechen, die in den nächsten Prüfungsterminen zu erwarten sind.

Schon beim alten Seneca galt: „Wer den Hafen nicht kennt, für den ist kein Wind günstig". Vertrauen Sie auf unsere Expertenkniffe. Seit 1976 analysieren wir Examensfälle und die damit einhergehenden wiederkehrenden Problemfelder. Problem erkannt, Gefahr gebannt. Die „hemmer-Methode" setzt richtungsweisende Maßstäbe und ist Gebrauchsanweisung für Ihr Examen.

Das Repetitorium hemmer ist bekannt für seine Spitzenergebnisse. Sehen Sie dieses Niveau als Anreiz für Ihr Examen. Orientieren Sie sich nach oben, nicht nach unten.

Unsere Hauptaufgabe sehen wir aber nicht darin, nur Spitzennoten zu produzieren: Wir streben auch für Sie ein solides Prädikatsexamen an. Regelmäßiges Training an examenstypischem Material zahlt sich also aus.

GEHEN SIE MIT DEM SICHEREN GEFÜHL INS EXAMEN, SICH RICHTIG VORBEREITET ZU HABEN. GEWINNEN SIE MIT DER „HEMMER-METHODE".

www.repetitorium-hemmer.de

KURSORTE IM ÜBERBLICK

AUGSBURG
Wüst
Mergentheimer Str. 44
97082 Würzburg
Tel.: (0931) 79 78 230
Fax: (0931) 79 78 234
Mail: augsburg@hemmer.de

BAYREUTH
Daxhammer/d´Alquen
Parkweg 7
97944 Boxberg
Tel.: (07930) 99 23 38
Fax: (07930) 99 22 51
Mail: bayreuth@hemmer.de

BERLIN-DAHLEM
Gast
Schumannstraße 18
10117 Berlin
Tel.: (030) 240 45 738
Fax: (030) 240 47 671
Mail: mitte@hemmer-berlin.de

BERLIN-MITTE
Gast
Schumannstraße 18
10117 Berlin
Tel.: (030) 240 45 738
Fax: (030) 240 47 671
Mail: mitte@hemmer-berlin.de

BIELEFELD
Lück
Salzstr. 14/15
48143 Münster
Tel.: (0251) 67 49 89 70
Fax.: (0251) 67 49 89 71
Mail: bielefeld@hemmer.de

BOCHUM
Schlömer/Sperl
Salzstr. 14/15
48143 Münster
Tel.: (0251) 67 49 89 70
Fax.: (0251) 67 49 89 71
Mail: bochum@hemmer.de

BONN
Ronneberg/Clobes/Geron
Meckenheimer Allee 148
53115 Bonn
Tel.: (0228) 91 14 125
Fax: (0228) 91 14 141
Mail: bonn@hemmer.de

BREMEN
Hemmer/Wüst
Mergentheimer Str. 44
97082 Würzburg
Tel.: (0931) 79 78 257
Fax: (0931) 79 78 240
Mail: bremen@hemmer.de

DRESDEN
Weber
Täubchenweg 83
04317 Leipzig
Tel.: (0175) 93 13 967
Mail: leipzig@hemmer.de

DÜSSELDORF
Ronneberg/Clobes/Geron
Meckenheimer Allee 148
53113 Bonn
Tel.: (0228) 91 14 125
Fax: (0228) 91 14 141
Mail: duesseldorf@hemmer.de

ERLANGEN
Grieger/Tyroller
Mergentheimer Str. 44
97082 Würzburg
Tel.: (0931) 79 78 230
Fax: (0931) 79 78 234
Mail: erlangen@hemmer.de

FRANKFURT/M.
Geron/Hahn/Bold
Dreifaltigkeitsweg 49
53489 Sinzig
Tel.: (02642) 61 44
Fax: (02642) 61 44
Mail: frankfurt.main@hemmer.de

FRANKFURT/O.
Gast
Schumannstraße 18
10117 Berlin
Tel.: (030) 240 45 738
Fax: (030) 240 47 671
Mail: mitte@hemmer-berlin.de

FREIBURG
Behler/Rausch
Rohrbacher Str. 3
69115 Heidelberg
Tel.: (06221) 65 33 66
Fax: (06221) 65 33 30
Mail: freiburg@hemmer.de

GIESSEN
Sperl
Parkweg 7
97944 Boxberg
Tel.: (07930) 99 23 38
Fax: (07930) 99 22 51
Mail: giessen@hemmer.de

GÖTTINGEN
Schlömer/Sperl
Kirchhofgärten 22
74635 Kupferzell
Tel.: (07944) 94 11 05
Fax: (07944) 94 11 08
Mail: goettingen@hemmer.de

GREIFSWALD
Lück
Knieperstraße 20
18439 Stralsund
Tel.: (03831) 26 27 17
Fax: (03831) 26 27 28
Mail: greifswald@hemmer.de

HALLE
Weber
Täubchenweg 83
04317 Leipzig
Tel.: (0175) 93 13 967
Mail: halle@hemmer.de

HAMBURG
Schlömer/Sperl
Steinhöft 5-7
20459 Hamburg
Tel.: (040) 317 669 17
Fax: (040) 317 669 20
Mail: hamburg@hemmer.de

HANNOVER
Daxhammer/Sperl
Matzenhecke 23
97204 Höchberg
Tel.: (0931) 400 337
Fax: (0931) 404 3109
Mail: hannover@hemmer.de

HEIDELBERG
Behler/Rausch
Rohrbacher Str. 3
69115 Heidelberg
Tel.: (06221) 65 33 66
Fax: (06221) 65 33 30
Mail: heidelberg@hemmer.de

JENA
Weber
Täubchenweg 83
04317 Leipzig
Tel.: (0175) 93 13 967
Mail: halle@hemmer.de

KIEL
Onoszko/Lück
Knieperstraße 20
18439 Stralsund
Tel.: (03831) 26 27 17
Fax: (03831) 26 27 28
E-Mail: kiel@hemmer.de

KÖLN
Ronneberg/Clobes/Geron
Meckenheimer Allee 148
53113 Bonn
Tel.: (0228) 91 14 125
Fax: (0228) 91 14 141
Mail: koeln@hemmer.de

KONSTANZ
Kaiser
Hindenburgstr. 15
78467 Konstanz
Tel.: (07531) 69 63 63
Fax: (07531) 69 63 64
Mail: konstanz@hemmer.de

LEIPZIG
Weber
Täubchenweg 83
04317 Leipzig
Tel.: (0175) 93 13 967
Mail: leipzig@hemmer.de

MAINZ
Geron
Dreifaltigkeitsweg 49
53489 Sinzig
Tel.: (02642) 61 44
Fax: (02642) 61 44
Mail: mainz@hemmer.de

MANNHEIM
Behler/Rausch
Rohrbacher Str. 3
69115 Heidelberg
Tel.: (06221) 65 33 66
Fax: (06221) 65 33 30
Mail: mannheim@hemmer.de

MARBURG
Sperl
Parkweg 7
97944 Boxberg
Tel.: (07930) 99 23 38
Fax: (07930) 99 22 51
Mail: marburg@hemmer.de

MÜNCHEN
Wüst
Mergentheimer Str. 44
97082 Würzburg
Tel.: (0931) 79 78 230
Fax: (0931) 79 78 234
Mail: muenchen@hemmer.de

MÜNSTER
Schlömer/Sperl
Salzstr. 14/15
48143 Münster
Tel.: (0251) 67 49 89 70
Fax.: (0251) 67 49 89 71
Mail: muenster@hemmer.de

OSNABRÜCK
Fethke
Philosophenweg 23
23970 Wismar
Tel.: (0541) 18 55 21 79
Mail: osnabrueck@hemmer.de

PASSAU
Rath/Wenzl
Mergentheimer Str. 44
97082 Würzburg
Tel.: (0931) 79 78 247
Fax: (0931) 79 78 260
Mail: passau@hemmer.de

POTSDAM
Gast
Schumannstraße 18
10117 Berlin
Tel.: (030) 240 45 738
Fax: (030) 240 47 671
Mail: mitte@hemmer-berlin.de

REGENSBURG
Daxhammer/d´Alquen
Parkweg 7
97944 Boxberg
Tel.: (07930) 99 23 38
Fax: (07930) 99 22 51
Mail: regensburg@hemmer.de

ROSTOCK
Burke/Lück
Knieperstraße 20
18439 Stralsund
Tel.: (03831) 26 27 17
Fax: (03831) 26 27 28
Mail: rostock@hemmer.de

SAARBRÜCKEN
Bold/Hein/Issa
Preslesstraße 2
66987 Thaleischweiler-Fröschen
Tel.: (06334) 98 42 83
Fax: (06334) 98 42 83
Mail: saarbruecken@hemmer.de

TRIER
Geron
Dreifaltigkeitsweg 49
53489 Sinzig
Tel.: (02642) 61 44
Fax: (02642) 61 44
Mail: trier@hemmer.de

TÜBINGEN
Kaiser
Hindenburgstr. 15
78465 Konstanz
Tel.: (07531) 69 63 63
Fax: (07531) 69 63 64
Mail: tuebingen@hemmer.de

WÜRZBURG
- ZENTRALE -
Mergentheimer Str. 44
97082 Würzburg
Tel.: (0931) 79 78 230
Fax: (0931) 79 78 234
Mail: wuerzburg@hemmer.de

VORBEREITUNG AUF DAS ZWEITE STAATSEXAMEN

ASSESSORKURSORTE IM ÜBERBLICK

BAYERN
WÜRZBURG/MÜNCHEN/NÜRNBERG/ REGENSBURG/POSTVERSAND

RA Gold
Mergentheimer Str. 44
97082 Würzburg
Tel.: (0931) 79 78 2-50
Fax: (0931) 79 78 2-51
Mail: assessor@hemmer.de

BADEN-WÜRTTEMBERG
KONSTANZ/TÜBINGEN/ POSTVERSAND

RA Kaiser
Hindenburgstr. 15
78467 Konstanz
Tel.: (07531) 69 63 63
Fax: (07531) 69 63 64
Mail: konstanz@hemmer.de

STUTTGART

RAin Baier / RA Baier
Mergentheimerstr. 44
97082 Würzburg
Tel. 0931-7978247
Fax. 0931-7978260
Mail: stuttgart@hemmer.de

BERLIN/POTSDAM/BRANDENBURG
BERLIN

RA Gast
Schumannstr. 18
10117 Berlin
Tel.: (030) 24 04 57 38
Fax: (030) 24 04 76 71
Mail: mitte@hemmer-berlin.de

BREMEN/HAMBURG
HAMBURG/POSTVERSAND

RAe Sperl/Clobes/Dr. Schlömer
Kirchhofgärten 22
74635 Kupferzell
Tel.: (07944) 94 11 05
Fax: (07944) 94 11 08
Mail: assessor-nord@hemmer.de

HESSEN
FRANKFURT

RA Geron
Dreifaltigkeitsweg 49
53489 Sinzig
Tel.: (02642) 61 44
Fax: (02642) 61 44
Mail: frankfurt.main@hemmer.de

MECKLENBURG-VORPOMMERN
POSTVERSAND

RAe Burke/Lück
Buchbinderstr. 17
18055 Rostock
Tel.: (0381) 37 77 40 0
Fax: (0381) 37 77 40 1
Mail: rostock@hemmer.de

RHEINLAND-PFALZ
POSTVERSAND

RA Geron
Dreifaltigkeitsweg 49
53489 Sinzig
Tel.: (02642) 61 44
Fax: (02642) 61 44
Mail: trier@hemmer.de

NIEDERSACHSEN
HANNOVER

RAe Sperl/Schlömer
Steinhöft 5 - 7
20459 Hamburg
Tel.: (040) 317 669 17
Fax: (040) 317 669 20
Mail: assessor-nord@hemmer.de

HANNOVER POSTVERSAND

RAe Sperl/Clobes/Dr. Schlömer
Kirchhofgärten 22
74635 Kupferzell
Tel.: (07944) 94 11 05
Fax: (07944) 94 11 08
Mail: assessor-nord@hemmer.de

NORDRHEIN-WESTFALEN
KÖLN/BONN/DORTMUND/DÜSSELDORF/ POSTVERSAND

RAin Dr. Ronneberg
Meckenheimer Allee 148
53113 Bonn
Tel.: (0228) 91 14 125
Fax: (0228) 91 14 141
Mail: koeln@hemmer.de

SCHLESWIG-HOLSTEIN
POSTVERSAND

RAe Sperl/Clobes/Dr. Schlömer
Kirchhofgärten 22
74635 Kupferzell
Tel.: (07944) 94 11 05
Fax: (07944) 94 11 08
Mail: assessor-nord@hemmer.de

THÜRINGEN

RAe Singbartl/Weber
Täubchenweg 83
04317 Leipzig
Tel.: (0175) 93 13 967
Mail: halle@hemmer.de

SACHSEN

RAe Singbartl/Weber
Täubchenweg 83
04317 Leipzig
Tel.: (0175) 93 13 967
Mail: leipzig@hemmer.de

SACHSEN-ANHALT

RAe Singbartl/Weber
Täubchenweg 83
04317 Leipzig
Tel.: (0175) 93 13 967
Mail: halle@hemmer.de

DAS NEUE SCHULDRECHT 2022

Hemmer/Wüst/Tyroller/d'Alquen

Hemmer/Wüst Verlagsgesellschaft

Hemmer/Wüst/Tyroller/d'Alquen, das neue Schuldrecht 2022

ISBN 978-3-96838-064-3

1. Auflage 2022

gedruckt auf chlorfrei gebleichtem Papier
von Schleunungdruck GmbH, Marktheidenfeld

§ 1 EINLEITUNG: DIE SCHULDRECHTSMODERNISIERUNG 2022

Das Jahr 2022 bringt die **umfangreichsten Änderungen des Schuldrechts seit 2002** *mit sich*

Das Jahr 2022 bringt bedeutende Änderungen des Schuldrechts mit sich. Es handelt sich um die weitreichendsten Änderungen seit dem Inkrafttreten des „Gesetzes zur Modernisierung des Schuldrechts" (SchRModG) zum 01.01.2002.

1

A) Die Entwicklung des Schuldrechts seit 2002

Die Schuldrechtsmodernisierung 2002 war die umfangreichste Reform des Schuldrechts seit Inkrafttreten des BGB am 01.01.1900.[1] Anlass für die Modernisierung des Schuldrechts 2002 war die Umsetzung einiger EG-Richtlinien. Hierbei handelte es sich um die Verbrauchsgüterkaufrichtlinie[2], die Richtlinie zur Bekämpfung des Zahlungsverzugs im Geschäftsverkehr[3] und die Richtlinie über den elektronischen Geschäftsverkehr.[4]

2

Nach der Schuldrechtsmodernisierung 2002 gab es noch weitere (kleinere) Reformen, die von der Modernisierung des Schuldrechts 2022 auch betroffen sind. Daher werden diese Reformen an dieser Stelle kurz erwähnt.

3

Änderungen zum 13.06.2014

Gesetz zur Umsetzung der Verbraucherrechte-RL und Änderung des Gesetzes zur Regelung der Wohnungsvermittlung.[5]

3a

Dieses am 13.06.2014 in Kraft getretene Gesetz normierte wichtige Änderungen im Allgemeinen Schuldrecht zum Widerruf von verbraucherschützenden Verträgen und auch im besonderen Schuldrecht.

Änderungen zum 21.03.2016

Gesetz zur Umsetzung der Wohnimmobilienkredit-RL und zur Änderung handelsrechtlicher Vorschriften.[6]

3b

Durch dieses am 21.03.2016 in Kraft getretene Gesetz wurden wichtige Änderungen beim „Darlehensvertrag; Finanzierungshilfen und Ratenlieferungsverträge zwischen einem Unternehmer und einem Verbraucher" (§§ 488 bis 515 BGB), bei der „Vermittlung von Verbraucherdarlehensverträgen und entgeltlichen Finanzierungshilfen" (§§ 655a bis 655e BGB) und bei den Informationspflichten in Art. 247 EGBGB geregelt.

Änderungen zum 01.01.2018

Gesetz zur Reform des Bauvertragsrechts und zur Änderung der kaufrechtlichen Mängelhaftung.[7]

3c

Durch dieses am 01.01.2018 in Kraft getretene Gesetz wurde v.a. das EuGH-Urteil vom 16.06.2011 in den Sachen „Weber" und „Putz"[8] und die dazu folgende Entscheidungen des BGH[9] umgesetzt. Mit § 439 III BGB wurde der Anspruch auf Ersatz von Aufwendungen für die Kosten des Ausbaus einer mangelhaften und des Einbaus der nachgebesserten oder nachgelieferten mangelfreien Sache normiert. In § 475 IV BGB wurde die Rechtsprechung des EuGH[10] und des BGH[11] zur Leistungsverweigerung des Verkäufers bei absoluter Unverhältnismäßigkeit der Nacherfüllung ins Gesetz aufgenommen. Im Werkvertragsrecht wurden die Vorschriften für den Bauvertrag (**§§ 650a ff. BGB**), den Verbraucherbauvertrag (**§§ 650i ff. BGB**), den Architekten- und Ingenieurvertrag (**§§ 650p ff. BGB**) und den Bauträgervertrag (**§§ 650u f. BGB**) ergänzt.

---

[1]   Verkündet wurde das BGB am 18. August 1896 durch Kaiser Wilhelm II.

[2]   RL 1999/44/EG vom 25.05.1999.

[3]   RL 2000/35/EG vom 29.06.2000.

[4]   RL 2000/31/EG vom 08.06.2000.

[5]   Vgl. dazu **Tyroller, Life&LAW 04/2014, 296 ff. sowie 06/2014, 452 ff.**

[6]   Vgl. dazu **Tyroller, Life&LAW 06/2016, 423 ff. sowie 08/2016, 569 ff.**

[7]   **Zu den Änderungen im kaufrechtlichen Mängelrecht** vgl. Tyroller, Life&LAW 10/2016, 727 ff. und Life&LAW 05/2017, 297 f.
     Zu den Änderungen im Werkvertragsrecht vgl. Tyroller, Life&LAW 06/2017, 425 ff.

[8]   EuGH, **Life&LAW 08/2011, 537 ff.** = NJW 2011, 2269 ff. = **juris**byhemmer.

[9]   BGH, **Life&LAW 04/2012, 239 ff.** = NJW 2012, 1073 ff. = **juris**byhemmer.

[10]   EuGH, **Life&LAW 08/2011, 537 ff.** = NJW 2011, 2269 ff. = **juris**byhemmer.

[11]   BGH, **Life&LAW 04/2012, 239 ff.** = **juris**byhemmer.

B) Hintergrund der Schuldrechtsmodernisierung 2022

Anlass: Umsetzung dreier EG-Richtlinien

4

Anlass für die seit 2002 umfangreichste Reform des Schuldrechts im Jahre 2022 war (u.a.) die Umsetzung dieser drei EG-Richtlinien:

⇨ **Warenkaufrichtlinie**

⇨ die **Digitale-Inhalte-Richtlinie** sowie die

⇨ **Richtlinie des Rates zur besseren Durchsetzung und Modernisierung der Verbraucherschutzvorschriften**

I. Die Warenkaufrichtlinie[12]

Kaufrecht beruht größtenteils auf der VGK-RL

5

Das geltende Kaufvertragsrecht des BGB beruht zu großen Teilen auf der lediglich mindestharmonisierenden Verbrauchsgüterkaufrichtlinie (VGK-RL).[13]

Warenkauf-RL löst VGK-RL ab

Diese Richtlinie wurde durch die am 20.05.2019 verabschiedete vollharmonisierende Warenkaufrichtlinie (Warenkauf-RL)[14] ersetzt, die bis zum 01.07.2021 in nationales Recht umzusetzen war.

> **hemmer-Methode: Vollharmonisierung** heißt, dass die Mitgliedstaaten die Warenkauf-RL weder durch strengere noch durch weniger strenge Vorschriften umsetzen dürfen, sofern dies nicht ausdrücklich durch die Warenkauf-RL gestattet ist.

Beschluss am 24./25.06.2021

Am 10.02.2021 wurde der Gesetzesentwurf der Bundesregierung zum „Gesetz zur Regelung des Verkaufs von Sachen mit digitalen Elementen und anderer Aspekte des Kaufvertrags" beschlossen.[15] In der Nacht vom 24.06.2021 auf den 25.06.2021 hat der Bundestag in einer Marathonsitzung rechtzeitig die Umsetzung der Warenkauf-RL als „Gesetz zur Regelung des Verkaufs von Sachen mit digitalen Elementen und anderer Aspekte des Kaufvertrags" beschlossen. Das Gesetz wurde im Bundesgesetzblatt am 30.06.2021 verkündet.[16]

Inkrafttreten am 01.01.2022

Das Gesetz tritt am 01.01.2022 in Kraft. Für vor dem 01.01.2022 abgeschlossene Kaufverträge bleibt es bei der bis zum 31.12.2021 geltenden Rechtslage gem. Art. 229 § 58 EGBGB.

6

Die wichtigsten Gesetzesänderungen sind:

⇨ die **Neuregelung des Sachmangelbegriffs in § 434 BGB**

⇨ die **Einführung einer Ware mit digitalem Inhalt inklusive einer Aktualisierungspflicht in den §§ 475b ff. BGB**

⇨ die **Verlängerung der Beweislastumkehr in § 477 BGB**

⇨ weitere **Anpassungen beim Verbrauchsgüterkauf** (Unanwendbarkeit des § 442 I BGB; faktische Streichung des Fristsetzungserfordernisses; Leistungsverweigerungsrecht bei absoluter Unverhältnismäßigkeit und Ergänzung der Bestimmungen für Garantien)

§ 2 dieses Skripts widmet sich der Umsetzung der Warenkauf-RL

Die Umsetzung der Warenkauf-RL durch das „Gesetz zur Regelung des Verkaufs von Sachen mit digitalen Elementen und anderer Aspekte des Kaufvertrags" wird in diesem Skript in **§ 2** dargestellt.

---

[12]　Vgl. dazu die Kommentierung des Gesetzes von **Tyroller/Hilkenbach, Life&LAW 11/2021, 768 ff.**

[13]　Richtlinie 1999/44/EG des Europäischen Parlaments und des Rates vom 25.05.1999 zu bestimmten Aspekten des Verbrauchsgüterkaufs und der Garantien für Verbrauchsgüter (ABl. L 171 vom 07.07.1999, S. 12).

[14]　Richtlinie (EU) 2019/771 des Europäischen Parlaments und des Rates vom 20.05.2019 über bestimmte vertragsrechtliche Aspekte des Warenkaufs, zur Änderung der Verordnung (EU) 2017/2394 und der Richtlinie 2009/22/EG sowie zur Aufhebung der Richtlinie 1999/44/EG (ABl. L 136 vom 22.05.2019, S. 28; L 305 vom 26.11.2019, S. 66).

[15]　www.bmjv.de/SharedDocs/Gesetzgebungsverfahren/Dokumente/RegE_Warenkaufrichtlinie.pdf?__blob=publicationFile&v=2.

[16]　Vgl. BGBl. 2021 Teil I, Nr. 37, Seite 2133 ff.

II. Die Digitale-Inhalte-Richtlinie[17]

7

Digitale-Inhalte-RL

Am 20.05.2019 wurde die „Richtlinie (EU) 2019/770 des Europäischen Parlaments und des Rates über bestimmte vertragsrechtliche Aspekte der Bereitstellung digitaler Inhalte und digitaler Dienstleistungen"[18] erlassen (Digitale-Inhalte-RL).

Vollharmonisierung bei Verträgen über digitale Produkte

Ziel der Digitale-Inhalte-RL ist die Vollharmonisierung von Teilbereichen des mitgliedstaatlichen Vertragsrechts betreffend Verträge über digitale Produkte. Das bedeutet, dass es den Mitgliedstaaten untersagt ist, die Digitale-Inhalte-RL durch strengere oder durch weniger strenge Vorschriften umzusetzen, sofern dies nicht ausdrücklich durch die Digitale-Inhalte-RL gestattet ist.

Am 13.01.2021 wurde der Gesetzesentwurf der Bundesregierung „zur Umsetzung der Richtlinie über bestimmte vertragsrechtliche Aspekte der Bereitstellung digitaler Inhalte und digitaler Dienstleistungen" beschlossen.[19]

In der Nacht vom 24.06.2021 auf den 25.06.2021 hat der Bundestag in einer Marathonsitzung rechtzeitig u.a. die Umsetzung der Digitale-Inhalte-RL als „Gesetz zur Umsetzung der Richtlinie über bestimmte vertragsrechtliche Aspekte der Bereitstellung digitaler Inhalte und digitaler Dienstleistungen" beschlossen. Das Gesetz wurde im Bundesgesetzblatt am 30.06.2021 verkündet.[20]

Inkrafttreten am 01.01.2022

Das Gesetz tritt - wie das „Gesetz zur Regelung des Verkaufs von Sachen mit digitalen Elementen und anderer Aspekte des Kaufvertrags" - am 01.01.2022 in Kraft.

Für vor dem 01.01.2022 abgeschlossene Verbraucherverträge über digitale Produkte, die vor diesem Zeitpunkt bereitgestellt wurden, bleibt es bei der bis zum 31.12.2021 geltenden Rechtslage gem. Art. 229 § 57 II EGBGB. Die meisten Regelungen werden aber auch Auswirkungen auf vorher abgeschlossene Verträge haben, bei denen die Bereitstellung der digitalen Produkte erst ab dem 01.01.2022 erfolgt. Die (unechte) Rückwirkung für vor dem 01.01.2022 abgeschlossene Verträge nach Art. 229 § 57 II EGBGB betrifft vor allem digitale Dauerleistungen (z.B. über die Teilnahme an sozialen Netzwerken oder Verträge über das Abonnement von Streaming-Diensten[21]).

Die Rückwirkung betrifft nach Art. 229 § 57 III, IV EGBGB aber nicht die Vorschriften über Aktualisierungen sowie über den Rückgriff des Unternehmers.

§ 3 dieses Skripts widmet sich der Umsetzung der Digitale-Inhalte-RL

Die Umsetzung der Digitale-Inhalte-Richtlinie durch das „Gesetz zur Umsetzung der Richtlinie über bestimmte vertragsrechtliche Aspekte der Bereitstellung digitaler Inhalte und digitaler Dienstleistungen" wird in diesem Skript in **§ 3** dargestellt.

---

[17] Eine Kommentierung des Gesetzes finden Sie in dem Beitrag von **Tyroller/Hilkenbach,** *„Gesetz zur Umsetzung der Richtlinie über bestimmte vertragsrechtliche Aspekte der Bereitstellung digitaler Inhalte und digitaler Dienstleistungen",* **Life&LAW 01/2022.**

[18] ABl. L 136 vom 22.05.2019, S. 1; L 305 v. 26.11.2019, S. 62.

[19] https://www.bmjv.de/SharedDocs/Gesetzgebungsverfahren/Dokumente/RegE_BereitstellungdigitalerInhalte.pdf;jsessionid=98385B9E3854CC41D3A7FD2B0176FE6E.1_cid324?__blob=publicationFile&v=3 .

[20] Vgl. BGBl. 2021 Teil I, Nr. 37, Seite 2123 ff.

[21] Begründung des Regierungsentwurfs, BT-Drs. 19/27653, Seite 88.

III. Richtlinie zur besseren Durchsetzung und Modernisierung der Verbraucherschutzvorschriften („new deal for consumers")

Richtlinie zur besseren Durchsetzung und Modernisierung der Verbraucherschutzvorschriften

Am 27.11.2019 wurde die Richtlinie (EU) 2019/2161 des Europäischen Parlaments und des Rates zur besseren Durchsetzung und Modernisierung der Verbraucherschutzvorschriften[22] der Union erlassen.[23]

8

Nach der Richtlinie sind die Mitgliedstaaten der Europäischen Union verpflichtet, bis zum 28.11.2021 die Maßnahmen zu erlassen und zu veröffentlichen, die erforderlich sind, um den Vorgaben der Richtlinie nachzukommen.

Am 13.01.2021 hat die Bundesregierung den Entwurf eines „Gesetzes zur Änderung des Bürgerlichen Gesetzbuchs und des Einführungsgesetzes zum Bürgerlichen Gesetzbuche in Umsetzung der EU-Richtlinie zur besseren Durchsetzung und Modernisierung der Verbraucherschutzvorschriften der Union" vorgestellt (nachfolgend „new deal for consumers").

Der Bundesrat hat am 05.03.2021 hierzu Stellung genommen.[24] Am 17.03.2021 wurde der Gesetzesentwurf dem Bundestag zugeleitet. Am 26.03.2021 fand die erste Beratung und Überweisung in die Ausschüsse - federführend: „Recht und Verbraucherschutz" - statt.

Am 10.06.2021 hat der Bundestag den Gesetzesentwurf in der Fassung der Beschlussempfehlung des Ausschusses für Recht und Verbraucherschutz[25] beschlossen. Am 25.06.2021 beschloss der Bundesrat[26], keinen Antrag auf Einberufung des Vermittlungsausschusses zu stellen.

Verkündung am 17.08.2021

Das Gesetz wurde anschließend am 10.08.2021 vom Bundestag beschlossen und am 17.08.2021 im Bundesgesetzblatt verkündet.[27]

Inkrafttreten am 28.05.2022

Das Gesetz tritt am 28.05.2022 in Kraft.

Das Gesetz sieht u.a. Anpassungen bei den Informationspflichten und der Widerrufsbelehrung im Online-Handel vor.

§ 4 dieses Skripts widmet sich dem „new deal for consumers"

Die Umsetzung der Richtlinie zur besseren Durchsetzung und Modernisierung der Verbraucherschutzvorschriften durch den „new deal for consumers" wird in diesem Skript in **§ 4** dargestellt.

IV. Das Gesetz für faire Verbraucherverträge [28]

Das Gesetz für faire Verbraucherverträge

Mit dem Gesetz für faire Verbraucherverträge (GfV) wird die Reform des Schuldrechts im Jahr 2022 abgeschlossen.

9

Dieses Gesetz beruht ausnahmsweise nicht auf einer EG-Richtlinie, sondern auf einem Gesetzesentwurf der Bundesregierung vom 16.12.2020[29], in welchem auf die neuen Herausforderungen reagiert wird, welche durch die Digitalisierung für den Verbraucherschutz entstehen.

---

22   ABl. L 328 vom 18.12.2019, S. 7.

23   https://eur-lex.europa.eu/legal-content/DE/TXT/?uri=CELEX%3A32019L2161

24   BR-Drs.61/21 (Beschluss), vgl. https://dserver.bundestag.de/brd/2021/0061-21B.pdf.

25   BT-Drs. 19/30527, vgl. https://dserver.bundestag.de/btd/19/305/1930527.pdf .

26   BR-Drs. 523/21 (Beschluss), vgl. https://dserver.bundestag.de/brd/2021/0523-21B.pdf.

27   Vgl. BGBl. 2021, Teil I, Nr. 53, Seite 3483 ff. vom 17.08.2021.

28   Vgl. dazu die Kommentierung des Gesetzes von **Tyroller/Hilkenbach, Life&LAW 09/2021, 629 ff.**

29   https://www.bmjv.de/SharedDocs/Gesetzgebungsverfahren/DE/Faire_Verbrauchervertraege.html.

Am 24.06.2021 hat der Bundestag den Gesetzesentwurf in der Fassung der Beschlussempfehlung des Ausschusses für Recht und Verbraucherschutz[30] beschlossen.

Verkündung am 17.08.2021

Das Gesetz wurde anschließend am 10.08.2021 vom Bundestag beschlossen und am 17.08.2021 im Bundesgesetzblatt verkündet.[31]

Durch das Gesetz für faire Verbraucherverträge wird die Position von Verbrauchern gegenüber Unternehmen sowohl beim Vertragsschluss als auch bei den Vertragsinhalten verbessert werden.

Die wichtigsten Gesetzesänderungen sind:

§§ 308 Nr. 9, 310 I S. 1 und 2 BGB
⇨ *in Kraft seit dem 01.10.2021*

⇨ Es werden benachteiligende Abtretungsklauseln in Allgemeinen Geschäftsbedingungen verboten, **§ 308 Nr. 9 BGB.**

Diese Regelung trat bereits am 01.10.2021 in Kraft, vgl. **Art. 229 § 60 S. 1 EGBGB.**

§§ 309 Nr. b) und c) BGB
⇨ *Inkrafttreten am 01.03.2022*

⇨ Eine stillschweigende Vertragsverlängerung von Dauerschuldverhältnissen ist künftig nur noch dann erlaubt, wenn sie auf unbestimmte Zeit erfolgt und eine Kündigung jederzeit mit Monatsfrist möglich ist, **§ 309 Nr. 9b) BGB.** Zudem wird die vom Unternehmer einzuräumende Kündigungsfrist, um eine automatische Verlängerung eines befristeten Vertrags zu verhindern, von derzeit drei Monaten auf einen Monat verkürzt, **§ 309 Nr. 9c) BGB.**

Diese Regelungen werden am 01.03.2022 in Kraft treten, vgl. **Art. 229 § 60 S. 2 EGBGB.**

Kündigungsbutton, § 312k BGB
⇨ *Inkrafttreten am 01.07.2022*

⇨ Verträge zur Begründung entgeltlicher Dauerschuldverhältnisse, die über eine Website abgeschlossen wurden, müssen künftig auch online kündbar sein, über eine sogenannte Kündigungsschaltfläche, die leicht zugänglich und gut sichtbar auf der Internetseite des Vertragspartners platziert sein muss (sog. „Kündigungsbutton"), **§ 312k II - VI BGB.** Andernfalls besteht ein jederzeitiges Kündigungsrecht.

Diese Regelung wird am 01.07.2022 in Kraft treten, vgl. **Art. 229 § 60 S. 3 EGBGB.**

§ 5 dieses Skripts *widmet sich dem Gesetz für faire Verbraucherverträge*

Das Gesetz für faire Verbraucherverträge wird in diesem Skript in **§ 5** dargestellt.

---

[30] BT-Drs. 19/30840, vgl. https://dserver.bundestag.de/btd/19/308/1930840.pdf.
[31] Vgl. BGBl. 2021, Teil I, Nr. 53, Seite 3433 ff. vom 17.08.2021.

§ 2 GESETZ ZUR UMSETZUNG DER WARENKAUFRICHTLINIE

A) Einführung[32]

Das „Gesetz zur Regelung des Verkaufs von Sachen mit digitalen Elementen und anderer Aspekte des Kaufvertrags" tritt am 01.01.2022 in Kraft.[33]

10

> **hemmer-Methode:** Für die vor dem 01.01.2022 abgeschlossenen Kaufverträge bleibt es bei der bis zum 31.12.2021 geltenden Rechtslage gem. Art. 229 § 58 EGBGB.

Es bringt die in Randnummer 6 erwähnten Änderungen mit sich, die im Folgenden erläutert werden. Zentrale Bedeutung kommt dabei der Neustrukturierung des § 434 BGB zu.

B) Sachmangel, § 434 BGB

Aufbau des § 434 BGB

Allgemeine Definition der Sachmangelfreiheit: § 434 I BGB i.V.m.

§ 434 II S. 1 BGB: Subjektive Anforderungen:	§ 434 III S. 1 BGB: Objektive Anforderungen:	§ 434 IV BGB: Anforderungen an Montage (soweit durchzuführen):	§ 434 V BGB: Gleichstellung der Aliud-Lieferung mit Sachmangel
Nr. 1: vereinbarte Beschaffenheit (beachte auch Def. in § 434 II S. 2 BGB) Nr. 2: Eignung für nach Vertrag vorausgesetzte Verwendung Nr. 3: Zubehör bzw. Anleitungen	Nr. 1: Eignung für gewöhnliche Verwendung Nr. 2 Üblichkeit der Eigenschaften (beachte auch Def. in § 434 III S. 2 BGB) Nr. 3: Probe/Muster Nr. 4: Erwartungshaltung bzgl. Zubehör/Verpackung/Anleitungen	Nr. 1: Sachgemäße Durchführung Nr. 2: wenn (-), Beruhen auf mangelhafter Anleitung?	

Mit Wirkung zum 01.01.2022 ist § 434 BGB völlig neu gefasst worden, wobei sich inhaltliche Änderungen hier kaum ergeben (anders im Rahmen des Verbrauchsgüterkaufs).

11

> **hemmer-Methode: Achten Sie** insbesondere auf die negative Formulierung im Gesetzestext. Die Sache ist <u>frei</u> von Sachmängeln, wenn sie bei Gefahrübergang den subjektiven und den objektiven Anforderungen sowie (eventuell) den Montageanforderungen genügt, § 434 I BGB.

Subjektive und objektive Anforderungen müssen gewahrt sein

Maßgeblich ist dabei vorrangig der sogenannte subjektive Mangelbegriff, d.h. die Sache ist vornehmlich dann mangelfrei, wenn sie den subjektiven Anforderungen genügt, § 434 I Var. 1, II BGB.

---

32   Vgl. dazu die Kommentierung des Gesetzes von **Tyroller/Hilkenbach, Life&LAW 11/2021, 768 ff.**

33   Vgl. zu den genauen Schritten des Gesetzgebungsverfahrens die Ausführungen in der Einleitung.

Genügt die Sache den subjektiven Anforderungen, so muss gem. § 434 I Var. 2, III BGB weitergeprüft werden, ob sie auch den objektiven Anforderungen genügt.

Zulässigkeit von negativen Beschaffenheitsvereinbarungen

Dabei macht die Formulierung „soweit" in Absatz 3 deutlich, dass auch negative Beschaffenheitsvereinbarungen getroffen werden können.

Grenze: § 476 I S. 2 BGB beim VGK

Mit anderen Worten: Entspricht die Sache zwar nicht den objektiven Anforderungen, sind die Parteien davon aber abgewichen, gilt vorrangig die Vereinbarung und die Sache ist nicht mangelhaft.

Beachten Sie, dass beim Vorliegen eines Verbrauchsgüterkaufs negative Beschaffenheitsvereinbarungen nur unter den strengen Voraussetzungen des § 476 I S. 2 BGB zulässig sind.[34]

> **hemmer-Methode: Unterstreichen Sie, soweit die Prüfungsordnung Ihres Bundeslandes Kommentierungen des Gesetzes zulässt, in § 434 III S. 1 BGB das Wort „soweit" und kommentieren sich an den Rand die Vorschrift des § 476 I S. 2 BGB!**

Die Mangelfreiheit setzt im Übrigen voraus, dass - soweit eine Montage durchzuführen ist - die Sache den Montageanforderungen entspricht, § 434 I Var. 3, IV BGB.

> **hemmer-Methode: Sie müssen hier also ganz genau subsumieren, beginnend mit § 434 I Var. 1, II BGB, dann folgt § 434 I Var. 2, III BGB. Die Absätze 4 (i.V.m. § 434 I Var. 3 BGB) und 5 sind nur anzusprechen, soweit der Sachverhalt dazu Anlass bietet. Wir haben uns dazu entschlossen, einige grundsätzliche Erwägungen zur Mangelhaftigkeit darzustellen, auch wenn sich dazu keine Änderungen durch die Reform ergeben haben. So sind Sie nicht gezwungen, bei jedem Punkt parallel mit einem „alten" Nachschlagewerk die Ausführungen inhaltlich nachzuvollziehen. Sofern sich Änderungen durch die Warenkauf-RL ergeben, wird speziell darauf verwiesen.**

I. § 434 I Var. 1, II BGB: Subjektive Anforderungen

1. § 434 II S. 1 Nr. 1 BGB

§ 434 I Var. 1, II Nr.1 BGB

Den Ausgangspunkt der Prüfung, ob der Kaufgegenstand den subjektiven Anforderungen entspricht, stellt § 434 II Nr. 1 BGB dar. Demnach entspricht die Sache den subjektiven Anforderungen, wenn sie die vereinbarte Beschaffenheit aufweist. Mangelhaft ist die Sache demnach dann, wenn die tatsächliche Ist-Beschaffenheit von der vertraglich vereinbarten Soll-Beschaffenheit abweicht.

Beschaffenheit

Nicht ausdrücklich geregelt ist, was unter dem Begriff „Beschaffenheit" zu verstehen ist. Dies ist mit dem im Gesetz vorausgesetzten subjektiven Mangelbegriff zu erklären. Denn die Mangelhaftigkeit hängt von der vertraglichen Vereinbarung ab, sodass die mangelbegründende Eigenschaft nicht etwa beschränkt ist auf physische oder unmittelbare Eigenschaften der Sache. Vielmehr umfasst der Begriff der „Beschaffenheit" jede Eigenschaft, die vertraglich vereinbart werden kann.

körperliche und alle sonstigen Eigenschaften

Dies gilt eben nicht nur für die körperlichen Merkmale einer Sache, sondern auch für deren tatsächliche, rechtliche oder wirtschaftliche Beziehungen zur Umwelt.

12

---

[34] Vgl. dazu Rn. 51.

Bei letzteren ist der Mangelbegriff auch nicht beschränkt auf unmittelbare Umweltbeziehungen einer Sache; es genügen vielmehr auch Beziehungen, die einen mittelbareren Bezug zur Kaufsache wie z.B. rechtsgeschäftlich vermittelte Eigenschaften, wie z.B. die monatliche Miethöhe bei einer verkauften Wohnung.

> **hemmer-Methode:** „Beschaffenheit" umfasst somit einerseits unmittelbare körperliche Eigenschaften, wie etwa die Farbe oder die Größe, andererseits aber auch unmittelbare und mittelbare Eigenschaften rechtlicher, wirtschaftlicher, sozialer oder tatsächlicher Art, also etwa die steuerliche Abschreibungsmöglichkeit ebenso wie die Eigenschaft als Unikat oder den vereinbarten Ertrag eines Unternehmens.
> An dieser Betrachtung hat sich durch die Reform 2022 nichts geändert.[35]

Auflistung in § 434 II S. 2 BGB

§ 434 II S. 2 BGB kann insoweit als Hilfestellung dienen. Er normiert eine **nicht abschließende** (vgl. den Wortlaut: ... *„und sonstige Merkmale der Sache ..."*) Aufzählung von Beschaffenheiten, über welche die Parteien Vereinbarungen treffen können.

„verdeckte" Zuwenig-Lieferung stellt Mangel dar

Auch die Lieferung einer zu geringen Menge führt daher dazu, dass die Sache nicht den subjektiven Anforderungen entspricht.

Nach der bis zum 31.12.2021 geltenden Rechtslage wird nach § 434 III Alt. 2 BGB a.F. die Zuwenig-Lieferung der mangelhaften Sache nur „gleichgestellt". Nach h.M. gilt diese Gleichstellung jedoch nur dann, wenn es sich aus Sicht des objektiv verständigen Käufers um eine vollständige Erfüllung handeln soll, d.h. bei der sog. „verdeckten Zuwenig-Lieferung".[36] Bei der offenen Teillieferung, bei der der Verkäufer ausdrücklich darauf hinweist, dass es sich lediglich um einen Teil der geschuldeten Leistung handelt, sollte danach allgemeines Leistungsstörungsrecht gelten.

Ob diese Differenzierung vor dem Hintergrund des eindeutigen Wortlauts des § 434 II S. 2 BGB aufrechtzuerhalten ist, ergibt sich aus der Gesetzesbegründung nicht. Auch die bislang zur Umsetzung der Warenkauf-RL veröffentlichte Literatur hat sich mit dieser Frage bislang - soweit ersichtlich - noch nicht beschäftigt. Die Entwicklung hierzu bleibt daher abzuwarten.

Relevanz: auch völlige Neubelieferung möglich

Jedenfalls im Fall einer verdeckten Teillieferung ist die gesamte Lieferung mangelhaft. Das bedeutet insbesondere, dass der Käufer nicht nur gem. §§ 437 Nr. 1, 439 I Alt. 1 BGB die Beseitigung des Mangels durch Lieferung der fehlenden Menge („Nachbesserung") verlangen kann, sondern hinsichtlich der gesamten Lieferung Mängelrechte geltend machen und daher auch Nachlieferung gem. §§ 437 Nr. 1, 439 I Alt. 2 BGB verlangen kann. Der Vorteil hiervon zeigt sich in folgendem Beispiel.

> **Bsp.:** *R kauft bei B 10 Rollen Tapeten aus einer Fertigung. Es werden aber nur 8 Rollen geliefert.*

Wenn die Zuwenig-Lieferung nicht einen Sachmangel darstellen würde, sondern eine Nichtleistung i.S.d. allgemeinen Schuldrechts, hätte R „nur" einen Anspruch auf Lieferung von zwei weiteren Rollen gem. § 433 I S. 1 BGB. Da bei verschiedenen Fertigungsreihen unter Umständen Farbunterschiede auftreten können, kann R unter Umständen mit dieser zweiten Lieferung nichts anfangen.

13

---

[35] Auch ändert sich nichts daran, dass man mit der Annahme konkludenter Beschaffenheitsvereinbarungen zurückhaltend sein sollte, selbst wenn es um Eigenschaften geht, bei denen man grundsätzlich eine Vereinbarung treffen könnte. Andernfalls würde das gestufte System der Mangelhaftigkeit ignoriert werden, d.h. die anderen Varianten würden in ihrer Bedeutung minimiert, vgl. ausführlich Hemmer/Wüst/Tyroller, Schuldrecht BT I, Rn. 94 m.w.N. zur Rechtsprechung des BGH.

[36] Vgl. Grüneberg (vormals Palandt), § 434, Rn. 53b.

§ 434 II S. 2 BGB eröffnet aber den Weg ins Sachmängelrecht. Demnach kann R gem. §§ 437 Nr. 1, 439 I Alt. 2 BGB Nachlieferung verlangen. Diese ist auf Lieferung von 10 Tapetenrollen gerichtet, wobei B von R nach §§ 439 VI S. 1, 346 I BGB die Rückgewähr der gelieferten 8 Rollen von R verlangen kann.[37]

Zuviel-Lieferung?

Eine Abweichung ist auch gegeben, wenn der Verkäufer mehr liefert als vereinbart (sog. „Zuviel-Lieferung").

14

Rechtslage bis 31.12.2021

Bislang war anerkannt, dass der Verkäufer den überschießenden Teil gem. § 812 I S. 1 Alt. 1 BGB kondizieren kann, weil in § 434 III BGB a.F. nur die Zuwenig-Lieferung dem Sachmangel gleichgestellt wurde.[38]

Rechtslage ab 01.01.2022

Ob der Käufer nach der ab dem 01.01.2022 geltenden Rechtslage die „mangelhafte" Sache, d.h. das zu viel Gelieferte behalten darf, bleibt abzuwarten. Jedenfalls nennen Art. 6 a) Warenkauf-RL bzw. § 434 II S. 2 BGB die „Menge" ohne erkennbare Einschränkungen auf negative Abweichungen. Vom ähnlich formulierten Art. 35 I CISG (UN-Kaufrechts-Übereinkommen) wird nach Ansicht der Literatur auch die Zuviel-Lieferung erfasst.[39]

Sinn und Zweck der Warenkauf-RL ist aber der Ausgleich von Störungen des Äquivalenzinteresses. Eine Störung des Äquivalenzinteresses liegt bei der Zuviel-Lieferung aber nicht vor. Das Vorliegen eines Sachmangels sollte daher in teleologischer Reduktion des § 434 II S. 2 Var. 2 BGB bei der Zuviel-Lieferung abgelehnt werden.

Die weiteren in § 434 II S. 2 BGB genannten Begriffe:

Kompatibilität

Unter **Kompatibilität** ist nach der Legaldefinition in § 327e II S. 3 BGB die Fähigkeit der Waren zu verstehen, mit der Hardware und Software zu funktionieren, mit der Waren derselben Art in aller Regel benutzt werden, ohne dass die Waren, die Hardware oder die Software verändert werden müssen.[40]

15

Interoperabilität

Unter **Interoperabilität** ist nach der Legaldefinition in § 327e II S. 4 BGB die Fähigkeit der Waren zu verstehen, mit einer anderen Hardware oder Software zu funktionieren als derjenigen, mit der die Sachen derselben Art benutzt werden.[41]

16

> **hemmer-Methode:** Alle genannten Begriffe verlangen nach einer Vereinbarung, denn § 434 II S. 2 BGB bezieht sich seinem klaren Wortlaut nach nur auf § 434 II S. 1 Nr. 1 BGB. Aber: Fehlt eine Vereinbarung, müssen Sie noch § 434 III S. 2 BGB prüfen, der eine eigenständige Definition dessen beinhaltet, was zur üblichen Beschaffenheit gehört, § 434 III S. 1 Nr. 2 BGB! In § 434 III S. 2 BGB tauchen viele der Begriffe aus § 434 II S. 2 BGB wieder auf, nicht jedoch jener der Interoperabilität, der daher allein im Rahmen des subjektiven Mangelbegriffs eine Rolle spielt. Im Rahmen des Verbrauchsgüterkaufs wird man auf die Begriffe der Kompatibilität bzw. Interoperabilität häufig über den „Umweg" des § 475b III Nr. 1 BGB eingehen müssen. Eigenständige Bedeutung haben die Begriffe außerhalb des Verbrauchsgüterkaufs, also z.B. bei einem rein unternehmerischen Kauf von „Hard- und Software".[42]

---

[37] Zur Neuregelung des § 439 VI S. 2 BGB vgl. unten Rn. 46.

[38] Grüneberg (vormals Palandt), § 434, Rn. 53a.

[39] Vgl. Wilke, Das neue Kaufrecht nach Umsetzung der Warenkauf-Richtlinie, VUR 08/2021, 283 (285) m.w.N.

[40] **Hinweis:** Unterstreichen Sie, soweit die Prüfungsordnung Ihres Bundeslandes Kommentierungen des Gesetzes zulässt, in § 434 II S. 2 BGB das Wort „Kompatibilität" und kommentieren sich an den Rand die Vorschrift des § 327e II S. 3 BGB!

[41] **Hinweis:** Unterstreichen Sie, soweit die Prüfungsordnung Ihres Bundeslandes Kommentierungen des Gesetzes zulässt, in § 434 II S. 2 BGB das Wort „Interoperabilität" und kommentieren sich an den Rand die Vorschrift des § 327e II S. 4 BGB!

[42] Zur Abgrenzung zu § 327e BGB vgl. Rn. 70.

konkrete Vereinbarung	§ 434 II S. 1 Nr. 1 BGB umfasst solche Fälle, in denen eine Beschaffenheit konkret vereinbart wurde. Diese Vereinbarung kann sowohl ausdrücklich als auch konkludent, also stillschweigend, erfolgen.	17

Ermittlung durch Auslegung

Ob eine solche Beschaffenheitsvereinbarung vorliegt, ist im Einzelfall durch Auslegung zu ermitteln. Bei der Annahme konkludenter Beschaffenheitsvereinbarungen ist jedoch Zurückhaltung geboten: Insbesondere ist es nicht nötig, zum Schutz des Käufers vorschnell eine konkludente Vereinbarung anzunehmen. Sofern es um Fragen geht, bei denen durch das Berufen auf allgemeine Lebenserfahrung ein Sachmangel begründet wird, kommen oft auch § 434 III S. 1 Nr. 1 oder 2 BGB in Betracht.

Entscheidend ist bei der Auslegung auch, ob sich dem Verhalten des Verkäufers entnehmen lässt, dass er für das Vorhandensein der jeweiligen Beschaffenheit einstehen will. Davon abzugrenzen sind pauschale Anpreisungen etwa in der Werbung, die regelmäßig für eine Beschaffenheitsvereinbarung nicht ausreichend sein werden. Gegebenenfalls können solche Aussagen aber in den Anwendungsbereich des § 434 III S. 1 Nr. 2 b) BGB fallen.

2. § 434 II S. 1 Nr. 2 BGB

§ 434 II S. 1 Nr. 2 BGB

Gem. § 434 II S. 1 Nr. 2 BGB genügt die Sache den subjektiven Anforderungen, wenn sie sich *für die nach dem Vertrag vorausgesetzte Verwendung* eignet.

18

Rechtslage bis 31.12.2021

Für § 434 I S. 2 Nr. 1 BGB in der Fassung bis zum 31.12.2021 soll es nach Ansicht des BGH und der h.L. ausreichen, wenn die Parteien die in Frage stehende Verwendung der Kaufsache übereinstimmend[43] (ausdrücklich oder konkludent) im Sinne einer Geschäftsgrundlage unterstellt haben.[44] Diese Sichtweise rechtfertigte sich auch daraus, dass die Regelung außerhalb des subjektiven Mangelbegriffs erfolgte.

Ab 01.01.2022 wohl vertragliche Vereinbarung erforderlich

Nach der ab 01.01.2022 geltenden Rechtslage hat der Gesetzgeber aber die Regelung in die subjektiven Anforderungen aufgenommen. Überzeugender erscheint daher, die **Vereinbarung** einer bestimmten Verwendung zu verlangen.[45] Zwar spricht das Gesetz nicht von einer vereinbarten, sondern von einer vorausgesetzten Verwendung. Aber auch Art. 6 b) Warenkauf-RL setzt eine „Zustimmung" des Verkäufers zu dem Zweck voraus, den er Käufer ihm zur Kenntnis gebracht hat.

Erforderlich ist, dass bei Vertragsschluss der Käufer dem Verkäufer den Zweck des Vertrages mitteilt und dieser der Zugrundelegung des Zwecks (auch konkludent) zustimmt oder sich nicht dagegen verwahrt. Fehlt es daran, so führt dies allenfalls zur Anwendbarkeit des § 313 BGB (wenn die geplante Verwendung zumindest für die andere Seite erkennbar war), nicht jedoch zu einem Sachmangel i.S.d. § 434 BGB.

Ausdrücklich oder konkludent

Diese vertragliche Vereinbarung einer bestimmten Verwendung kann dabei - wie festgestellt - sowohl ausdrücklich als auch konkludent erfolgen. Sie muss sich nach der Rechtsprechung des BGH auf eine konkrete Nutzungsart beziehen.[46]

---

[43]　Eine lediglich einseitig vom Käufer vorausgesetzte Verwendung genügt nicht (vgl. Grigoleit/Herresthal, JZ 2003, 233 [235]).

[44]　Hemmer/Wüst/Tyroller, Schuldrecht BT I, Rn. 97 ff.; Looschelders, Schuldrecht BT, Rn. 47; **BGH, Life&LAW 12/2017, 813 ff.** = juris**by**hemmer; **BGH, Life&LAW 10/2019, 659 ff.** = NJW 2019, 1937 (1938) = juris**by**hemmer; nur nach einer M.M. wird eine vertragliche Einigung der Parteien verlangt, vgl. Ostendorf, NJW 2019, 1937 (1940).

[45]　So auch Lorenz, Die Umsetzung der EU-Warenkaufrichtlinie in deutsches Recht, NJW 2021, 2065 (2066); Wilke, VuR 2021, 283.

[46]　**BGH, Life&LAW 10/2019, 659 ff.** = juris**by**hemmer.

Bsp.: A kauft in einem Baumarkt eine elektrische Stichsäge. Zuhause angekommen, stellt er enttäuscht fest, dass diese sich entgegen seiner Erwartung nicht dazu eignet, eine Fensterscheibe zurechtzuschneiden; das Glas springt.

Abwandlung: A hatte den Verkäufer darauf hingewiesen, dass er eine Fensterscheibe zurechtschneiden wolle. Dieser hat ihm daraufhin die Stichsäge empfohlen, mit demselben unerfreulichen Ergebnis.

1. Im *Ausgangsfall* haben die Parteien keine Beschaffenheit der Säge i.S.d. § 434 II S. 1 Nr. 1 BGB vereinbart. Es wurde auch nicht über eine bestimmte Verwendung gesprochen, da A seine Verwendungsabsicht für sich behalten hat. Somit wurde keine Verwendung zum Glasschneiden vereinbart i.S.d. § 434 II S. 1 Nr. 2 BGB. In einem solchen Fall muss das Risiko, dass die Sache in einem speziellen Sinn verwendet werden kann, vom Käufer getragen werden.

2. In der *Abwandlung* wurde ebenfalls keine konkrete Beschaffenheit vereinbart. Hier hat A den Verkäufer allerdings über den geplanten Einsatz informiert, woraufhin dieser ihm zu der Säge geraten hat.

Dem Vertragsschluss lag somit beiderseits die vereinbarte Verwendung zum Sägen der Glasscheibe zugrunde. Für diese nach dem Vertrag vorausgesetzte Verwendung aber ist die Säge ungeeignet. Sie genügt daher nicht den subjektiven Anforderungen i.S.d. § 434 II S. 1 Nr. 2 BGB.

hemmer-Methode: Die Abgrenzung von § 434 II S. 1 Nr. 1 BGB zu § 434 II S. 1 Nr. 2 BGB kann zuweilen schwierig sein, weil dort auch eine konkludente Beschaffenheitsvereinbarung möglich ist. Worunter Sie den einzelnen Fall fassen, ist, bei entsprechender Argumentation, letztlich nicht fallentscheidend.

3. § 434 II S. 1 Nr. 3 BGB

Diese Vorschrift hat nur klarstellende Funktion, denn es versteht sich von selbst, dass das vereinbarte Zubehör und die vereinbarten Anleitungen auch geliefert werden müssen.

19

Da § 434 II S. 2 BGB hinsichtlich der Beschaffenheit nach § 434 II S. 1 Nr. 1 BGB keine abschließende Aufzählung beinhaltet, ließen sich Zubehör und Montageanleitungen auch problemlos unter die Nr. 1 subsumieren. Da es Nr. 3 aber nun einmal gibt, sollte man in der Klausur auf diese Variante der subjektiven Anforderungen abstellen.

II. § 434 I Var. 2, III BGB: Objektive Anforderungen

Objektive Anforderungen

§ 434 III BGB bestimmt die objektiven Anforderungen an die Kaufsache (§ 434 I Var. 2 BGB), soweit nicht wirksam etwas anderes vereinbart wurde. Die Prüfung steht also unter dem Vorbehalt einer vorrangigen negativen Beschaffenheitsvereinbarung der Parteien.

20

Wie auch bei den subjektiven Anforderungen wird eine Untergliederung in verschiedene Varianten vorgenommen.

1. Gewöhnliche Verwendung, § 434 III S. 1 Nr. 1 BGB

Gewöhnliche Verwendung

Erfasst werden davon einfache Fälle, wie etwa ein Neuwagen, der nicht fährt. Weiteres Beispiel: Stifte, die nicht schreiben usw.

21

Was genau die gewöhnliche Verwendung einer Sache ist, muss objektiv ermittelt werden. Die Sicht des Käufers ist nicht ausschlaggebend. Allerdings kann der Verkehrskreis, dem der Käufer angehört, miteinbezogen werden. So können sich je nach Region beispielsweise leicht verschiedene Anschauungen der Käufer ergeben.[47]

2. Übliche Beschaffenheit, § 434 III S. 1 Nr. 2 BGB

Übliche Beschaffenheit

Die Mangelfreiheit wäre aber auch dann nicht gegeben, wenn die Sache nicht die übliche Beschaffenheit aufweist, ohne dass dies Einfluss auf die Verwendung hätte, etwa ein Neuwagen, der zwar fährt, aber eine verkratzte Motorhaube aufweist.

22

Vergleichsmaßstab sind Sachen gleicher Art, vgl. § 434 III S. 1 Nr. 2 a) BGB. Ein Neuwagen darf daher nicht mit einem Gebrauchtwagen verglichen werden.

§ 434 III S. 2 BGB stellt klar, dass die übliche Beschaffenheit alle Merkmale der Kaufsache umfasst. Dazu gehören insbesondere Menge, Qualität, Haltbarkeit, Funktionalität, Kompatibilität und Sicherheit, die zur Klarstellung aufgezählt werden.

Haltbarkeit ≠ Haltbarkeitsgarantie

Der Begriff **„Haltbarkeit"** ist dabei als die Fähigkeit der Sache zu verstehen, ihre erforderlichen Funktionen und ihre Leistung bei normaler Verwendung zu behalten. Daraus folgt, dass der Verkäufer dafür einzustehen hat, dass die Sache *zum Zeitpunkt des Gefahrübergangs* die Fähigkeit hat, ihre erforderlichen Funktionen und ihre Leistung bei normaler Verwendung zu behalten. Die Sache muss daher nur so beschaffen sein, dass sie die Fähigkeit hat, ihre erforderlichen Funktionen und ihre Leistung bei normaler Verwendung zu behalten.

hemmer-Methode: § 434 III BGB begründet daher keine gesetzliche Haltbarkeitsgarantie. Der Verkäufer haftet nicht dafür, dass die Sache tatsächlich ihre erforderlichen Funktionen und ihre Leistung bei normaler Verwendung behält.[48]

Weiter muss der Käufer diese übliche Beschaffenheit auch *erwarten* können. Hier ist wiederum nicht auf den konkreten Käufer, sondern auf einen objektiv verständigen Durchschnittskäufer abzustellen. Erwartungen, die überzogen sind, können keinen Sachmangel begründen.

Mit anderen Worten: Wem „gut" nicht „gut genug" ist, der muss mit dem Verkäufer eine entsprechende Sollbeschaffenheitsvereinbarung i.S.d. § 434 II S. 1 Nr. 1 BGB treffen!

§ 434 III S. 1 Nr. 2b) BGB

Zur üblichen Beschaffenheit gehören gem. § 434 III S. 1 Nr. 2 b) BGB auch solche Merkmale, die der Käufer aufgrund öffentlicher Äußerungen des Verkäufers, eines Vorlieferanten oder Herstellers („Glied in der Lieferkette") bzw. von deren Beauftragten (Werbeagentur des Herstellers) erwarten durfte.

23

---

[47]　Auch hier gibt es keine Änderung zum alten Recht. „Prominentes" Beispiel aus der jüngeren Rechtsprechung ist der Fall des sog. Diesel-Abgasskandals. Der BGH geht davon aus, dass sich ein betroffener PKW nicht für die gewöhnliche Verwendung bei Gefahrübergang (!) eignet, wenn die latente Gefahr einer Betriebsstillegung besteht, vgl. **BGH, Life&LAW 11/2021, 719 ff. BGB = juris**byhemmer.

[48]　Vgl. Lorenz, NJW 2021, 2065 (2066). Bach/Wöbbeking, Das Haltbarkeitserfordernis der Warenkauf-RL als Hebel für mehr Nachhaltigkeit?, NJW 2020, 2672 ff.

Zwar wird - anders als bislang in § 434 I S. 2 Nr. 3 BGB a.F. - für den Begriff des Herstellers nicht mehr auf die Definition in § 4 I, II ProdHaftG verwiesen. Gleichwohl werden Sie sich in der Klausur an dieser Definition orientieren können.

Öffentliche Äußerungen

Öffentlich i.d.S. ist eine Äußerung, wenn sie an eine unbestimmte Vielzahl von Adressaten gerichtet und für diese wahrnehmbar ist, etwa durch ein Zeitungsinserat oder einen Rundfunkbeitrag.

Dritte

Nicht erfasst sind dagegen Äußerungen von Dritten, sodass etwa die Werbekampagne eines anderen Verkäufers, der nicht gleichzeitig Hersteller ist, keine objektive Anforderung an die Mangelfreiheit darstellt.

Hinsichtlich einer Eigenschaft

§ 434 III S. 1 Nr. 2 b) BGB setzt eine Äußerung „über bestimmte Eigenschaften der Sache" voraus. Erforderlich ist somit der Bezug der Äußerung auf ein bestimmtes Beschaffenheitsmerkmal. Nicht ausreichend sind dagegen pauschale Aussagen wie „bestes Auto der Welt" oder Ähnliches.

Abstrakte Kausalität

Diese Äußerung muss gem. § 434 III S. 3 Var. 3 BGB geeignet gewesen sein, die Kaufentscheidung zu beeinflussen. Entscheidend ist dabei also nicht, ob die Äußerung tatsächlich kausal für den Vertragsschluss war. Ausreichend für die Begründung eines Mangels ist es vielmehr schon, wenn sie die Entscheidung beeinflussen konnte.

Vor allem Fälle, in denen der Käufer die Äußerung nicht kennen konnte, und diese ihn deshalb auch nicht beeinflusst haben konnte, fallen deswegen aus dem Anwendungsbereich der Norm heraus, vgl. § 434 III S. 3 Var. 3 BGB.

Nachdem aufgrund des Ausnahmecharakters der Norm der Verkäufer die Beweislast für diesen Umstand trägt, ist die praktische Bedeutung dieser Regelung eher gering.

> **Bsp.:** *A kauft ein Auto von B, für das der Hersteller C vorher eine national auf Deutschland begrenzte Print-Werbekampagne durchgeführt hat, in der eine Höchstgeschwindigkeit von 225 km/h angepriesen wurde. Tatsächlich fährt der Wagen höchstens 200 km/h.*
>
> *Allerdings befand sich A zur Zeit der Werbekampagne in Australien und kaufte das Fahrzeug unmittelbar nach seiner Rückkehr.*
>
> **1.** A und B haben über die Geschwindigkeit des Wagens nicht gesprochen. Daher konnten sie auch keine diesbezügliche Beschaffenheit nach § 434 I Var. 1, II S. 1 Nr. 1 BGB vereinbaren.
>
> Auch wurde nicht über eine bestimmte Verwendung des Autos gesprochen, die eine besonders hohe Geschwindigkeit erfordern würde, § 434 I Var. 1, II S. 1 Nr. 2 BGB. Folglich genügt die Sache den subjektiven Anforderungen gem. § 434 I Var. 1 i.V.m. II BGB.
>
> **2.** Fraglich ist, ob das Auto den objektiven Anforderungen entspricht, § 434 I Var. 2 BGB. Dies wäre der Fall, wenn es sich für die gewöhnliche Verwendung eignet bzw. die üblichen Beschaffenheiten aufweist, vgl. § 434 III S. 1 Nr. 1 und Nr. 2 BGB. Ein Auto muss grundsätzlich fahren können. Dies ist bei dem gekauften Wagen der Fall.
>
> Allerdings hat der Hersteller eine öffentliche Aussage in Form einer Werbekampagne getätigt, die sich auf die Eigenschaft Höchstgeschwindigkeit bezog und aufgrund derer ein Käufer davon ausgehen durfte, dass der Wagen tatsächlich nicht nur 200 km/h, sondern 225 km/h schnell fährt. Diese Äußerung begründet grundsätzlich eine objektive Anforderung an die Mangelfreiheit i.S.d. § 434 III S. 1 Nr. 2 b) BGB.

A konnte diese Werbekampagne aber nicht wahrnehmen, da sie sich als reine Print-Kampagne nicht auf Australien erstreckte. Dementsprechend kann die Kampagne auch die Kaufentscheidung des A nicht beeinflusst haben. Nach § 434 III S. 3 Var. 3 BGB ist B daher nicht an die öffentliche Äußerung gebunden, sodass das Auto den objektiven Anforderungen entsprach!

Zumindest Kennenmüssen des Verkäufers

Gleiches gilt, wenn der Verkäufer die Äußerung weder kannte noch kennen musste, § 434 III Var. 1 BGB.

hemmer-Methode: Der Begriff des „Kennenmüssen" ist in § 122 II BGB legaldefiniert. Er bedeutet zumindest fahrlässige Unkenntnis, wobei einfache Fahrlässigkeit genügt. Diese wiederum ist in § 276 II BGB legaldefiniert. Fahrlässig handelt demnach, wer die im Verkehr erforderliche Sorgfalt außer Acht lässt.

Um der Folge der Mangelhaftigkeit der Kaufsache zu entgehen, muss dem Verkäufer also die öffentliche Äußerung unbekannt gewesen sein, und er muss insoweit die im Verkehr erforderliche Sorgfalt beachtet haben. Nachdem den Verkäufer eine gewisse Informationsobliegenheit hinsichtlich öffentlicher Äußerungen in Bezug auf den Kaufgegenstand trifft, ist der Anwendungsbereich dieser Ausnahme relativ klein. Insbesondere Werbemaßnahmen des Herstellers dürfen dem sorgfältigen Verkäufer kaum unbekannt bleiben.

keine Berichtigung

Eine weitere Ausnahme liegt nach § 434 III S. 3 Var. 2 BGB vor, wenn die Äußerung im Zeitpunkt des Vertragsschlusses in gleichwertiger Weise berichtigt war.

Gleichwertigkeit der Berichtigung

Die erforderliche Gleichwertigkeit bezieht sich dabei sowohl auf die Art der Äußerung als auch auf die erklärende Person. So kann einerseits eine im bundesweiten Rundfunk geschaltete Werbekampagne nicht durch ein Inserat in einem regionalen Anzeigenblatt berichtigt werden.

nicht auf Erstverkäufer beschränkt

Zu beachten ist noch, dass § 434 III S. 3 BGB nicht etwa auf den Erstverkäufer beschränkt ist.

Dazu folgendes Beispiel: A kauft von B einen gebrauchten PKW, der vom Hersteller als „3-Liter-Lupo" bezeichnet wurde. Tatsächlich verbraucht das Fahrzeug wie jedes Fahrzeug dieses Typs etwa 6 Liter / 100 km.

Ist der PKW mangelhaft?

Eine konkrete Beschaffenheitsvereinbarung i.S.d. § 434 II S. 1 Nr. 1 BGB wurde nicht getroffen. Ferner haben die Parteien auch keine bestimmte Verwendung vereinbart i.S.d. § 434 II S. 1 Nr. 2 BGB, und das Fahrzeug weist grundsätzlich auch eine bei einem solchen PKW übliche Beschaffenheit auf i.S.d. § 434 III S. 1 Nr. 1 BGB.

Die Mangelhaftigkeit könnte sich aber daraus ergeben, dass die herstellerseitige Kennzeichnung des Fahrzeugs als „3-Liter-Lupo" darauf schließen lässt, es verbrauche etwa 3 Liter auf 100 km, § 434 III S. 1 Nr. 2 b) BGB. Hier durfte der Käufer aufgrund der Kennzeichnung eine bestimmte Verbrauchsbeschaffenheit erwarten. Davon weicht das Fahrzeug negativ ab. Der tatsächliche Verbrauch von etwa 6 Litern auf 100 km steht daher der Mangelfreiheit entgegen, weil die Sache nicht den geschuldeten objektiven Anforderungen genügt.

3. Überlassung von Proben und Mustern, § 434 III S. 1 Nr. 3 BGB

Proben und Muster

Die Beschaffenheit muss derjenigen einer vom Verkäufer zur Verfügung gestellten Probe oder eines Musters entsprechen. Hier stellen sich keine größeren Probleme.

24

Ggf. ist darauf zu achten, ob bestimmte Eigenschaften des Musters bei Vorliegen der Voraussetzungen schon zu den subjektiven Anforderungen an die Mangelfreiheit gehören, etwa weil Entsprechendes vereinbart wurde!

4. Zubehör und Montageanleitungen, § 434 III S. 1 Nr. 4 BGB

In Erweiterung von § 434 III S. 1 Nr. 2 BGB gehört zu der geschützten Erwartungshaltung des Käufers auch, dass ihm diejenigen Zubehörstücke überlassen werden, die er vernünftigerweise erwarten kann, § 434 III S. 1 Nr. 4 BGB.

25

hemmer-Methode: Beachten Sie in diesem Zusammenhang auch die Vorschrift des § 311c BGB, wonach Zubehör im Zweifel mitverkauft ist.

5. Maßgeblicher Zeitpunkt

maßgeblicher Zeitpunkt

Maßgeblicher Zeitpunkt für die Beurteilung der Mangelfreiheit ist grundsätzlich der Gefahrübergang, § 434 I BGB, also regelmäßig die Übergabe der Sache, § 446 S. 1 BGB.

Sofern der Käufer in Annahmeverzug gerät, steht dies der Übergabe gleich, § 446 S. 3 BGB. Wenn dieser Fall eintritt, ist maßgeblicher Zeitpunkt für das Vorliegen eines Sachmangels der des Annahmeverzugs. Beachten Sie in diesem Fall auch den Versendungskauf, bei welchem es nach § 447 I BGB auf den Zeitpunkt der Übergabe der Sache an die Transportperson ankommt.

Beim Verbrauchsgüterkauf kommt § 447 I BGB nur unter den in der Praxis so gut wie nie vorliegenden Voraussetzungen des § 475 II BGB zur Anwendung.

Anmerkung: Beachten Sie schon jetzt, dass eine wesentliche Neuerung im Rahmen der anderen beiden Mangelbegriffe (§ 327e bzw. § 475b BGB) darin besteht, dass der Gefahrübergang nicht mehr ausnahmslos maßgeblich ist für die Beurteilung der Mangelhaftigkeit. Denn bei der nach den oben genannten Vorschriften geschuldeten *Aktualisierung* ist der Vorwurf der mangelhaften Leistung auch denkbar bezogen auf ausbleibende Aktualisierungen *nach* Gefahrübergang.[49]

III. § 434 I, IV BGB, Montageanforderungen

§ 434 IV BGB

§ 434 I BGB bestimmt, dass zur Mangelfreiheit auch gehört, dass die Sache den Montageanforderungen „dieser Vorschrift" entspricht. Damit gemeint ist das Vorliegen der Voraussetzungen des § 434 IV BGB.

26

---

[49]   Vgl. ausführlich dazu Rn. 38 bzw. 83.

1. § 434 IV Nr. 1 BGB

Notwendig dafür ist eine vertraglich geschuldete Montage. Eine solche Vereinbarung kann dabei auch nachträglich Vertragsinhalt werden.

> **Bsp.:** *A kauft eine Waschmaschine von B. Als der sie einen Tag nach Vertragsschluss liefert, bittet A den B, sie für A in dessen Haus anzuschließen. B willigt ein.*

Hier schuldete B zunächst nur Übergabe und Übereignung, § 433 I BGB, nicht auch die Montage. Durch seine Einwilligung hat B jedoch das Angebot des A zur Änderung des Vertrages angenommen, sodass nun die Montage durch B Vertragsbestandteil geworden ist.

Mangel durch Montage

§ 434 IV Nr. 1 BGB erfasst u.a. Fälle, in denen der Kaufgegenstand durch die Montage in seiner Funktion beeinträchtigt wird, etwa indem bei der Montage die mangelfrei angelieferten Schränke beschädigt werden. Dann erfolgte die Montage nicht sachgemäß i.S.d. § 434 IV Nr. 1 BGB.

Mangelhafte Montage

Erfasst werden auch Fälle, in denen nur die Montage selbst fehlerhaft ist, auch wenn die Kaufsache selbst dadurch nicht mangelhaft wird.

> **Bsp.:** *B schließt dem A die Waschmaschine an. Die Waschmaschine ist komplett in Ordnung. Allerdings befestigt B den Wasserablauf nicht richtig.*

Die Waschmaschine war nicht mangelhaft, als B sie geliefert hat. Allerdings wurde sie unsachgemäß montiert. Daher ist B verpflichtet, die Montage im Rahmen der Nacherfüllung ordnungsgemäß durchzuführen. Sofern bereits Wasser ausgetreten sein sollte, würde B zusätzlich auf Schadensersatz neben der Leistung gem. §§ 437 Nr. 3, 280 I BGB haften, wenn durch das austretende Wasser andere Rechtsgüter des A beschädigt worden sein sollten (sog. Mangelfolgeschäden).

Erfüllungsgehilfe

Auch bei Montage durch einen Erfüllungsgehilfen des Verkäufers ist § 434 IV BGB einschlägig. Zwar wird anders als in der Vorgängernorm des § 434 II BGB a.F. nicht mehr ausdrücklich der Erfüllungsgehilfe erwähnt. Das war aber schon nach bislang geltendem Recht überflüssig, da der Verkäufer für Pflichtverletzungen seines Erfüllungsgehilfen nach § 278 S. 1 Alt. 2 BGB einzustehen hat

Kein Verschulden erforderlich

Ein Verschulden ist indes nicht erforderlich.

> **hemmer-Methode:** Achten Sie also auf diese Relevanz des § 278 S. 1 BGB. Dieser rechnet nicht nur Verschulden, sondern nach heute allgemeiner Meinung auch die Pflichtverletzung zu.
> Kommt es wie bei § 434 IV BGB (oder § 324 BGB) nur auf die Pflichtverletzung an, ist § 278 BGB unstreitig auch hier anwendbar!
> Umstritten ist lediglich die Frage, es sich angesichts des Wortlauts um eine analoge Anwendung handelt.[50]

2. § 434 IV Nr. 2 BGB

§ 434 IV Nr. 2 BGB, sog. „Ikea-Klausel"

Auch bei unsachgemäßer Montage kann die Sache den Montageanforderungen genügen (und daher mangelfrei sein). Dann darf diese aber nicht auf einem Mangel der vom Verkäufer übergebenen Anleitung beruhen. Damit sind Fälle gemeint, in denen der Käufer die Montage selbst durchführt, und die nicht sachgerechte Ausführung nicht auf einer vom Verkäufer übergebenen mangelhaften Anleitung beruht.

---

[50]   Vgl. dazu auch BeckOK/*Lorenz*, 59. Ed. 1.8.2021, BGB, § 278 Rn. 50.

> **hemmer-Methode:** Wenn der Verkäufer selbst die (vereinbarte) Montage unsachgemäß durchführt, liegen die Anforderungen an die Montageanforderungen schon vom Wortlaut her nicht vor.

Die Anleitung ist dabei mangelhaft, wenn sie für einen durchschnittlichen Käufer unverständlich ist. Das ist jedenfalls dann anzunehmen, wenn sich die Anleitung auf einen anderen Gegenstand bezieht oder in einer fremden Sprache abgefasst ist.

IV. § 434 V BGB (aliud-Lieferung")

Gem. § 434 V BGB steht es einem Sachmangel gleich, wenn der Verkäufer eine andere als die geschuldete Sache (sog. „aliud") liefert. Dies bedeutet nicht, dass es sich in diesen Fällen begrifflich auch um einen Sachmangel handelt, es liegt nur eine Gleichstellung vor.

Anwendungsbereich

In den Anwendungsbereich dieser Regelung fallen dabei nur solche Lieferungen, die der Verkäufer nach dem objektiven Empfängerhorizont als Erfüllung der Schuld aus dem Kaufvertrag erbringt. Nicht erfasst sind somit Lieferungen, die erkennbar auf eine – vermeintliche – andere Schuld, etwa einen anderen Kaufvertrag, erbracht werden sollen.

Die Vorschrift entspricht inhaltlich dem bisherigen § 434 III BGB a.F. Schon durch die Schuldrechtsreform 2002 wurde durch die Gleichstellung der Lieferung einer anderen als der geschuldeten Lieferung ein Abgrenzungsproblem zur Nichtleistung gelöst.

Abgrenzungsproblem bei Gattungsschuld

Ist es nämlich bei einer Stückschuld noch relativ einfach festzustellen, ob die gelieferte Sache mit der geschuldeten übereinstimmt, stellt sich im Falle einer Gattungsschuld regelmäßig die Frage, ob es sich bei der gelieferten Sache um ein schlechtes Exemplar der geschuldeten Gattung oder um ein Exemplar einer anderen Gattung handelte. Die Antwort auf diese Frage war nach der Rechtslage vor der Schuldrechtsreform 2002 dabei stets davon abhängig, wie weit oder eng man die jeweilige Gattung fasste.

> **Bsp.:** *A kauft von B einen Fußball, B liefert einen Handball.*

> Heißt die geschuldete Gattung „Ball", so würde der Handball noch dazugehören, aber eine Schlechtleistung darstellen. Ist die Gattung jedoch „Fußball", gehört der Handball nicht mehr dazu. Bezogen auf die eigentlich geschuldete Gattung läge eine Nichtleistung vor, der Fall müsste über Schuldrecht AT gelöst werden.

Die Gleichstellung, die der Gesetzgeber bereits 2002 in § 434 III BGB a.F. vorgenommen hatte, besteht nun unverändert in § 434 V BGB fort. Sie erscheint unter Geltung des § 434 II S. 2 BGB aber überflüssig, denn die Beschaffenheit ist u.a. nach der Art und Qualität der Sache zu beurteilen. Darunter wäre eine „aliud-Lieferung" problemlos subsumierbar. Letztlich sollten Sie in der Klausur aber jedenfalls § 434 V BGB zitieren!

Anwendbarkeit auf den Stückkauf?

Da es Abgrenzungsschwierigkeiten - wie gerade beschrieben - typischerweise bei der Gattungsschuld gibt, ist fraglich, ob § 434 V BGB auch auf Falschlieferungen beim Stückkauf Anwendung findet, da die Norm für diesen Fall ursprünglich nicht vorgesehen war und sich ein Abgrenzungsproblem hier eigentlich auch nicht stellt: Beim Stückkauf kann leicht festgestellt werden, ob es sich um die geschuldete Sache oder um eine andere Sache handelt.

29

Aufgrund des Wortlautes, der eine derartige Einschränkung nicht enthält, ist es absolut h.M., dass § 434 V BGB auch auf den Stückkauf anwendbar ist.

Reichweite?

Ein weiteres umstrittenes Problem ist die Frage der Reichweite des § 434 V BGB. Fraglich ist insbesondere, ob die Norm auch Lieferungen umfasst, die wertvoller sind als der eigentlich geschuldete Gegenstand, und ob der Verkäufer in diesem Fall die Falschlieferung zurückfordern kann oder zumindest einen Wertersatzanspruch hat.

Bei wortgetreuer Anwendung des § 434 V BGB müsste man eigentlich zu dem Ergebnis gelangen, dass der Käufer zwar das Recht, aber nicht die Pflicht hat, die mangelhafte Lieferung zu monieren, sodass er eigentlich auch die Wahl haben müsste, die mangelhafte, wertvollere Sache zu behalten.

Die wohl herrschende Ansicht geht jedoch – gestützt auf verschiedene Begründungen – davon aus, dass der Verkäufer die höherwertige Ware kondizieren kann.[51]

C) Kauf einer Ware mit digitalen Elementen

§§ 475b, c BGB ⇨ Abgrenzung zu den §§ 327 ff. BGB

Für den Kauf einer Ware mit digitalen Elementen hat der Gesetzgeber mit §§ 475b, c BGB besondere Vorschriften geschaffen, die insbesondere zu den §§ 327 ff. BGB abzugrenzen sind.

Etwas missraten ist dabei der Standort der Regelung, da mit § 475d BGB eine Vorschrift für alle Verbrauchsgüterkaufverträge nachfolgt und § 475e BGB wiederum differenzierend aufgeteilt ist (Absätze 1 und 2 für digitale Inhalte, Absätze 3 und 4 generell für Verbrauchsgüterkaufverträge).

Abgrenzung zu § 475a BGB

Ebenfalls ist zu beachten, dass § 475a BGB in Umsetzung der Digitale-Inhalte-RL ins BGB aufgenommen wurde, die §§ 475b und 475c jedoch durch die Umsetzung der Warenkauf-RL.

> **hemmer-Methode:** Die folgenden Ausführungen sind der mit Abstand anspruchsvollste Teil der Schuldrechtsmodernisierung 2022.
> Es geht hierbei um das Ineinandergreifen der Warenkauf-RL und der Digitale-Inhalte-RL.
> Erschwert wird dies zusätzlich noch dadurch, dass die §§ 327 ff. BGB natürlich nicht nur für bestimmte Kaufverträge über §§ 453 I S. 3, 475a I S. 2 und II S. 2 BGB zur Anwendung kommen.
> Die Regelung im Schuldrecht-AT erfolgt bewusst deshalb, weil durch die §§ 327 ff. BGB gerade *kein neuer Vertragstyp* geschaffen werden sollte, sondern die Vorschriften typenübergreifend für den Kauf, die Schenkung, den Miet-, Dienst-, Werklieferungs- und Werkvertrag zur Anwendung kommen.[52]
> In die §§ 327 ff. BGB kommt man über die im 8. Abschnitt geregelten Vertragstypen wie z.B. §§ 453 I S. 3, 475a I S. 2, II S. 2 BGB für den Kaufvertrag, § 516a I S. 2, II BGB (Schenkung), § 578b BGB (Miete) und § 650 II – IV BGB (Werk-/Werklieferungsvertrag).
> Inhaltlich müssen Sie die Normen jedoch im Zusammenhang erfassen. Im Kaufrecht sind sie von elementarer Bedeutung für die Abgrenzung von §§ 434 ff., 475b, c BGB zu den §§ 327 ff. BGB.

30

---

[51] Einzelheiten hierzu können Sie im Skript Schuldrecht BT I, Rn. 133a ff. nachlesen. Auch insoweit ergeben sich durch die Gesetzesänderungen 2022 keine Neuerungen.

[52] Vgl. auch Wendehorst, Die neuen Regelungen im BGB zu Verträgen über digitale Produkte, NJW 2021, 2913 ff.

Arbeitsanleitung: Gesetz lesen!

Arbeitsanleitung

Bevor Sie die folgenden Randnummern bearbeiten, ***müssen (!)*** Sie zuerst das Gesetz lesen. Ansonsten werden Sie die folgenden Ausführungen nicht verstehen.

1. Lesen Sie zuerst in der Gesetzesbeilage § 327a II und § 327a III BGB (**Beilage zu § 3**).

2. Danach lesen Sie die zum Kaufvertrag passenden Vorschriften des **§ 475b I BGB** (**Beilage zu § 2**), **§ 475a II BGB** (lassen Sie Absatz 1 zunächst einmal außen vor) und **§ 453 I S. 2 und 3 BGB** (**Beilage zu § 3**).

3. Danach lesen Sie die **§§ 516a, 548a, 578b und 650 BGB**, für welche die §§ 327 ff. BGB ebenfalls zur Anwendung kommen, wenn „**digitale Produkte**" Vertragsgegenstand sind (**Beilage zu § 3**).

Kurzer Überblick zum Kaufvertrag:

Abgrenzung in § 327a II, III BGB

Wenn Sie die Vorschriften gelesen haben, werden Sie festgestellt haben, dass in **§ 327a II und III BGB** die **Abgrenzung zwischen** den **§§ 327 ff. BGB** und den in Umsetzung der Warenkauf-RL in **§§ 475b, c BGB** geregelten Vorschriften geregelt ist.

Kaufvertrag über Ware mit digitalen Elementen

Nach § 327a III S. 1 BGB kommen nicht die §§ 327 ff. BGB, sondern die §§ 475b, c BGB zur Anwendung, wenn es sich um einen **Kaufvertrag** über eine **Ware mit digitalen Elementen** handelt. Auf einen Kaufvertrag über Waren mit digitalen Elementen ist danach ***nur*** das Kaufrecht anwendbar.

hemmer-Methode: In aller Kürze handelt es sich hierbei um bewegliche Sachen, die ohne das digitale Produkt nicht funktionieren, wie z.B. ein Computer (= Waren) mit vorinstalliertem Betriebssystem Windows 11 (digitales Element).

Kaufvertrag über Sache mit digitalem Produkt

Funktioniert die Sache auch ohne das digitale Produkt, so kommen über § 475a II S. 2 BGB bei Mängeln des digitalen Produkts die §§ 327a II S. 1, 327d ff. BGB zur Anwendung. Bei einem Mangel der Sache selbst gelten gem. § 327a II S. 2 BGB die §§ 434 ff. BGB.

Beim Kauf digitaler Inhalte ohne zusätzlichen Kauf einer Sache kommen über § 453 I S. 3 BGB ausnahmslos die §§ 327a II, 327d ff. BGB zur Anwendung.

Übersicht zum Kaufvertrag

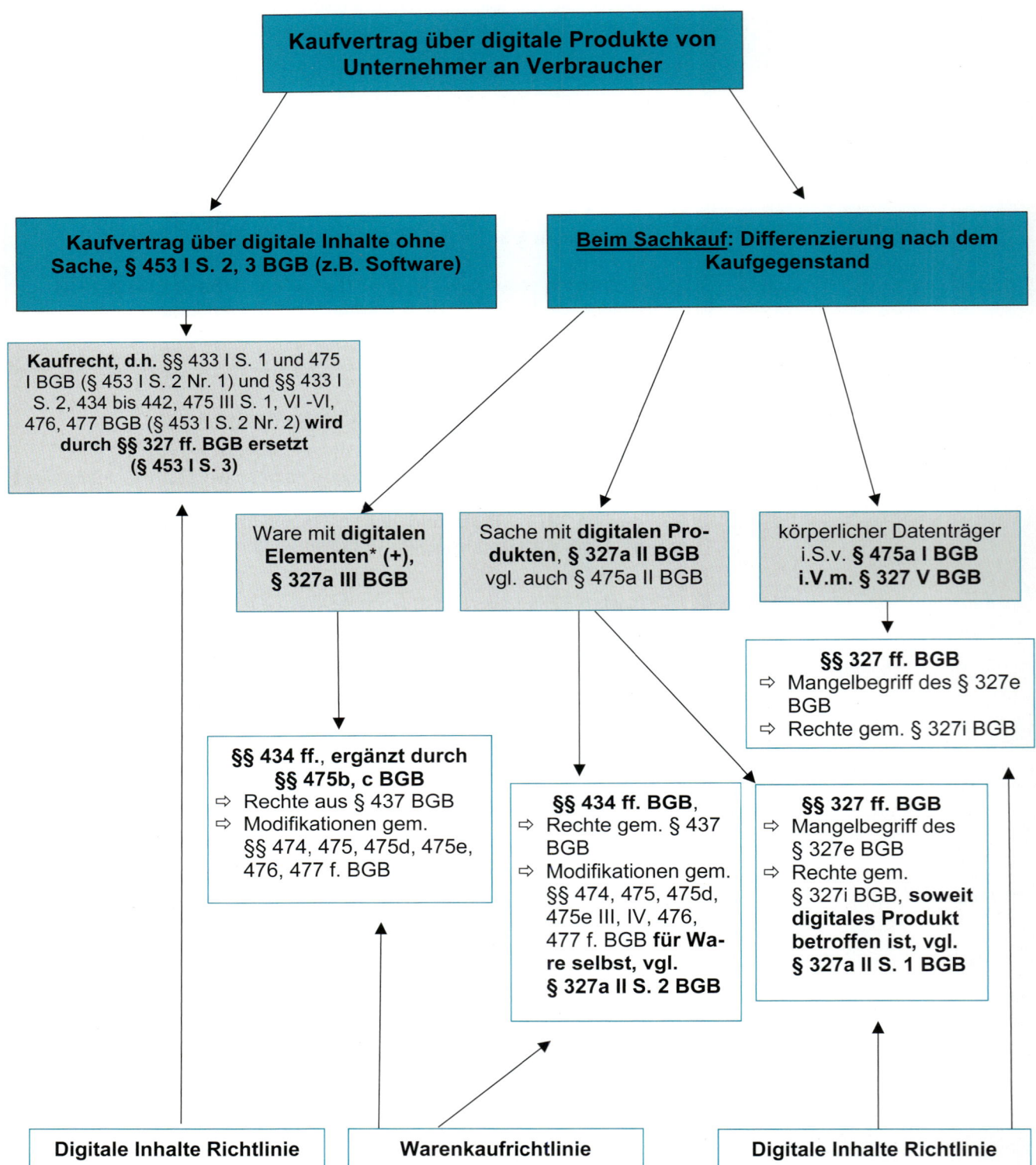

Kaufvertrag über digitale Produkte von Unternehmer an Verbraucher

Kaufvertrag über digitale Inhalte ohne Sache, § 453 I S. 2, 3 BGB (z.B. Software)

Beim Sachkauf: Differenzierung nach dem Kaufgegenstand

Kaufrecht, d.h. §§ 433 I S. 1 und 475 I BGB (§ 453 I S. 2 Nr. 1) und §§ 433 I S. 2, 434 bis 442, 475 III S. 1, VI -VI, 476, 477 BGB (§ 453 I S. 2 Nr. 2) **wird durch §§ 327 ff. BGB ersetzt (§ 453 I S. 3)**

Ware mit **digitalen Elementen* (+),** **§ 327a III BGB**

Sache mit **digitalen Pro-dukten, § 327a II BGB** vgl. auch § 475a II BGB

körperlicher Datenträger i.S.v. **§ 475a I BGB i.V.m. § 327 V BGB**

§§ 327 ff. BGB
⇨ Mangelbegriff des § 327e BGB
⇨ Rechte gem. § 327i BGB

§§ 434 ff., ergänzt durch §§ 475b, c BGB
⇨ Rechte aus § 437 BGB
⇨ Modifikationen gem. §§ 474, 475, 475d, 475e, 476, 477 f. BGB

§§ 434 ff. BGB,
⇨ Rechte gem. § 437 BGB
⇨ Modifikationen gem. §§ 474, 475, 475d, 475e III, IV, 476, 477 f. BGB **für Wa-re selbst, vgl. § 327a II S. 2 BGB**

§§ 327 ff. BGB
⇨ Mangelbegriff des § 327e BGB
⇨ Rechte gem. § 327i BGB, **soweit digitales Produkt betroffen ist, vgl. § 327a II S. 1 BGB**

Digitale Inhalte Richtlinie

Warenkaufrichtlinie

Digitale Inhalte Richtlinie

---

*WICHTIGER Begriff: Ware mit digitalen Elementen, § 327a III BGB
Voraussetzungen:
***(1)** Bei Fehlen der digitalen Inhalte oder der digitalen Dienstleistungen könnte die Ware mit digitalen Elementen ihre Funktion nicht erfüllen* (**funktionales Kriterium**)
***(2)** Die digitalen Inhalte oder die digitalen Dienstleistungen werden unter dem Kaufvertrag über die Ware mit digitalen Elementen bereitgestellt* (**vertragliches Kriterium**).

hemmer-Methode: Im Folgenden werden zunächst die verschiedenen Spielarten des Kaufs digitaler Produkte voneinander abgegrenzt.
Im Anschluss daran wird der *Kauf von Waren mit digitalen Elementen* dargestellt. Konkret wird dabei auf Besonderheiten des Mangelbegriffs (§ 475b BGB) sowie auf die Besonderheiten bei einer dauerhaften Bereitstellung (§ 475c BGB) eingegangen.
Besonderheiten bei der Verjährung folgen zum Schluss. Lesen Sie die jeweiligen Vorschriften genau nach!

I. Abgrenzung der §§ 475b, c BGB zu den §§ 327 ff. BGB

Abgrenzung

Beim Kauf digitaler Produkte sind verschiedene Konstellationen voneinander zu unterscheiden. Diese Unterscheidung ist wichtig für die Frage, ob für Mängel der digitalen Produkte die §§ 327 ff. BGB, insbesondere die §§ 327d ff. BGB, zur Anwendung kommen oder die §§ 434 ff., 475b, c BGB.

1. Rechtskauf über digitale Inhalte, § 453 I BGB

Kauf digitaler Inhalte,
§ 453 I S. 2 und S. 3 BGB

Ist Kaufgegenstand keine Sache, können die Regelungen der §§ 474 ff. BGB schon begrifflich nicht einschlägig sein, da es bereits am Kauf einer „Ware" i.S.d. § 474 I S. 1 BGB fehlt. **31**

Beim Kauf eines digitalen Inhalts handelt es sich um den Kauf eines „sonstigen Gegenstandes" i.S.d. **§ 453 I S. 1 Alt. 2 BGB**. Das Verhältnis zwischen dem Kaufrecht und den Regeln über die Bereitstellung digitaler Inhalte wird in den neu eingefügten Sätzen 2 und 3 geregelt.

Auf einen Verbrauchervertrag über den Verkauf digitaler Inhalte durch einen Unternehmer sind gem. **§ 453 I S. 2 Nr. 1 BGB** die § 433 I S. 1 BGB (Übergabe) und § 475 I BGB (Leistungszeit) nicht anzuwenden. Es gelten gem. § 453 I S. 3 BGB stattdessen die §§ 327, 327b BGB als Spezialregelungen.

Nach **§ 453 I S. 2 Nr. 2 BGB** sind auch die §§ 433 I S. 2, 434 bis 442 BGB, 475 III S. 1, IV bis VI BGB und die §§ 476 und 477 BGB über die Rechte bei Mängeln nicht anzuwenden. Die Verpflichtung zur mangelfreien Leistung ergibt sich insoweit aus §§ 453 I S. 3, 327d BGB. Statt §§ 434 und 435 BGB gelten gem. § 453 I S. 3 BGB die §§ 327e bis 327g BGB. Statt §§ 437 bis 442 BGB gelten gem. § 453 I S. 3 BGB die §§ 327i bis 327n BGB.

hemmer-Methode: § 453 I S. 2 und S. 3 BGB bestimmen daher, dass die kaufrechtlichen Mängelrechte durch die Regelungen der §§ 327 ff. BGB ersetzt werden. Der Fall ist also unproblematisch.
Gleichwohl ist wichtig, dass Sie den Einstieg in die §§ 327 ff. BGB richtig wählen, d.h. Sie müssen durch saubere Subsumtion des Gesetzes dokumentieren, warum im Falle eines Mangels beim Rechtskauf die Verweisung in §§ 453 I S. 1, 434 ff. BGB hier nicht gilt.

2. Ware mit digitalen Elementen, § 327a III BGB i.V.m. §§ 457b, 475c BGB

Ware mit digitalen Elementen,
§ 327a III BGB

Handelt es sich um einen Kaufvertrag über eine **Ware mit digitalen Elementen**, kommen die Regelungen der §§ 327 ff. BGB wegen § 327a III S. 1 BGB *nicht* zur Anwendung. **32**

Auf einen Verbrauchsgüterkauf über Waren mit digitalen Elementen ist danach _**nur**_ das Kaufrecht anwendbar. Es gelten daher die §§ 434 ff. BGB, die durch §§ 475b, c BGB ergänzt werden.

§ 327a III BGB

Der Kauf einer **Ware mit digitalen Elementen** liegt dann vor, wenn kumulativ zwei Voraussetzungen erfüllt sind:

Funktionales Kriterium

⇨ Bei Fehlen der digitalen Inhalte oder der digitalen Dienstleistungen könnte Ware mit digitalen Elementen ihre Funktion nicht erfüllen (**funktionales Kriterium**).

Vertragliches Kriterium

⇨ Die digitalen Inhalte oder die digitalen Dienstleistungen werden unter dem Kaufvertrag über die Ware mit digitalen Elementen bereitgestellt (**vertragliches Kriterium**).

> *Bsp.: Kauf eines Computers (= Ware) mit einem vorinstallierten Betriebssystem Windows 11 (= digitales Element).*

Beim Kauf einer Ware mit digitalen Elementen gelten daher nicht die §§ 327 ff. BGB (vgl. § 327a III S. 1 BGB), sondern §§ 434 ff. BGB, ergänzt durch die §§ 475b, c BGB.

hemmer-Methode: Für den Rechtsmangel gibt es keine besondere Normierung, es ist § 435 BGB einschlägig (und nicht § 327g BGB).

3. Sache mit digitalen Produkten, § 327a II BGB i.V.m. § 475a II BGB

Sache mit digitalem Produkt

Ist eine der in Rn. 32 genannten Voraussetzungen nicht erfüllt, so liegt ein Kauf einer Sache mit digitalen Produkten vor (§§ 475a II, 327a II BGB), für den die §§ 327 ff. BGB zur Anwendung kommen.

> *Bsp.: „Smarter" Kühlschrank mit einer installierten Software, die den Bestand von Ware prüft und automatische Nachbestellungen beauftragt; diese Software ist mangelhaft.*

33

Hier ist Gegenstand des Kaufs keine Ware mit digitalen Elementen, weil der Kühlschrank auch ohne die Software benutzt werden kann. Es fehlt daher das funktionale Kriterium. Die Mängelrechte hinsichtlich der Software bestimmen sich daher nach den §§ 327 ff. BGB, was die Verweisungsnorm des § 475a II S.2 BGB sicherstellt.

Anmerkung: Würde demgegenüber in obigem Beispiel die Software gesondert gekauft werden, fehlte zwar ebenfalls eine Voraussetzung für ein digitales Element, nämlich das vertragliche Kriterium, die Lösung wäre hinsichtlich von Mängeln an der Software dann über den Rechtskauf zu suchen, § 453 I S. 2, 3 BGB! Das Ergebnis wäre zwar ebenfalls die Geltung der §§ 327 ff. BGB, aber eben anders begründet. Und genau auf diese Feinheiten müssen Sie künftig achten!

Für Mängel an der Ware gelten die §§ 434 ff. BGB (vgl. § 327a II S. 2 BGB)

Was aber gilt nun, wenn ein Mangel am Kühlschrank selbst besteht? Die §§ 327 ff. BGB gelten hierfür nicht, vgl. § 327a II S. 2 BGB, sodass hierfür das Kaufrecht (§§ 434 ff. BGB) mit den Modifikationen durch die §§ 474 ff. BGB zur Anwendung kommt.

4. Ware mit digitalen Elementen und weiteren digitalen Inhalten

Ware mit digitalem Element und weiteren digitalen Inhalten

Unklar ist, was beim Kauf einer Ware gilt, die nur mit einem digitalen Element funktioniert, aber zusätzlich Software verkauft wurde, die für die Funktion der Ware nicht erforderlich ist.

34

Bsp.: U verkauft an V einen Computer (= Ware) mit vorinstalliertem Betriebssystem Windows 11 (= digitales Element) und zusätzlich einer vorinstallierten Spielesoftware (= digitales Produkt).

Hier müssen Sie genau differenzieren, wo der Mangel liegt, d.h. es kommt auf die Art des digitalen Inhalts an, der mangelhaft ist bzw. darauf, ob der Mangel am Computer besteht.

Für digitales Produkt gelten §§ 327e ff. BGB

Sofern der Mangel die Spielesoftware betrifft, gilt gem. § 327a II BGB das Mängelrecht der §§ 327e ff. BGB.

Für digitales Element gelten die §§ 475b, c, 434 ff. BGB

Sofern der Mangel das Betriebssystem betrifft, gilt wegen § 327a III BGB das System der §§ 434 ff. BGB, allerdings modifiziert gem. § 475b, c BGB.

Für die Ware mit digitalem Element gilt Kaufrecht

Sofern der Mangel den Computer selbst betrifft (Hardware), stellt sich die Frage, zu welchem digitalen Inhalt man ihn in Beziehung setzt. Zum Betriebssystem? Dann wäre § 475b BGB einschlägig. Oder zur Spielesoftware? Dann wäre § 327a II BGB einschlägig, und wegen § 327a II S. 2 BGB käme man für den Computer wiederum in §§ 434 ff. BGB.

Überzeugend ist folgende Sichtweise: Es handelt sich nun einmal unabhängig von der Software um den Kauf von Ware mit digitalen Elementen, so dass § 475b BGB einschlägig ist. Anders formuliert: Man kann diese Vorschrift nicht dadurch aushebeln, dass man zusätzlich noch weitere Software mitverkauft.

Anmerkung: Die praktische Relevanz ist zwar gering, da man entweder über § 327a II S. 2 BGB oder über § 475b BGB zu § 434 BGB gelangt. Gleichwohl müssen Sie sich um eine genaue Zuordnung bemühen.

5. Körperlicher Datenträger, der ausschließlich als Träger digitaler Inhalte dient, § 475a I BGB i.V.m. § 327 V BGB

Kauf von körperlichen Datenträgern, die ausschließlich als Träger digitaler Inhalte dienen, §§ 475a, 327 V BGB

§ 475a I BGB trägt dem Umstand Rechnung, dass die Vorschriften des Untertitels 1 des neu in Abschnitt 3 eingefügten Titels 2a mit Ausnahme der §§ 327b und 327c BGB (besondere Regelungen zur Bereitstellung) auch auf Verbraucherverträge anzuwenden sind, welche die Bereitstellung von körperlichen Datenträgern zum Gegenstand haben, die ausschließlich als Träger digitaler Inhalte dienen (§ 327 V BGB, z.B. Musik-CD).

Für Verbrauchsgüterkaufverträge über solche körperlichen Datenträger ist deshalb nach § 475a I S. 1 BGB vorgesehen, dass auf sie § 433 I S. 2 BGB, die §§ 434 bis 442 BGB, 475 III S. 1, IV bis VI BGB, die §§ 475b bis 475e BGB und die §§ 476, 477 BGB über die Rechte bei Mängeln nicht anzuwenden sind.

Stattdessen sind gem. § 475a I S. 2 BGB die §§ 327 ff. BGB anwendbar.

hemmer-Methode: Unterstreichen Sie, soweit die Prüfungsordnung Ihres Bundeslandes Kommentierungen des Gesetzes zulässt, in § 475a I S. 1 BGB die Passage „körperlicher Datenträger ..., der ausschließlich als Träger digitaler Inhalte dient" und kommentieren sich an den Rand die Vorschrift des § 327 V BGB!

II. Sachmangel bei Waren mit digitalen Elementen, § 475b BGB

§ 475b BGB als lex spezialis zu § 434 BGB beim Kauf von Ware mit digitalen Elementen

§ 475b BGB regelt als Spezialvorschrift zu § 434 BGB (bitte bei § 434 BGB kommentieren, soweit in Ihrem Bundesland zulässig!) den Sachmangel beim Kauf einer Ware mit digitalen Elementen, wenn sich der Unternehmer selbst oder durch Dritte verpflichtet, die digitalen Elemente bereitzustellen. Diese Verpflichtung zur Bereitstellung der digitalen Elemente wird gem. § 475b I S. 2 BGB i.V.m. § 327a III S. 2 BGB grundsätzlich (widerlegbar) vermutet.

36

Eine Ware mit digitalen Elementen ist eine Sache, die in einer Weise digitale Produkte enthält oder mit ihnen verbunden ist, dass die Sache ihre Funktion ohne diese digitalen Produkte nicht erfüllen kann (vgl. die Legaldefinition in § 327a III S. 1 BGB; s.o.).

Ein typisches Beispiel hierfür ist der Kauf eines Computers mit einem vorinstallierten Betriebssystem. Ohne Betriebssystem funktioniert der Computer nämlich nicht.

> **hemmer-Methode:** Anders ist dies, wenn sich der Verbraucher von U 1 einen Computer ohne Betriebssystem kauft, weil er sich von U 2 ein spezielles Betriebssystem entwickeln lassen möchte.
> Dann gilt für den Kaufvertrag das „normale" Kaufrecht (ohne Umweg über § 475b BGB). Für die Software kommen dann über § 650 II Nr. 1 S. 1 i.V.m. S. 2 BGB die §§ 327 ff. BGB zur Anwendung (vgl. dazu die Rn. 123 ff. in § 3 dieses Skripts!

§ 475b II BGB normiert die Voraussetzungen der Mangelfreiheit

Nach **§ 475b II BGB** ist eine Ware mit digitalen Elementen - strukturgleich zu § 434 I BGB - frei von Sachmängeln, wenn sie bei Gefahrübergang sowohl den subjektiven und objektiven Anforderungen als auch den Montage- und Installationsanforderungen entspricht. Diese Anforderungen werden (wie bei § 434 II - IV BGB) in den folgenden Absätzen konkretisiert.

Aufbau des § 475b II-VI BGB

Definition der Sachmangelfreiheit bei Ware mit Digitalen Elementen		
§ 475b II Var. 1, III BGB: Subjektive Anforderungen: **Nr. 1:** Anforderungen des § 434 II BGB **Nr. 2:** Bereitstellung **vereinbarter** Aktualisierungen während vereinbarten Zeitraums	**§ 475b II Var. 2, IV, V BGB: Objektive Anforderungen:** **Nr. 1:** Anforderungen des § 434 III BGB **Nr. 2:** Bereitstellung von Aktualisierungen in **erwartbarem** Zeitraum *und* Information darüber Haftung bei unterlassener Aktualisierungsinstallation: **§ 475b V BGB**	**§ 475b II Var. 3, VI BGB: Anforderungen an Montage und Installation** *(soweit durchzuführen)*: **Nr. 1:** Montageanforderungen des § 434 IV BGB **Nr. 2:** Installationsanforderungen **a)** Sachgemäße Durchführung **b)** Unsachgemäße Durchführung, ohne Beruhen auf Unternehmerhandeln oder Mangel der Anleitung

Bezugnahme auf § 434 BGB

Wie Sie der Grafik entnehmen können, wird jeweils auf die Anforderungen des § 434 BGB Bezug genommen. Sodann werden Besonderheiten normiert, die dem besonderen Vertragsgegenstand geschuldet sind.

Besonderheit: Sachmangelfreiheit ist während Aktualisierungszeitraums geschuldet

Eine echte Besonderheit in Abgrenzung zu § 434 BGB ist die Aktualisierungspflicht, d.h. die Sache ist nur dann sachmangelfrei, wenn sie *auch* in Bezug auf eine Aktualisierungspflicht **auch während des Aktualisierungszeitraums** den in § 475b II BGB genannten Anforderungen entspricht.

Während für die Haftung des Verkäufers grundsätzlich die Mangelhaftigkeit bei Gefahrübergang maßgeblich ist, kann im Rahmen des § 475b BGB auch wegen versäumter Aktualisierungen in der Folgezeit das Mängelrecht zur Anwendung kommen.

Dabei müssen Sie unterscheiden, ob eine Aktualisierung über einen bestimmten Zeitraum vereinbart wurde oder nicht:

⇨ Bei **vereinbarten** Aktualisierungen geht es um die subjektiven Anforderungen, § 475b III Nr. 2 BGB.

⇨ Selbst wenn **keine Vereinbarung** getroffen wurde, besteht eine geschützte Erwartungshaltung dahingehend, bestimmte Aktualisierungen (wie z.B. Sicherheitsupdates) zur Verfügung gestellt zu bekommen, § 475b IV Nr. 2 BGB).

1. Subjektive Anforderungen, § 475b II Var. 1, III BGB

§ 434 II BGB und Aktualisierung

Nach **§ 475b III BGB** entspricht die Ware dann den **subjektiven Anforderungen**, wenn diese den Anforderungen des § 434 II BGB entspricht (Nr. 1) und für die digitalen Elemente die im Vertrag vereinbarten Aktualisierungen für die digitalen Elemente bereitgestellt werden (Nr. 2).

Durch den bewusst aus der Warenkauf-RL übernommenen Begriff „Aktualisierung" wird klargestellt, dass der Unternehmer seiner Verpflichtung nicht nur durch ein **„update"**, sondern auch dadurch nachkommt, dass er selbst (oder durch Dritte) die Aktualisierung durch ein **„upgrade"** (= Versionswechsel) vornimmt/vornehmen lässt.

hemmer-Methode: Geschuldet ist ein „upgrade" aber nicht (vgl. dazu Rn. 39).

Aktualisierungserfordernis macht Ausnahme vom Grundsatz, dass der Gefahrübergang der maßgebliche Zeitpunkt der Mangelfreiheit ist

Wichtige Neuerung: Nach geltendem Kaufvertragsrecht führt das Unterlassen von Aktualisierungen nicht zu einem Mangel, weil der Zeitpunkt, zu dem eine Aktualisierung erforderlich wird, in der Regel erst nach dem Zeitpunkt des Gefahrübergangs liegt und damit die Sache zum Zeitpunkt des Gefahrübergangs mangelfrei war.[53]

Mit dem Aktualisierungserfordernis sieht die Vorschrift eine Ausnahme von dem Grundsatz vor, dass der Gefahrübergang der für die Bestimmung der Mangelfreiheit maßgebliche Zeitpunkt ist.[54]

> *Bsp.:* V kauft bei U im Januar 2022 einen Computer, auf welchem das Betriebssystem Windows 11 von Microsoft vorinstalliert ist. U und V vereinbaren, dass Microsoft bis zum Erscheinen des Betriebssystems Windows 12, mindestens aber bis 2027 Aktualisierungen von Windows 11 zur Verfügung stellen wird.
>
> Wenn aufgrund einer Aktualisierung im März 2026 der PC streikt, dann ist der gekaufte Computer mangelhaft, auch wenn er bei der Übergabe im Januar 2022 einwandfrei funktioniert hat. Dem V stehen daher auch noch im Jahr 2026 Mängelrechte zu, da wegen § 475e II BGB die Mängelrechte nicht vor Ablauf einer vereinbarten Aktualisierung verjähren können (vgl. dazu auch Rn. 41).

37

---

[53]   OLG Koblenz, Urteil vom 30.04.2009, 6 U 268/08 = OLGR Koblenz 2009, 719 = **juris**byhemmer.

[54]   **Hinweis:** Auch bei § 475c II BGB (vgl. Rn. 40) besteht eine Verpflichtung des Unternehmers über den Gefahrübergang hinaus!

2. Objektive Anforderungen, § 475b II Var. 2, IV, V BGB

§ 434 III BGB und Aktualisierung

§ **475b IV BGB** bestimmt, dass bei einer Sache mit digitalen Elementen als **objektive Anforderung** der Mangelfreiheit neben die allgemeinen Anforderungen des § 434 III BGB (Nr. 1) eine Pflicht zur Bereitstellung von Aktualisierungen tritt (Nr. 2).

38

Objektive Dauer der Pflicht zur Aktualisierung

Hinsichtlich der Dauer dieser Verpflichtung gibt § 475b IV BGB vor, dass der Verbraucher während des Zeitraums Aktualisierungen erhält, die er aufgrund der Art und des Zwecks der Sache und der digitalen Elemente und unter Berücksichtigung der Umstände und der Art des Vertrags erwarten kann.

Für die Dauer sind verschiedene Aspekte maßgeblich. Stets ist eine Klärung im Einzelfall erforderlich.

Dazu gehören u.a. Werbeaussagen und der Preis („je teurer die Ware ist, desto länger darf der Käufer auch mit Aktualisierungen rechnen"). Gibt es für Waren der jeweiligen Art Erkenntnisse über deren übliche Nutzungs- und Verwendungsdauer („life-cycle"), sind auch diese ein wesentliches Auslegungskriterium.

Geschuldet sind <u>funktionserhaltende</u> Aktualisierungen

Die Aktualisierungsverpflichtung des § 475b IV BGB bezieht sich auf **funktionserhaltende** Aktualisierungen, die notwendig sind, damit die Sache weiterhin den objektiven und subjektiven Anforderungen im Sinne des § 434 BGB entspricht. Hiervon sind daher auch Sicherheitsupdates umfasst.

Nicht geschuldet sind **funktionserweiternde** Aktualisierungen, also sog. „**upgrades**".

Anmerkung: Wenn der Unternehmer eine derartige Aktualisierung scheut, so kann er sie nur unter Einhaltung der Voraussetzungen des § 476 I S. 2 BGB abbedingen (vgl. dazu Rn. 51).

Ausschluss der Haftung, wenn der Verbraucher die ihm bereitgestellte Aktualisierung nicht installiert, § 475b V BGB

Nach § **475b V BGB** haftet der Unternehmer nicht für einen Sachmangel, der allein darauf beruht, dass der Verbraucher die ihm bereitgestellte Aktualisierung nicht innerhalb einer „angemessenen Zeit" installiert hat, sofern der Unternehmer den Verbraucher über die Verfügbarkeit der Aktualisierung und die Folgen des Unterlassens ihrer Installation informiert hat (Nr. 1) und die Nichtvornahme oder unsachgemäße Vornahme der Aktualisierung nicht auf eine mangelhafte Installationsanleitung zurückzuführen ist (Nr. 2).

Anmerkung: Verwechseln Sie die Installation von Aktualisierungen nicht mit den Installationsanforderungen i.S.v. § 475b II Var. 3, VI BGB. Dort geht es um die Vereinbarung der Installation etwa eines Betriebssystems bei Gefahrübergang. Freilich sind die Voraussetzungen, unter denen die Haftung entfällt, wenn fehlerhaft installiert wurde, ähnlich, § 475b VI Nr. 2 BGB (dazu unten).

Wie lang die angemessene Frist sein soll, lässt sich der Gesetzesbegründung nicht entnehmen. Man wird wohl annehmen können, dass sie umso kürzer ausfallen muss, je stärker die Sicherheit der Ware (bzw. der Nutzerdaten etc.) ohne Aktualisierung bedroht ist.

> hemmer-Methode: Warum die Vorschrift des § 475 V BGB nur bei der objektiv erforderlichen Aktualisierungspflicht gilt und nicht auch bei einer vereinbarten Aktualisierungsverpflichtung nach § 475b III BGB, ist nicht nachvollziehbar. Eine analoge Anwendung des § 475b V BGB auf § 475b III BGB wäre daher sinnvoll.[55] Ein Rechtsverlust des Käufers lässt sich in diesem Fall aber auch mit einer Analogie zu § 326 II S. 1 Alt. 1 BGB erreichen. Wird eine bereitgestellte Aktualisierung nicht installiert, so führt diese Obliegenheitsverletzung des Käufers dazu, dass dieser für einen infolgedessen eintretenden Mangel allein bzw. weit überwiegend verantwortlich ist.

3. Montage- und Installationsanforderungen, § 475b II Var. 3, VI BGB

§ 475b II Var. 3, VI BGB

§ 475b VI BGB, der parallel zu § 434 IV BGB ausgestaltet ist, differenziert zwischen Montage- und Installationsanforderungen. **§ 475b VI Nr. 1 BGB** nimmt bei den Montageanforderungen auf die Voraussetzungen des § 434 IV BGB Bezug.

39

Soweit bei Waren mit digitalen Elementen eine Installation durchzuführen ist, ist die Ware nach **§ 475b VI Nr. 2a) BGB** mangelfrei, wenn die Installation der digitalen Elemente sachgemäß durchgeführt worden ist.

Eine entsprechende Installationsverpflichtung wird typischerweise auf einer entsprechenden Vereinbarung beruhen. Theoretisch hätte man diese Problematik daher auch bei den subjektiven Anforderungen regeln können. Gleiches gilt aber hinsichtlich der Montage, und da diese im Rahmen des § 434 BGB außerhalb der subjektiven Anforderungen normiert wurde, wollte der Gesetzgeber diese Systematik im Rahmen des § 475b BGB nicht durchbrechen.

Sofern eine unsachgemäße Installation vorliegt, ist die Ware dennoch gem. **§ 475b VI Nr. 2b) BGB** mangelfrei, wenn die Installation nicht durch den Unternehmer oder dessen Erfüllungsgehilfen durchgeführt wurde *(kommentieren Sie sich – soweit zulässig - § 278 S. 1 Alt. 2 BGB an den Rand von § 475b VI Nr. 2b) BGB!)* oder die unsachgemäße Installation nicht auf einer fehlerhaften Anleitung beruht, die durch den Unternehmer oder denjenigen, der die digitalen Elemente bereitgestellt hat, übergeben wurde.

III. Besonderheiten bei <u>dauerhafter</u> Bereitstellung digitaler Elemente, § 475c BGB

Dauerhafte Bereitstellung, § 475c BGB

Wurde beim Kauf einer Ware mit digitalen Elementen zwischen den Parteien vereinbart, dass die *digitalen Elemente* **dauerhaft** bereitzustellen sind, so gilt hierfür **§ 475c BGB**.

40

Begriff des digitalen Elements i.S.d. § 475c BGB

Offenbar hat sich hier ein redaktionelles Versehen eingeschlichen, denn der Begriff des digitalen Elements ist nur dann gerechtfertigt, wenn es um einen digitalen Inhalt geht, ohne den die Ware nicht genutzt werden kann, vgl. § 327a III BGB (Computer mit Betriebssystem). Sofern bzgl. des Betriebssystems eine dauerhafte Bereitstellung vereinbart wurde, liegt ohnehin schon eine Aktualisierungspflicht i.S.d. § 475b III Nr. 2 BGB vor. Der Regelung des § 475c BGB bedürfte es deshalb nicht. Vielmehr ist mit der Norm gemeint, dass zusätzlich (!) zu den digitalen Elementen weitere digitale Inhalte dauerhaft bereitgestellt werden.

---

[55]   So zutreffend Wilke, VuR 2021, 283 (287).

Bsp.: V kauft bei U ein Navigationssystem. Die gekaufte Ware ist die Hardware. Das digitale Element ist die Kartensoftware, weil ohne diese das Navigationssystem nicht funktioniert. U verpflichtet sich gegenüber V zur ständigen Aktualisierung der Verkehrsdaten. Hier liegt ein Fall des § 475c BGB vor.

Anmerkung: Genau dieses Beispiel benutzt die Gesetzesbegründung und spricht dabei von „digitalem Element". Genau das ist aber nicht passend, da das Navigationsgerät auch ohne aktuelle Verkehrsdaten benutzt werden kann. Gemeint sind also die weiteren digitalen Inhalte! Erstaunlicherweise wird auf diese sprachliche Ungenauigkeit - soweit ersichtlich - in der Literatur nicht weiter eingegangen. Erstaunlicherweise deshalb, weil die Begriffe digitaler Inhalt und digitales Element im Hinblick auf die Abgrenzung von essentieller Bedeutung sind.

Die dauerhafte Bereitstellung eines digitalen Elements kann auch konkludent vereinbart werden. Für den Fall, dass die Parteien nicht bestimmen, wie lange die Bereitstellung andauern soll, ist nach **§ 475c I S. 2 BGB** die Regelung in § 475b IV S. 1 Nr. 2 BGB über die Dauer der Aktualisierungspflicht entsprechend anzuwenden.

§ 475c II BGB regelt eine Abweichung von den §§ 434 I, 475b II BGB.

In Fällen, in denen die digitalen Elemente dauerhaft über einen Zeitraum bereitgestellt werden, ist der Unternehmer **nicht nur zum Zeitpunkt des Gefahrübergangs, sondern während des gesamten Bereitstellungszeitraums verpflichtet**, diese in einem vertragsgemäßen Zustand zu erhalten.

Damit die am Bereitstellungszeitraum orientierte Mängelhaftung des Unternehmers nicht dazu führt, dass der zwingende (vgl. § 476 II BGB) Haftungszeitraum von zwei Jahren verkürzt wird, sieht § 475c II BGB eine Haftungsdauer von mindestens zwei Jahren ab der Lieferung der Sache vor – und damit unabhängig von dem konkret vereinbarten Bereitstellungszeitraum.

IV. Besonderheiten bei der Verjährung, § 475e I, II BGB

§ 475e BGB regelt in Abweichung zur Verjährung der Mängelrechte nach § 438 I Nr. 3, II BGB vier Fälle der sog. „**Ablaufhemmung**".

41

Wichtig: Die in § 475e I und II BGB geregelten Fälle gelten nur für den Kauf von Ware mit digitalen Elementen, während die in den Absätzen III und IV BGB geregelten Fälle für alle Fälle des Verbrauchsgüterkaufs gelten.[56]

§ 475e I BGB bei dauerhafter Bereitstellung

Nach **§ 475e I BGB** läuft bei einer **dauerhaften** Bereitstellung von digitalen Elementen nach § 475c I BGB die zweijährige Verjährung des § 438 I Nr. 3 BGB nicht vor dem Ablauf von 12 Monaten nach dem Ende des Bereitstellungszeitraums ab.

§ 475e II BGB für Verletzung der Aktualisierungspflicht, § 475b III, IV BGB

Nach **§ 475e II BGB** verjähren Ansprüche wegen Verletzung der Aktualisierungspflicht nach § 475b III, IV BGB nicht vor Ablauf von zwölf Monaten nach dem Ende des Zeitraums der Aktualisierungspflicht.

---

[56]　Vgl. dazu unten, Rn. 61.

D) Weitere Änderungen durch die Warenkaufrichtlinie

Weitere Änderungen durch die Umsetzung der Warenkauf-RL

Zusätzlich zu den o.g. „Schwerpunkten" bei den Änderungen gibt es in manchen Bereichen innerhalb und außerhalb des Verbrauchsgüterkaufs noch Anpassungen, die im Folgenden beschrieben und erläutert werden.

I. Änderungen im Rahmen der §§ 439, 445a, 445b BGB

Neben § 434 BGB wurden vereinzelte Änderungen im allgemeinen Kaufrecht vorgenommen.

42

1. Streichung von § 439 III S. 2 BGB

Einbaukostenerstattung, § 439 III BGB

Die Verbrauchsgüterkaufrichtlinie verlangte danach, dass die Nacherfüllung ohne erhebliche Unannehmlichkeiten für den Verbraucher durchgeführt wird (vgl. **jetzt** auch **§ 475 V BGB**).

43

EuGH („Weber" und „Putz")

Der EuGH hatte mit Urteil vom 16.06.2011 in den Sachen „Weber" und „Putz"[57] derartige Unannehmlichkeiten angenommen, wenn der Verbraucher mit Kosten des Einbaus bzw. Ausbaus mangelhafter Sachen belastet wird.

BGH

Diese Vorgaben des EuGH hat daraufhin der BGH[58] übernommen.

01.01.2018: § 439 III BGB

Mit Wirkung zum 01.01.2018 wurde der Anspruch auf Ersatz von Aufwendungen für die Kosten des Ausbaus einer mangelhaften und des Einbaus der nachgebesserten oder nachgelieferten mangelfreien Sache mit § 439 III BGB in nationales Recht umgesetzt, welcher dem Käufer einen Aufwendungsersatz bei derartigen Kosten gibt.

Diese Regelung wurde bewusst nicht auf den Verbrauchsgüterkauf beschränkt, da insbesondere Handwerker beim Einbau mangelhafter Ware gegenüber einem Besteller nacherfüllungspflichtig sind, und sodann ein Interesse an einem *verschuldensunabhängigen* Regressanspruch gegenüber dem Verkäufer haben, obwohl es sich bei diesem Kaufvertrag nicht um einen Verbrauchsgüterkauf handelt.

Vorgabe der Warenkauf-RL: kein Ausschluss bei grober Fahrlässigkeit

In der bisherigen Fassung des § 439 III BGB war allerdings in dessen Satz 2 die Anwendung von § 442 I BGB vorgesehen für den Fall, dass vor Einbau der Ware bereits Kenntnis bzw. grob fahrlässige Unkenntnis hinsichtlich des Mangels bestand.

Keine Geltung des § 442 BGB mehr

Art. 14 III der Warenkauf-RL sieht allerdings keine Beschränkung der Mängelrechte vor für den Fall, dass dem Käufer der Mangel vor Einbau aufgrund grober Fahrlässigkeit unbekannt geblieben ist. § 442 I S. 2 BGB ist mit dieser Vorgabe nicht vereinbar, daher wurde er gestrichen, und im § 439 III S. 1 BGB eingefügt, dass der Aufwendungsersatzanspruch davon abhängt, dass dem Käufer der Mangel vor Einbau „nicht offenbar" geworden ist.

44

Was bedeutet „offenbar wurde"?

Was „offenbar wurde" bedeutet, ist schon jetzt umstritten. Ob damit tatsächlich dem Käufer grob fahrlässige Unkenntnis des Mangels vor dem Einbau nicht schadet, wird von Lorenz[59] und Hofmann[60] bestritten.

---

[57] EuGH, **Life&LAW 08/2011, 537 ff.** = NJW 2011, 2269 ff. = **juris**byhemmer.

[58] BGH, **Life&LAW 04/2012, 239 ff.** = NJW 2012, 1073 ff. = **juris**byhemmer.

[59] Lorenz, NJW 2021, 2065 (2067).

[60] Hoffmann, Ein- und Ausbaufälle nach Umsetzung der Warenkauf-RL, NJW 2021, 2839 (2844).

Die Formulierung „offenbar wurde" sei nicht mit positiver Kenntnis gleichzusetzen, sondern es sei nach einer objektivierten Betrachtung darauf abzustellen, ob sich der Mangel einem Durchschnittskäufer geradezu aufdrängen musste, was mit grober Fahrlässigkeit gleichzusetzen sei.

hemmer-Methode: Genau diese Sichtweise widerspricht aber der Vorgabe der Richtlinie. Ob sich diese Ansicht tatsächlich durchsetzt, wird sich zeigen und wohl nur vom EuGH geklärt werden können, sollte ihm diese Frage nach Art. 267 AEUV vorgelegt werden.

2. Neueinfügung des § 439 V BGB

§ 439 V BGB n.F.: Pflicht, mangelhafte Ware zur Verfügung zu stellen

Neu eingefügt wurde ein Absatz 5 in § 439 BGB (wodurch der bisherige Absatz 5 zu Absatz 6 wurde). Danach hat der Käufer dem Verkäufer die Sache zum Zweck der Nacherfüllung zur Verfügung zu stellen.

45

Bereits nach der bis zum 31.12.2021 geltenden Rechtslage trifft den Käufer, der Nacherfüllung verlangt, zumindest eine Obliegenheit, dem Verkäufer die Kaufsache zur Verfügung zu stellen, bei deren Verletzung kein ordnungsgemäßes Nacherfüllungsverlangen vorlag.

Systematik und Wortlaut von Art. 12 II Warenkauf-RL deuten darauf hin, dass es sich bei der in § 439 V BGB umgesetzten Vorgabe **nicht bloß** um eine **Obliegenheit** des Käufers, sondern um eine erzwingbare **Pflicht** handelt. Denkbare Konsequenz wäre eine Schadensersatzhaftung gegenüber dem Verkäufer gem. § 280 I BGB, und nicht nur ein eigener eventueller Rechtsverlust als Folge einer Obliegenheitsverletzung.

hemmer-Methode: Im Zweifel wird dies erst durch eine Vorlage nach Art. 267 AEUV an den EuGH geklärt werden können.

Rücknahmepflicht, § 439 VI S. 2 BGB

Der bisherige § 439 V BGB a.F. wird zu § 439 VI S. 1 BGB. Nach dem neu eingefügten § 439 VI S. 2 BGB hat der Verkäufer die Pflicht, die ersetzte Sache auf seine Kosten zurückzunehmen.

46

Diese Pflicht ist aber tatsächlich nicht neu, da sie schon bislang angenommen wurde, auch wenn dies nicht ausdrücklich normiert war.[61] Jedenfalls dann, wenn der Käufer ein berechtigtes Interesse an der Rücknahme hatte, wurde es als treuwidrig i.S.d. § 242 BGB aufgefasst, wenn der Verkäufer die Rücknahme verweigerte.[62]

Spiegelbildlich dazu bestand ein entsprechender Rücknahmeanspruch des Käufers. Diese etwas gewagte dogmatische Herleitung ist nun wegen der ausdrücklichen Normierung in § 439 VI S. 2 BGB nicht mehr erforderlich!

3. Rückgriff gem. § 445a BGB

Anpassungen und Erweiterungen

§ 445a I BGB wird zum Teil redaktionell angepasst, aber auch zum Teil erweitert. Wie gerade dargestellt, hat der Verkäufer die Sache gem. § 439 VI S. 2 BGB zurückzunehmen. Dabei entstehende Kosten sollen vom Regressanspruch des Verkäufers gegenüber seinem Lieferanten erfasst sein.

47

---

61   BeckOK BGB/Faust, 59. Ed. 01.05.2021, § 439, Rn. 25; Wilke, VuR 2021, 283 (289).
62   So Lorenz, NJW 2021, 2065 (2067).

Da § 475 IV, V BGB a.F. ersatzlos gestrichen wurden (s.u.), wird der bisherige § 475 VI BGB a.F. zu § 475 IV BGB, sodass § 445a I BGB auch insoweit redaktionell angepasst und der Regressanspruch auf den vom Verkäufer zu leistenden Vorschuss nach § 475 IV BGB beschränkt wurde.

Echte Erweiterung bei Verletzung der objektiven Aktualisierungspflicht

Wie bereits dargestellt, besteht bei Waren mit digitalen Elementen eine Aktualisierungspflicht, § 475b BGB. Die Verletzung dieser Aktualisierungsverpflichtung kann i.R.d. Verbrauchsgüterkaufs nach Übergabe der Ware zu einem Mangel führen, der bei Gefahrübergang noch nicht gegeben war.

Da in der Regel nicht der Verkäufer (z.B. Media Markt), sondern der Hersteller (z.B. Microsoft) technisch und rechtlich in der Lage ist, die erforderlichen Aktualisierungen anzubieten, ist eine Aktualisierungsverpflichtung nur dann tatsächlich effektiv, wenn die Pflicht, Aktualisierungen bereitzustellen, durch die Lieferkette bis zum Hersteller weitergereicht wird.

Daher ist der Regressanspruch des Verkäufers gegen seinen Lieferanten über die bei Gefahrübergang bereits vorliegenden Mängel hinaus auf solche Mängel zu erstrecken, die auf einer Verletzung der Aktualisierungsverpflichtung nach § 475b IV BGB beruhen. Wichtig: Dabei geht es nur um die Verletzung der **objektiven** Aktualisierungspflicht!

*Dies gilt aber nicht bei **vereinbarten** Aktualisierungen!*

Vertraglich vereinbarte Aktualisierungsverpflichtungen i.S.d. § 475b III Nr. 2 BGB können dem Lieferanten nicht zugerechnet werden. Dem Verkäufer hierfür entstehende Kosten können wegen des Verbotes, Verträge zu Lasten Dritter zu schließen, auch nicht im Wege des selbständigen Regresses an den Lieferanten weitergereicht werden. Daher nimmt § 445a BGB auch nur Bezug auf § 475b IV BGB.

4. Verjährung von Rückgriffsansprüchen, § 445b BGB

Während § 445b I BGB unverändert geblieben ist, wurde § 445b II S. 2 BGB gestrichen.

§ 445b II S. 2 BGB a.F. gestrichen

48

Der bisherige § 445b II S. 2 BGB a.F. hat die Ablaufhemmung von Rückgriffsansprüchen des Verkäufers gegen den Lieferanten auf einen Zeitraum von fünf Jahren ab der Lieferung der Sache an den Verkäufer beschränkt.

Diese Begrenzung auf fünf Jahre war bei Baustoffen unbillig, weil hier die Mängelrechte des Käufers nach § 438 I Nr. 2b BGB erst nach fünf Jahren verjähren und damit der Regressanspruch des § 445a BGB u.U. bereits verjährt war, bevor der Verkäufer davon erfuhr, dass der Käufer gegen ihn Ansprüche geltend macht.

Durch die Aktualisierungsverpflichtung (§ 475b BGB) und die Vereinbarung über die dauerhafte Bereitstellung digitaler Elemente (§ 475c BGB) wird die Situation verschärft, weil auch bei diesen Pflichten eine über fünf Jahre hinausgehende Haftung des Verkäufers denkbar ist.

Konsequenterweise wurde daher die Regelung zur Ablaufhemmung in § 445b II S. 2 BGB aufgehoben. Damit wird der Regress auch in zeitlicher Hinsicht verbessert.

II. Verlängerung der Beweislastumkehr in § 477 BGB

Verdoppelung auf ein Jahr

Eine wichtige Änderung enthält § 477 I BGB. Die Dauer der Beweislastumkehr für die Frage, ob ein Mangel bereits beim Gefahrübergang auf den Verbraucher vorgelegen hat, wird von sechs Monaten auf ein Jahr „verdoppelt".

49

hemmer-Methode: Hintergrund ist die Vorgabe in Art. 11 I Warenkauf-RL.
Danach wurde den Mitgliedstaaten der Spielraum eingeräumt, die Frist sogar auf zwei Jahre auszudehnen. Dies wäre faktisch einer Haltbarkeitsgarantie über den Zeitraum der üblichen Verjährungsfrist von zwei Jahren gleichgekommen.
Davon hat der Gesetzgeber keinen Gebrauch gemacht.

Beim Kauf lebender Tiere bleibt es bei den sechs Monaten

Beim Kauf eines lebenden Tieres bleibt es gem. § 477 I S. 2 BGB bei der Dauer von sechs Monaten.

Lebende Tiere unterliegen während der gesamten Lebenszeit einer ständigen Entwicklung und Veränderung ihrer körperlichen und gesundheitlichen Verfassung, die sowohl von den natürlichen Gegebenheiten des Tieres (Anlagen, Alter) als auch von seiner Haltung (Ernährung, Pflege, etc.) beeinflusst wird.

Daher widerspräche die Vermutung, dass ein Mangel, der sich erst kurz vor Ablauf eines Jahres ab Gefahrübergang zeigt, bereits bei Gefahrübergang vorhanden war, der angemessenen Risikoverteilung zwischen Verbraucher und Unternehmer.

Klarstellung der Reichweite durch Änderung der Formulierung

Geändert wurde zudem die Formulierung der Vorschrift. In der alten Fassung bestand ein über 15 Jahre andauernder Streit zu der Frage, wie die Norm zu verstehen war.

Der BGH hatte zunächst eine rein in zeitlicher Hinsicht wirkende Vermutungswirkung angenommen, und zwar unter eklatanter Verkennung der Intention der Norm.

Bsp.: A erwirbt einen gebrauchten PKW bei B. Nach fünf Monaten erleidet das Fahrzeug einen Motorschaden. Ein Sachverständiger stellt fest, dass Ursache dafür entweder ein Fahrfehler des A oder aber ein aufgrund eines Materialfehlers gerissener Zahnriemen gewesen sein könne.

Alte Sichtweise des BGH nun endgültig „vom Tisch"

Bis 2016 hat der BGH die Norm des § 477 BGB a.F. so verstanden, als müsse der Käufer zunächst einmal den sog. Grundmangel als Ursache für den aufgetretenen Folgemangel beweisen, um dann in den Genuss der Vermutungswirkung hinsichtlich des Vorliegens dieses Grundmangels bei Gefahrübergang zu gelangen.

Zwar hat der BGH aufgrund des EuGH-Urteils in der Sache „Faber"[63] diese Sichtweise im Jahr 2016 ausdrücklich aufgegeben.[64]

Der Gesetzgeber hat nun aber klarstellend eine Formulierung gewählt, die diese Lesart von vornherein unmöglich macht, denn der vertragswidrige Zustand i.S.d. § 477 I S. 1 i.V.m. § 434 I Alt. 2, III S. 1 Nr. 1 BGB ist bereits der Motorschaden selbst, mag er auch bei Gefahrübergang noch nicht vorgelegen haben. Ein PKW mit Motorschaden erfüllt nicht die objektiven Anforderungen hinsichtlich der üblichen Beschaffenheit.

---

[63]   EuGH, **Life&LAW 08/2015, 551 ff.** auf Vorlage des „Gerichtshof Arnhem-Leeuwarden" (Niederlande).
[64]   BGH, **Life&LAW 01/2017, 1 ff.** = NJW 2017, 1093 ff. = jurisbyhemmer.

In Anlehnung daran wird vermutet, dass die Ware bereits bei Gefahrübergang mangelhaft war, also der defekte Zahnriemen bei Überlassung vorhanden war. Das müsste der Verkäufer entkräften, um der Haftung zu entgehen.

> **hemmer-Methode: Einfacher ausgedrückt könnte man sich den Norminhalt auch wie folgt merken:** *„Zeigt sich innerhalb eines Jahres seit Gefahrübergang ein Sachmangel, der bei Gefahrübergang noch nicht vorgelegen hat (Motorschaden), so wird auch vermutet, dass die Ursache für diese spätere Mangelerscheinung ein latenter Grundmangel zur Zeit des Gefahrübergangs war (defekter Zahnriemen).“*

Bei dauerhafter Bereitstellung digitaler Elemente keine feste Dauer der Beweislastumkehr, § 477 II BGB

Neu eingefügt wurde § 477 II BGB. Da gem. § 475c I BGB beim Kauf einer Ware mit digitalen Elementen auch eine dauerhafte Bereitstellung der digitalen Elemente vereinbart werden kann (s.o.), muss die Beweislastumkehr angepasst werden, damit diese für den Zeitraum der Bereitstellung leerläuft.

Es gibt keine feste Dauer der Beweislastumkehr. Stattdessen gilt die Beweislastumkehr während des gesamten Bereitstellungszeitraums, mindestens aber für einen Zeitraum von zwei Jahren seit Gefahrübergang. Mit dieser Mindestfrist soll verhindert werden, dass die Dauer der Beweislastumkehr durch eine Vereinbarung zum Bereitstellungszeitraum verkürzt werden kann (auch wenn daran bei Vertragsschluss wohl kaum jemand denken würde).

III. Unanwendbarkeit des § 442 BGB beim Verbrauchsgüterkauf

§ 475 III S. 2 BGB

Ab dem 01.01.2022 gilt § 442 BGB nicht mehr im Rahmen des Verbrauchsgüterkaufs, § 475 III S. 2 BGB.

50

Die Warenkaufrichtlinie erlaubt keinen Ausschluss der Mängelrechte, wenn der Käufer den Mangel kennt. Das erscheint auf den ersten Blick nur schwer nachvollziehbar, da auch ein Verbraucher kaum schutzwürdig erscheint, wenn er Ware trotz Kenntnis von ihrer Mangelhaftigkeit erwirbt.

Hintergrund: § 476 I S. 2 BGB

Hintergrund der Regelung sind die strengen Vorgaben im Verbrauchsgüterkauf an einen Haftungsausschluss.

Insbesondere muss der Verkäufer (!) den Käufer auf eine Abweichung der Ware von den objektiven Anforderungen hinweisen und der Käufer muss dem zustimmen, § 476 I S. 2 BGB. Würde allein bei Kenntnis des Käufers keine Mängelhaftung greifen, liefen diese Voraussetzungen leer.

> ## Exkurs:
> ## Negative Beschaffenheitsvereinbarungen und Verjährungsverkürzungen

Besondere Anforderungen an negative Beschaffenheitsvereinbarungen

Nach bisherigem Recht waren sog. negative Beschaffenheitsvereinbarungen, d.h. Vereinbarungen über eine Beschaffenheit, die unterhalb der Anforderungen des objektiven Mangelbegriffs liegt, auch bei einem Verbrauchsgüterkauf grundsätzlich möglich.

51

Nach § 476 I S. 2 BGB ist die Vereinbarung einer Abweichung von den objektiven Anforderungen an die Vertragsgemäßheit der Kaufsache nach § 434 III BGB (und § 475b IV BGB) nur noch unter Beachtung besonderer Voraussetzungen zulässig.

Eigenständiger Hinweis

Für eine abweichende Vereinbarung ist zunächst gem. § 476 I S. 2 Nr. 1 BGB erforderlich, dass der Verbraucher vor der Abgabe seiner Vertragserklärung **„eigens"** darauf hingewiesen wurde, inwieweit die Sache von objektiven Anforderungen an die Vertragsmäßigkeit abweicht.

Von dem Verkäufer wird in diesem Zusammenhang ein „Mehr" im Vergleich zu der Übermittlung der anderen vorvertraglichen Informationen verlangt. Insbesondere genügt es nicht, die Abweichung nur als eine von mehreren Eigenschaften der Kaufsache in der Produktbeschreibung anzuführen. Mit „eigens" ist daher eine „besondere" und „individuelle" Information des Verbrauchers erforderlich.[65] Die Abweichung bloß als Teil der Produktbeschreibung aufzuführen, genügt daher nicht.[66]

…und ausdrückliche und gesonderte Vereinbarung

Zusätzlich muss nach § 476 I S. 2 Nr. 2 BGB die Abweichung im Vertrag *ausdrücklich und gesondert* vereinbart worden sein. Konkludente Vereinbarungen reichen danach nicht aus.[67] Das Merkmal „gesondert" erfordert, dass die Abweichung hervorgehoben wird, damit der Verbraucher sie bewusst in seine Kaufentscheidung einbezieht. Es reicht daher nicht aus, diese Abweichung neben zahlreichen anderen Vereinbarungen in separate Allgemeine Geschäftsbedingungen einzustellen.

Denkbar wäre z.B. im Online-Handel eine ausdrückliche und gesonderte Erklärung des Verbrauchers, etwa dadurch, dass der Unternehmer auf der Webseite ein Kästchen oder eine Schaltfläche vorsieht, welche(s) die Verbraucher anklicken oder auf andere Weise betätigen können. Demgegenüber würde es nicht genügen, wenn das Kästchen wiederum schon vorangekreuzt wäre, der Verbraucher also aktiv werden müsste, um sich gegen die Vereinbarung zur Wehr zu setzen.

Bei Verjährungsverkürzung gelten dieselben strengen Anforderungen, § 476 II S. 2 BGB

Dieselben Anforderungen sind nach § 476 II S. 2 BGB an die Verkürzung von Verjährungsfristen zu stellen, sofern diese zulässig sind. Bei neu hergestellten Waren ist wie bisher eine Verkürzung der Verjährungsfrist auf weniger als zwei Jahre nicht möglich. Eine Verkürzung der Verjährungsfrist kann also nur bei Baustoffen vereinbart werden, bei denen eine fünfjährige Verjährungsfrist besteht, vgl. § 438 I Nr. 2b BGB.

hemmer-Methode: In Allgemeinen Geschäftsbedingungen kann wegen § 309 Nr. 8b ff) BGB die fünfjährige Verjährungsfrist nicht zum Nachteil des Käufers erleichtert, d.h. verkürzt werden!

Gebrauchte Sachen

Bei gebrauchten Sachen war die Regelung im bisherigen § 476 II HS 2 BGB a.F. europarechtswidrig. Mit Urteil vom 13.07.2017 hat der EuGH in der Sache „Ferenschild" entschieden, dass es die Verbrauchsgüterkauf-RL nicht erlaubt, die Verjährungsfrist für Mängelrechte des Käufers beim Kauf einer gebrauchten Sache auf ein Jahr zu verkürzen.[68]

hemmer-Methode: Die Hintergründe und diversen Meinungen dazu sind für Sie nicht mehr von Bedeutung, so dass von einem ausführlichen Abdruck im vorliegenden Skript abgesehen wurde.[69]

---

[65]   Lorenz, NJW 2021, 2065 (2073).

[66]   Wilke, VuR 2021, 283 (285).

[67]   Freilich normiert die Vorschrift keine formalen Anforderungen an diese Vereinbarung, so auch Lorenz a.a.O., allerdings empfiehlt sich allein aus Beweiszwecken eine schriftliche Fixierung.

[68]   EuGH, JZ 2018, 298 ff. = **juris**byhemmer; besprochen von **Tyroller** in **Life&LAW 08/2018, 573 ff.**

[69]   Bei Interesse lesen Sie **Tyroller, Life&LAW 08/2018, 573 ff.**, sowie Rn. 247 ff. zur Historie der neuen Vorschrift in diesem Skript.

Dieses Problem hat sich nun erledigt, da Art. 10 VI Warenkauf-RL bei gebrauchten Waren auch eine Verjährungsverkürzung auf ein Jahr erlaubt. Nach § 476 II S. 1 BGB ist daher bei einer gebrauchten Ware die Verkürzung der Verjährung auf ein Jahr zulässig. Vereinbarungen zur Verkürzung der Verjährung sind wegen **§ 476 II S. 2 BGB** aber nur unter denselben Bedingungen wie eine negative Beschaffenheitsvereinbarung zulässig.[70]

Exkurs: Ende

IV. Faktische Streichung des Fristsetzungserfordernisses beim Verbrauchsgüterkauf und weitere Fälle sofortigen Rücktritts bzw. Schadensersatzes

§ 475 V BGB

Nach § 475 V BGB muss der Unternehmer die Nacherfüllung innerhalb einer angemessenen Frist und ohne erhebliche Unannehmlichkeiten für den Verbraucher durchführen, wobei die Art der Sache sowie der Zweck, für den der Verbraucher die Sache benötigt, zu berücksichtigen sind.

52

Achtung: Das Gesetz ist verwirrend. Bei Beginn der §§ 475a ff. BGB hat man das Gefühl, als würde ab hier ein eigenes Kapitel im Untertitel 3 (Verbrauchsgüterkauf) beginnen. Dem ist aber nicht so.[71] § 475d BGB gilt - wie § 475e BGB - für alle Arten des Verbrauchsgüterkaufs und nicht nur für den Kauf von Waren mit digitalen Elementen. Übersichtlicher wäre es gewesen, diese Thematik in § 475 BGB zu regeln.

Aus der Formulierung ergibt sich nicht, dass eine Frist auch gesetzt werden muss. Wichtig wird dies insbesondere im Rahmen der weitergehenden Rechte. Während nach § 323 I bzw. § 281 I S. 1 BGB die Geltendmachung von Rücktritt und Schadensersatz statt der Leistung davon abhängen, dass eine vom Käufer **gesetzte** angemessene Frist abgelaufen sein muss, gilt innerhalb des Verbrauchsgüterkaufs nun, dass die Frist automatisch durch die Unterrichtung über den Mangel in Gang gesetzt wird.

§ 475d I Nr. 1 BGB

Daran anknüpfend bestimmt **§ 475d I Nr. 1 BGB**, dass eine Fristsetzung für die Erklärung des Rücktritts[72] entbehrlich ist, wenn der Unternehmer trotz Ablaufs einer angemessenen Frist die Nacherfüllung nicht vorgenommen hat.

53

§ 475d I Nr. 2 BGB

§ 475d I Nr. 2 BGB bestimmt, dass der Verbraucher vom Vertrag zurücktreten kann, wenn ein Mangel trotz der vom Unternehmer versuchten Nacherfüllung auftritt.

54

Anders als nach § 440 S. 2 BGB - der zumindest grundsätzlich einen zweiten erfolglosen Versuch verlangt - kann damit stets bereits nach dem ersten erfolglosen Nacherfüllungsversuch zurückgetreten/gemindert werden.

---

[70]   **Hinweis für Interessierte:** Die strengen Anforderungen des § 476 II S. 2 BGB tragen dabei dem Umstand Rechnung, dass die Warenkauf-RL keine klare Aussage dazu enthält, ob bei gebrauchten Sachen eine Verkürzung der Verjährungsfrist auch in Bezug auf die Aktualisierungsverpflichtung vereinbart werden kann. Eine Verkürzung der Dauer der objektiven Aktualisierungsverpflichtung (§ 475b IV BGB) können die Parteien unzweifelhaft unter den besonderen Voraussetzungen des § 476 I S. 2 BGB vereinbaren. Wenn der Käufer über die Abweichung von der Aktualisierungsverpflichtung eigens in Kenntnis gesetzt wird und diese Abweichung im Vertrag ausdrücklich und gesondert vereinbart wird, ist sogar bei neu hergestellten Sachen eine Einschränkung oder ein Ausschluss der Aktualisierungsverpflichtung zulässig. Daraus folgt, dass unter diesen Voraussetzungen die Verkürzung der Verjährung der Aktualisierungsverpflichtung erst recht bei gebrauchten Sachen zulässig sein muss.

Da es aber zu einer sehr komplexen Rechtslage und damit zu Rechtsunsicherheit führen würde, wenn man eine Verkürzung der Verjährungsfrist durch einfache Vereinbarung zulassen würde, eine Verkürzung der Aktualisierungsverpflichtung aber von den strengen Voraussetzungen des § 476 I S. 2 BGB abhängig wäre, wurde auf eine solche Unterscheidung zu Recht verzichtet und in § 476 II S. 2 BGB für jede Verkürzung der Verjährungsfrist die gleiche Vereinbarung wie in § 476 I S. 2 BGB verlangt.

[71]   Unzutreffend daher die Darstellung von Kirchhefer-Lauber, Digitales Kaufrecht 2022, JuS 2021, 918 (922).

[72]   **Hinweis:** Dies gilt auch für die Minderung, die nach § 441 I S. 1 BGB nur unter den Voraussetzungen des Rücktritts möglich ist ("statt zurückzutreten"):

Gewährt der Verbraucher gleichwohl einen zweiten Versuch, wird er sich daran festhalten lassen müssen, d.h. es wäre treuwidrig, sodann zurückzutreten, ohne dann darauf zu warten, ob der Unternehmer das Problem beheben kann.

Auch bei neuem Mangel!

§ 475d I Nr. 2 BGB gilt zudem nicht nur im Fall der erfolglosen Nacherfüllung hinsichtlich des angezeigten Mangels, sondern auch dann, wenn im Zuge der Nacherfüllung ein neuer Mangel verursacht wurde! Das ergibt sich aus der Formulierung, wonach sich „ein Mangel" zeigen muss, also nicht zwingend der bereits bei Gefahrübergang vorhandene.

§ 475d I Nr. 3 BGB

§ 475d I Nr. 3 BGB regelt, dass der Verbraucher ohne Ablauf einer angemessenen Frist zurücktreten kann, wenn der Mangel derart schwerwiegend ist, dass der sofortige Rücktritt gerechtfertigt ist.

55

Dies erfordert eine Abwägung der widerstreitenden Interessen von Verbraucher und Unternehmer im Einzelfall, die der Rechtsprechung überlassen bleibt. Die Regelung dürfte keine große Relevanz erlangen, da ja die Aufforderung zur Behebung allein genügt, um die angemessene Frist in Gang zu setzen, nach deren Ablauf ohnehin die Nr. 1 einschlägig ist.

Darauf achten müssen Sie in der Klausur also insbesondere, wenn der Rücktritt ohne vorherige Konversation zwischen Käufer und Verkäufer erklärt wird. Da § 323 II BGB nicht gilt, könnte § 475d I Nr. 3 BGB die „Funktion" des § 323 II Nr. 3 BGB übernehmen, der als Auffangtatbestand sehr restriktiv gehandhabt wird bzw. wurde.

> **hemmer-Methode: Auch § 323 II Nr. 2 BGB gilt im Rahmen des Verbrauchsgüterkaufs nicht. Das verwundert insoweit ein wenig, als die Vorschrift auf Basis von Art. 18 II der Verbraucherrechte-RL mit Wirkung zum 16.04.2014 in der jetzigen Fassung zum Schutze des Verbrauchers geschaffen worden war. Vom Sinn und Zweck her geht es bei dem darin niedergelegten relativen Fixgeschäft jedoch ohnehin eher um Fälle der Nichtleistung trotz Fälligkeit und nicht um solche der Schlechtleistung. Es ist wohl kaum vorstellbar, dass hinsichtlich der Durchführung der Nacherfüllung ein Fixgeschäft vereinbart wird. Dazu besteht aus Sicht des Verbrauchers auch keine Veranlassung, da eine angemessene Frist ja automatisch durch Mängelmitteilung in Gang gesetzt wird. Probleme könnten sich allenfalls in folgender Konstellation ergeben:**

> *Bsp.: Verbraucher V bestellte Ware bei Unternehmer U und vereinbart eine Leistungszeit i.S.d. § 323 II Nr. 2 BGB (relatives Fixgeschäft). Bereits eine Woche vor dem vereinbarten Termin liefert U, allerdings weist die Ware einen Mangel auf. Die Ersatzteilbeschaffung nimmt allein eine Woche in Anspruch. **Kann V zurücktreten?***

Bei der Ermittlung der Angemessenheit einer Frist muss u.a. berücksichtigt werden, wie lange die Ersatzteilbeschaffung dauert. Insoweit wäre selbst bei Mitteilung des Mangels bis zum vereinbarten eigentlichen Lieferzeitpunkt keine angemessene Frist abgelaufen.

Da § 323 II Nr. 2 BGB wegen § 475d I BGB im Falle der Schlechtleistung keine Anwendung findet, stellt sich die Frage, ob die Entbehrlichkeit der Fristsetzung anders begründet werden kann.

Man könnte den Mangel als schwerwiegend im Sinne des § 475d I Nr. 3 BGB auffassen. Bei der dort erforderlichen Interessenabwägung kann auch die Vereinbarung einer Leistungszeit von großer Bedeutung sein. Es wäre auch nahezu widersinnig, dem Käufer ein sofortiges Rücktrittsrecht einzuräumen, wenn gar nicht innerhalb der Leistungszeit geliefert wird, aber dann, wenn mangelhaft geliefert wird, dem Käufer zugemutet werden würde, über die vereinbarte Leistungszeit hinaus auf die Nacherfüllung durch den Verkäufer warten zu müssen. Denkbar wäre auch § 475d I Nr. 5 BGB (s.u.).

Ergebnis: V kann daher wegen § 475d I Nr. 3 BGB ohne Fristsetzung vom Vertrag zurücktreten.

§ 475d I Nr. 4 BGB

Nach **§ 475d I Nr. 4 BGB** bedarf es einer Fristsetzung auch dann nicht, wenn der Unternehmer die gemäß § 439 I, II BGB oder § 475 V BGB „ordnungsgemäße" Nacherfüllung verweigert hat. Die Vorschrift erfasst also den Fall, dass der Unternehmer die Nacherfüllung als solche (§ 439 I BGB) oder die Kostentragung hierfür (§ 439 II BGB) oder die fristgerechte Nacherfüllung ohne erhebliche Unannehmlichkeiten für den Verbraucher verweigert hat. Ob der Unternehmer die Nacherfüllung zu Recht nach § 439 IV BGB oder zu Unrecht verweigert hat, spielt für § 475d I Nr. 4 BGB (Rücktritt/Schadensersatz) keine Rolle.[73]

56

Bsp.: Der Unternehmer erklärt, er würde die Nacherfüllung zwar vornehmen, allerdings nicht unentgeltlich. Der Verbraucher hat in diesem Fall die Wahl, die ihm zustehende Nacherfüllung zu erzwingen oder vom Vertrag zurückzutreten bzw. den Kaufpreis zu mindern.

hemmer-Methode: Anders als nach § 323 II Nr. 1 BGB ist es nicht erforderlich, dass der Unternehmer die Nacherfüllung „ernsthaft und endgültig" verweigert hat. Es muss also nicht einmal eine kategorische Verweigerung sein. Eine unbedachte Äußerung des Verkäufers kann also genügen. Man wird danach fragen müssen, wie ein verständiger Käufer die Äußerung des Verkäufers verstehen durfte. Sofern es allein um eine zeitliche Ablehnung geht, wird wiederum Nr. 1 ohnehin einschlägig sein, sofern ein angemessener Zeitraum nach Mangelmitteilung abgelaufen ist.

§ 475d I Nr. 5 BGB ⇨ z.B. bei Insolvenz des Verkäufers

Aus **§ 475d I Nr. 5 BGB** folgt, dass es nicht zwingend einer Verweigerungserklärung des Unternehmers bedarf. Auch wenn nach den Umständen offensichtlich ist, dass der Unternehmer nicht ordnungsgemäß nacherfüllen wird, kann der Verbraucher ohne Fristeinhaltung zurücktreten.

57

Wie in § 475d I Nr. 4 BGB bezieht sich der Begriff der „ordnungsgemäßen" Nacherfüllung dabei auch auf die Vorgaben der in § 439 I und II und § 475 V BGB geregelten Art und Weise der Nacherfüllung. Der Verbraucher kann also vom Vertrag zurücktreten, wenn es offensichtlich ist, dass der Unternehmer überhaupt nicht, nicht unentgeltlich, nicht innerhalb einer angemessenen Frist oder nicht ohne erhebliche Unannehmlichkeiten nacherfüllen wird. Das ist etwa denkbar in einem Fall, in dem der Käufer davon erfährt, dass über das Vermögen des Verkäufers das Insolvenzverfahren eröffnet ist.

hemmer-Methode: Nicht besonders geregelt ist in § 475d I BGB der Fall, in dem die Nacherfüllung unmöglich ist. Freilich könnte man auch hier von einer „offensichtlich nicht stattfindenden Nacherfüllung" i.S.d. § 475d I Nr. 5 BGB ausgehen. Erforderlich ist dies nicht, da für diesen Fall ohnehin § 326 V BGB die Entbehrlichkeit der Nachfristsetzung regelt. Einer besonderen Ausformulierung im Rahmen des Verbrauchsgüterkaufs bedurfte es daher nicht.

§ 475d I BGB gilt auch für den Anspruch auf Schadensersatz statt der Leistung, vgl. § 475d II BGB

§ 475d II BGB stellt einen Gleichlauf der Voraussetzungen des Rücktritts und des Schadensersatzes wegen eines Mangels her und erklärt § 475d I Nr. 1 BGB für entsprechend anwendbar, so dass auch für den Schadensersatz statt der Leistung eine Fristsetzung nicht mehr erforderlich ist, sofern es um einen Verbrauchsgüterkauf geht.

58

---

[73] Begr. RegE, BT-Drs. 19/27424, 38.

Zwar hat die Warenkauf-RL eine entsprechende Vorgabe nur für den Rücktritt gemacht. Es würde aber zu erheblicher Verwirrung führen, wenn für das Rücktrittsrecht und den Anspruch auf Schadensersatz statt der Leistung wegen eines Mangels unterschiedliche Anforderungen bestehen würden.

Im Übrigen muss beachtet werden, dass § 475d I BGB nicht nur für die beschriebene Variante der abgelaufenen Frist Bedeutung erlangt. Vielmehr wird grundsätzlich ein von § 323 II und § 440 BGB abweichendes System der Entbehrlichkeit einer Fristsetzung geschaffen.

Zusammenfassende Übersicht

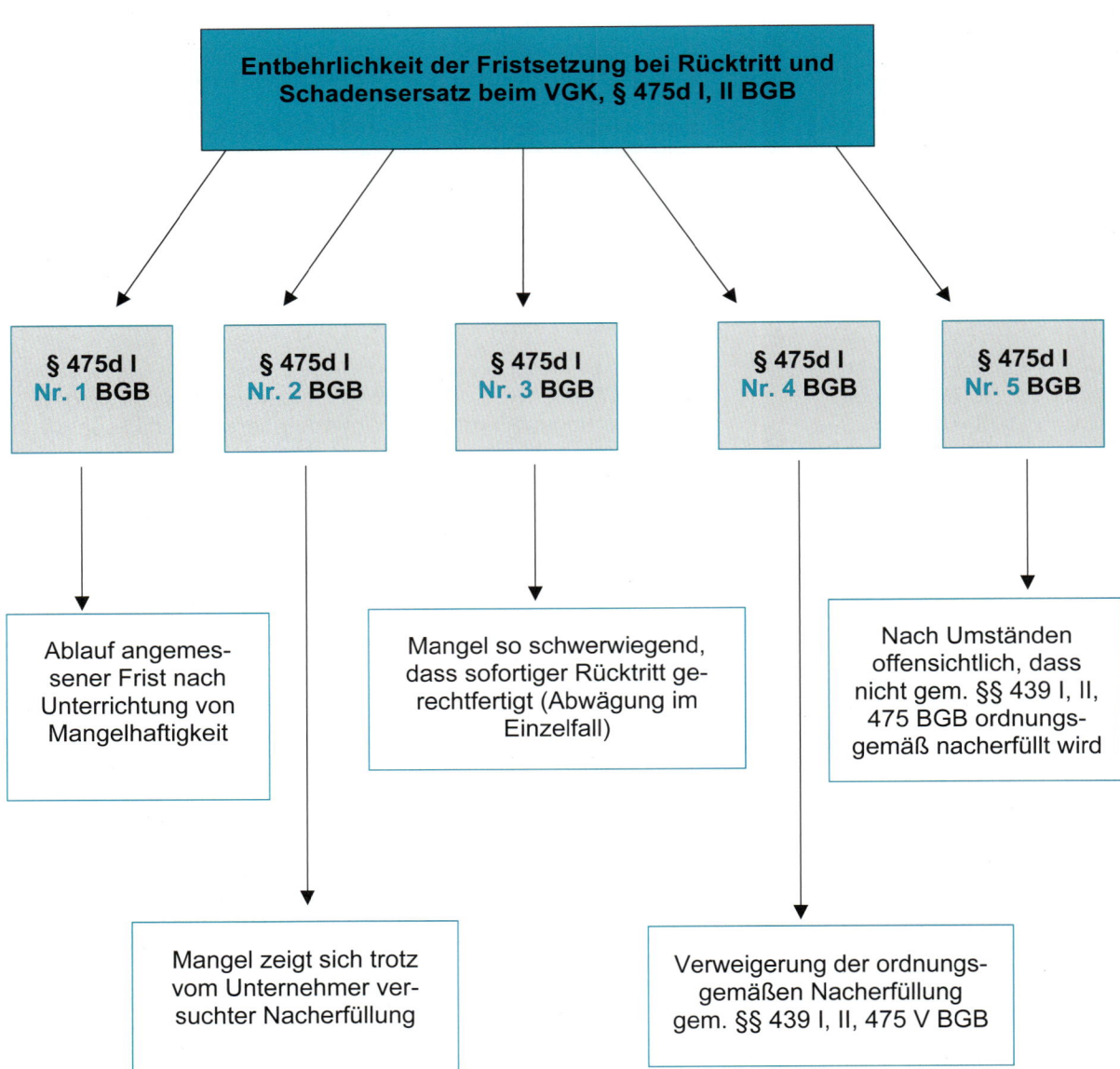

Exkurs:
§ 475 VI BGB: Kosten der Rückgabe bei Rücktritt und Schadensersatz statt der ganzen Leistung

Verkäufer hat Rücksendekosten zu tragen, § 475 VI S. 1 BGB

Kommt es zum Rücktritt bzw. verlangt der Käufer Schadensersatz statt der ganzen Leistung, hat der Verbraucher die mangelhafte Ware gem. § 346 I BGB zurückzugewähren.

§ 475 VI S. 1 BGB bestimmt insoweit, dass der Verkäufer die damit im Zusammenhang stehenden Kosten zu tragen hat. Durch die Verweisung auf § 346 BGB wird klargestellt, dass auch diese Kosten im Rahmen des Rückgewährschuldverhältnisses auszugleichen sind, sofern sie (zunächst) vom Verbraucher getragen wurden. Er kann sodann gegen Rückgabe der Ware die Rückzahlung des Kaufpreises zzgl. der Rücksendekosten verlangen.

hemmer-Methode: Kommt es demgegenüber im Rahmen der Nachlieferung zur Rücksendung der mangelhaften Ware, fallen die Rücksendekosten bereits gem. § 439 VI S. 2 BGB dem Verkäufer zur Last.
Sollte der Käufer sie getragen haben, ist die Anspruchsgrundlage auf Erstattung die Vorschrift des § 439 II BGB selbst.
Sofern es um einen Verbrauchsgüterkauf geht, besteht (auch) hinsichtlich dieser Kosten ein Vorschussanspruch gem. § 475 IV BGB. Einen derartigen Vorschussanspruch gibt es im Rahmen des § 475 VI S. 1 BGB jedoch nicht, so dass sich in Zukunft die Frage nach einer Analogiebildung stellen könnte.

§ 475 VI S. 2 BGB

§ 475 VI S. 2 BGB setzt eine Vorgabe aus Art. 16 III der Warenkauf-RL um. Danach muss der Verkäufer den Kaufpreis zurückerstatten, sobald der Verbraucher die Rücksendung nachweist.

Eine Rückgabe Zug-um-Zug gegen Erstattung ist also gerade nicht erforderlich, der Nachweis des Absendens steht der Rückgewähr gleich. Damit ist auch gleichzeitig die Frage geklärt, wer das Verlustrisiko der zurückgesendeten Ware trägt: Es ist der Verkäufer!

Exkurs: Ende

V. Leistungsverweigerungsrecht auch bei absoluter Unverhältnismäßigkeit

Auch beim VGK: § 439 IV BGB

Da Art. 13 III Warenkauf-RL nun auch beim Verbrauchsgüterkauf für den Fall der sog. absoluten Unverhältnismäßigkeit ein Leistungsverweigerungsrecht zugunsten des Unternehmers vorsieht, konnten die bisherigen Regelungen dazu in § 475 IV, V BGB a.F. ersatzlos gestrichen werden.

Hier gilt daher nun auch § 439 IV BGB.

hemmer-Methode: Diese Thematik hat in der Vergangenheit wahrscheinlich schon tausende Juristen in den Wahnsinn getrieben (vom Kostenaufwand, der durch [überflüssige] Gerichtsverfahren verursacht wurde, einmal abgesehen).
Während nach der Verbrauchsgüterkaufrichtlinie ein derartiges Recht nicht vorgesehen war, das BGB im Jahr 2002 gleichwohl diese Möglichkeit vorsah, musste erst der EuGH die Richtlinienwidrigkeit der nationalen Regelung feststellen.
Aufgrund der Warenkauf-RL gibt es nun doch (endlich!) ein entsprechendes Recht des Unternehmers. Den gleichen „Unfug" gab es hinsichtlich der Möglichkeit der Verkürzung der Verjährungsfrist auf ein Jahr bei gebrauchten Sachen.
Insoweit kann man zumindest jetzt feststellen: ALLES GUT!

59

60

VI. Sonderbestimmungen bei der Verjährung, § 475e III, IV BGB

61

§ 475e I, II BGB für Bereitstellung digitaler Elemente bzw. Aktualisierungspflicht

Während § 475e I, II BGB besondere Verjährungsregelungen zu Verträgen über Ware mit digitalen Elementen bzw. bei Verletzung der Aktualisierungspflicht enthält (s.o., Rn. 41), gelten § 475e III, IV BGB generell im Verbrauchsgüterkaufrecht.

Fälle der Ablaufhemmung

Es handelt sich in allen vier Absätzen um Fälle der sog. Ablaufhemmung.

Verjährungseintritt frühestens vier Monate nach Auftreten des Mangels, § 475e III BGB

Die Verjährungsfrist von zwei Jahren gem. § 438 I Nr. 3 BGB wird nicht kenntnisabhängig in Gang gesetzt (Unterschied zur Regelverjährung, vgl. dort § 199 I BGB), sondern abhängig von der Ablieferung der Sache, § 438 II BGB.

Daher kann es beim Entdecken von Mängeln kurz vor Ablauf der Verjährungsfrist zu einem Zeitdruck kommen. Verbraucher sollen davon entlastet werden. Damit sie ihre Rechte auch bei gegen Ende des Verjährungszeitraums auftretenden Mängeln noch effektiv geltend machen können, soll gemäß **§ 475e III BGB** die Verjährung nicht vor Ablauf von vier Monaten nach Auftreten des Mangels eintreten. Relevant wird diese Regelung also nur dann, wenn sich der Mangel weniger als vier Monate vor Ablauf der Verjährungsfrist zeigt.[74]

hemmer-Methode: Das ist der Unterschied zwischen Ablaufhemmung und „normaler" Hemmung, bei welcher sich die Verjährungsfrist auf jeden Fall (!) um den Hemmungszeitraum verlängert.
Würde sich der Mangel bereits wenige Wochen nach Gefahrübergang zeigen, hat § 475e III BGB keine Bedeutung, da bis zum Eintritt der Verjährung gem. § 438 I Nr. 3, II BGB ohnehin noch ein Zeitraum von mehr als vier Monaten vorläge.

§ 475e IV BGB: Ablaufhemmung bei Rückgabe kurz vor Verjährungseintritt

Ein ähnliches Zeitproblem kann für den Verbraucher entstehen, wenn er die Ware dem Unternehmer zum Zwecke der Nacherfüllung überlässt (eine Verpflichtung dazu besteht gem. § 439 V BGB!) und er wegen des geltend gemachten Mangels nach Rückgabe noch Mängelrechte geltend machen möchte. Daher bestimmt § 439e IV BGB eine Ablaufhemmung von zwei Monaten.

Dadurch, dass die Verjährung nicht vor dem Ablauf von zwei Monaten nach Rückgabe der nachgebesserten oder ersetzten Ware an den Verbraucher eintritt, wird sichergestellt, dass der Verbraucher die Kaufsache nach Rückerhalt prüfen und ermitteln kann, ob durch die Nacherfüllung dem geltend gemachten Anspruch abgeholfen wurde. Es wird daher rechtssicher verhindert, dass die Verjährungsfrist abläuft, während sich die Kaufsache zur Nacherfüllung beim Unternehmer befindet.

Mangel nicht behoben bzw. Schadensersatz neben der Leistung

Von Bedeutung ist dies in Fällen, in denen die Behebung des Mangels nicht ordnungsgemäß erfolgt. Andernfalls bestehen ja ohnehin keine weiteren Ansprüche, die Gefahr laufen, zu verjähren. Denkbar wäre für den Fall einer erfolgreichen Mängelbeseitigung allerdings die Konstellation, in der „neben der Leistung" Schadensersatz gefordert wird, §§ 437 Nr. 3, 280 I BGB.

---

[74] Bei der Frage, was unter „sich zeigen" zu verstehen ist, vertritt Lorenz die Ansicht, dass dies – wie im Rahmen von § 439 III BGB (vgl. Rn. 44) – als ein objektives Offenbaren zu verstehen ist, d.h. es nicht auf die konkrete Kenntnis des Käufers ankommt, sondern auf ein Erkennen-Können, vgl. Lorenz, NJW 2021, 2065 (2072).

Wichtig: Wenn es zu Verhandlungen zwischen Käufer und Verkäufer kommt, greift der „echte" Hemmungstatbestand des § 203 S. 1 BGB. Solange der Verkäufer (eventuell durch Rückgabe) nicht signalisiert, dass er nicht weiterverhandelt, ist für die Zeit der Untersuchung die Frist des § 438 I Nr. 3 BGB gehemmt. Hier bestimmt bereits § 203 S. 2 BGB eine (bessere, weil längere) Ablaufhemmung.
Hat der Verkäufer den Nacherfüllungsanspruch anerkannt, wird die Frist ab diesem Zeitpunkt neu in Gang gesetzt, sog. Neubeginn gem. § 212 I Nr. 1 BGB.[75]
In diesem Fall ist die Vorschrift des § 475e IV BGB wohl nur von theoretischer Bedeutung, etwa für den Fall, dass der Unternehmer die Sache trotz Anerkenntnis knapp zwei Jahre bei sich behält, und sie erst dann an den Verbraucher zurückgibt.
Lernen Sie die Neuerungen im Kontext zu den sonstigen Regelungen des BGB; nur dann können Sie die Bedeutung der Normen erfassen!

Erforderlich für die Anwendung des **§ 475e IV Alt. 1 BGB** ist, dass der Verbraucher die Kaufsache zur Nacherfüllung übergeben hat. Ob die Übergabe „zur Nacherfüllung" erfolgte, soll sich dabei nach der subjektiven Zielsetzung des Verbrauchers bestimmen.

Eine Übergabe zur Nacherfüllung ist anzunehmen, wenn der Verbraucher die Sache in der Intention übergibt, dass der Unternehmer einen geltend gemachten Mangel beseitigt. Der Anwendung von § 475e IV BGB steht es nicht entgegen, dass der Unternehmer erklärt, er führe eine Reparatur „nur aus Kulanz" oder „ohne Anerkennung einer Rechtspflicht" durch.

Auch bei Überlassung zum Zwecke von Garantieansprüchen, § 475e VI Alt. 2 BGB

Nach § 475e IV Alt. 2 BGB begründet auch die Übergabe zur Erfüllung von Ansprüchen aus einer Garantie die zweimonatige Ablaufhemmung der Mängelgewährleistungsansprüche. Gerade bei neuen Sachen wird oft eine Herstellergarantie bestehen, zu deren Inanspruchnahme sich der Verbraucher typischerweise erst einmal an den Verkäufer wenden wird. Hier eine Differenzierung vorzunehmen, wäre nicht sachgerecht, da dem Verbraucher im Zweifel weder die Existenz der Garantie noch deren Unterschied zur gesetzlichen Mängelhaftung geläufig sein dürfte.

Durch das Erfordernis der Übergabe an den Unternehmer *„oder auf Veranlassung des Unternehmers an einen Dritten"* ist sichergestellt, dass der Unternehmer in jedem Fall Kenntnis von den die Ablaufhemmung begründenden Umständen erhält.

Wie schon für § 475e III BGB ausgeführt, wird die Vorschrift nur relevant, wenn die Rückgabe weniger als zwei Monate vor Ablauf der Verjährungsfrist erfolgt.

VII. Sonderbestimmungen bei Garantien, § 479 BGB

Belehrungspflicht bei selbständiger Garantie

Die Vorschrift setzt die Übernahme einer selbständigen Garantie i.S.d. § 443 BGB voraus. Diese erfolgt typischerweise bei neuer Ware durch den Hersteller in Form einer Haltbarkeitsgarantie.

62

hemmer-Methode: Die Rechte, die durch eine derartige Garantie typischerweise eingeräumt werden, ähneln oft den gesetzlichen Mängelrechten.
Die Parallelität der Haftungssysteme ist einem Verbraucher in der Praxis oft nicht geläufig, so dass die Garantieerklärung oft verwirrend bzw. missverständlich dergestalt sein kann, dass der Eindruck erweckt wird, die Garantierechte seien die einzigen Rechte, die dem Verbraucher im Falle der Mangelhaftigkeit zustehen.
Damit besteht die Gefahr, dass das zwingende Verbraucherschutzrecht faktisch ausgehebelt wird.

---

[75] So auch Lorenz, NJW 2021, 2065 (2072).

§ 479 I Nr. 1 BGB: Hinweis auf Unentgeltlichkeit

§ 479 I BGB beinhaltet daher bestimmte Pflichtangaben bei einer Garantie.

Diese Vorschrift wurde im Zuge der Umsetzung der Warenkauf-RL modifiziert:

§ 479 I Nr. 1 BGB erstreckt die Belehrungspflicht des Garantiegebers einer selbständigen Garantie nunmehr auch zusätzlich auf den Hinweis, dass die Inanspruchnahme dieser gesetzlichen Rechte unentgeltlich ist.

Auch muss klargestellt werden, dass es nicht um irgendwelche Rechte, sondern jene gesetzlichen bei Mängeln geht.

§ 479 I Nr. 2 bis Nr. 4 BGB konkretisieren das, was bislang in § 479 I Nr. 2 BGB a.F. mit „allen wesentlichen Angaben" zusammengefasst wurde. Dazu gehören Name und Anschrift des Garantiegebers (Nr. 2), Verfahren für die Geltendmachung der Rechte aus der Garantie (Nr. 3) sowie die Benennung der Ware, auf die sich die Garantie bezieht (Nr. 4).

Gem. § 479 I Nr. 5 BGB muss auf die Bestimmungen der Garantie hingewiesen werden, was wohl insbesondere Inhalt und Umfang der konkreten Rechte betrifft, die durch die Garantie eingeräumt werden sollen, sowie die Dauer und den räumlichen Geltungsbereich.

§ 479 II BGB: dauerhafter Datenträger

Die Garantieerklärung ist dem Verbraucher auf einem dauerhaften Datenträger zur Verfügung zu stellen. Bis 31.12.2021 war lediglich Textform vorgeschrieben. Der Begriff des dauerhaften Datenträgers ist in § 126b S. 2 BGB legaldefiniert und umfasst insbesondere auch die Übersendung per E-Mail.

hemmer-Methode: Unterstreichen Sie, soweit die Prüfungsordnung Ihres Bundeslandes Kommentierungen des Gesetzes zulässt, in § 479 II BGB das Wort „dauerhafter Datenträger" und kommentieren sich an den Rand die Vorschrift des § 126b S. 2 BGB!

Spätestens bei Lieferung der Ware

Die Garantieerklärung ist in dieser Form spätestens zum Zeitpunkt der Lieferung der Waren zur Verfügung zu stellen, auch wenn dies nicht verlangt wird.[76]

Mindestanforderungen an den Inhalt, § 479 III BGB

§ 479 III BGB sieht vor, dass eine Haltbarkeitsgarantie des Herstellers als materiellen Mindestinhalt die Nacherfüllung nach den Vorgaben des § 439 II, III, V und VI S. 2 BGB und des § 475 III S. 1 und V BGB umfassen muss. Der Hersteller kann dem Verbraucher in der Haltbarkeitsgarantieerklärung günstigere Bedingungen anbieten.

Diese Regelung ist insoweit neu, da bisher keinerlei Vorgaben für den Inhalt der Garantie gemacht wurden. Der Verbraucher soll sich offenbar nicht lange damit befassen müssen, welche Form der Mängelbeseitigung sich in welchem Detail von der anderen Variante unterscheidet.

Der bisherige Absatz III wurde ohne inhaltliche Änderung zum Absatz IV.

---

[76]   Lorenz, NJW 2021, 2065 (2072).

§ 3 GESETZ ZUR UMSETZUNG DER DIGITALE-INHALTE-RICHTLINIE

A) Allgemeines[77]

Weitere Verbreitung digitaler Inhalte

Die Nutzung digitaler Inhalte und Dienstleistungen ist heutzutage weit verbreitet. Auf Basis der bisherigen Gesetzeslage wird ein effektiver und umfassender Verbraucherschutz in diesem Bereich nicht gewährt.

63

Andere europäische Länder hatten bisher vereinzelt Regelungen getroffen; gerade im grenzüberschreitenden Verkehr bestand aber keine rechtssichere Handhabung juristischer Probleme in diesem Bereich.

Idee der partiellen Vollharmonisierung

Ziel der Richtlinie ist die (Voll-)Harmonisierung zumindest von Teilbereichen des Vertragsrechts betreffend Verträge über digitale Inhalte und Dienstleistungen.

§§ 327 ff. BGB

Im BGB wurden die Vorgaben der Richtlinie in den §§ 327 ff. BGB umgesetzt. Zusätzlich finden sich bei den einzelnen Vertragstypen besondere Regelungen (§§ 445c, 475a, 516a, 548a, 578b, 620, 650 BGB), die das Verhältnis der speziellen Vertragsregelungen zu den neu eingefügten §§ 327 ff. BGB regeln.

Das ist deshalb notwendig, weil mit den §§ 327e ff. BGB erstmals im Schuldrecht AT ein eigenständiges Mängelhaftungssystem eingeführt wird. Durch die Verortung im Schuldrecht AT wird deutlich, dass diese Regelungen für alle Verträge gelten sollen, im Rahmen derer digitale Inhalte bzw. Dienstleistungen zur Verfügung gestellt werden können. Daher ist das Verhältnis zu den jeweiligen besonderen Mängelrechtsvorschriften klärungsbedürftig.

> **hemmer-Methode:** Da die Geltung der Richtlinie nicht auf einzelne Vertragstypen beschränkt ist, konnte eine Regelung im Schuldrecht BT nicht erfolgen. Man hätte allenfalls einen neuen Vertragstyp „Vertrag über digitale Inhalte und Dienstleistungen" als typengemischten Vertrag schaffen können. Das würde aber nicht zu der geltenden Systematik des Schuldrecht BT passen.
>
> Die Regelung im Schuldrecht AT erfolgt bewusst, weil die §§ 327 ff. BGB gerade <u>keinen neuen Vertragstyp</u> regeln, sondern typenübergreifend für Kauf-, Schenkungs-, Miet-, Dienst-, Werklieferungs- und Werkverträge gelten.[78]
>
> Die Regelungen im Schuldrecht AT zu platzieren, mag daher ungewohnt sein, ist aber überzeugend! Es wurde auch die Umsetzung in einem eigenständigen Gesetz erwogen.
>
> Damit wäre aber ein wesentlicher Gewinn der Schuldrechtsreform 2002 aufgegeben worden, nämlich die Aufgabe diverser Einzelgesetze, die ohne inneren Zusammenhang Teilbereiche des Verbraucherschutzrechts regeln (ehemals Verbraucherkreditgesetz, Haustürwiderrufsrecht, Fernabsatzgesetz etc.).

Dies ist insbesondere im Kaufrecht etwas komplexer, da hier bereits Regelungen zum Verbraucherschutz bestehen, §§ 474 ff. BGB. Auch diese Regelungen werden modifiziert bzw. gelten nur in bestimmten Fällen, wenn (u.a.) digitale Inhalte zur Verfügung gestellt werden (§ 475a BGB).

Geringfügige Änderungen gibt es auch im Bereich der §§ 312 ff. BGB.

---

[77]   Vgl. dazu die Kommentierung des Gesetzes von **Tyroller/Hilkenbach, Life&LAW 01/2022.**

[78]   Vgl. auch Wendehorst, Die neuen Regelungen im BGB zu Verträgen über digitale Produkte, NJW 2021, 2913 ff.

Inkrafttreten zum 01.01.2022

Die Neuregelungen treten mit Wirkung zum 01.01.2022 in Kraft.

Die Regelungen der §§ 327e ff. BGB sind in ihrer Struktur an die Vorgaben der Verbrauchsgüterkauf-RL bzw. an die seit dem 01.01.2022 an deren Stelle getretene Warenkauf-RL angelehnt, d.h. „das Rad wird nicht neu erfunden". Auch im Bereich dieser Vorschriften gilt grundsätzlich der bekannte Vorrang der Nacherfüllung, der Rücktritt wird lediglich „Vertragsbeendigung" genannt, Minderung und Schadensersatz folgen grundsätzlich dem bereits bekannten System.

Besonderheit: Aktualisierungspflicht

Eine bedeutsame Neuerung stellt die im Mängelrecht vorhandene Verpflichtung des Unternehmers zur Aktualisierung digitaler Produkte dar. Der Gefahrübergang als grundsätzlich prägendes Merkmal für die Anwendbarkeit der Mängelrechte verliert *insoweit* an Bedeutung.

B) Änderungen im Rahmen des § 312 BGB

§ 312 I BGB

In § 312 BGB wurde Absatz 1 **neu gefasst.** Zudem wurde **Absatz 1a** BGB neu eingefügt. Die bisherige Verweisung in § 312 I BGB auf die Definition des Verbrauchervertrags in § 310 III BGB ist nicht mehr enthalten, ohne dass der Begriff in der Vorschrift selbst definiert wird. Insoweit sollten Sie sich – soweit in Ihrem Bundesland erlaubt - § 310 III BGB bei § 312 BGB am Rand notieren.

64

Entgeltliche Leistung ersetzt durch „Zahlung eines Preises"

In **§ 312 I BGB** wurde der Begriff „entgeltliche Leistung" durch „Zahlung eines Preises" ersetzt.

Hintergrund: In § 312 Ia BGB wird auch das „Zahlen mit Daten" als Anwendbarkeitsvoraussetzung akzeptiert. Da man darin auch ein „Entgelt" erblicken könnte, gäbe es ohne die Klarstellung in Absatz 1 möglicherweise Abgrenzungsschwierigkeiten der Normen zueinander. Das sollte vermieden werden.

Unter **„Preis"** ist eine vereinbarte Geldleistung zu verstehen.[79]

„Zahlen mit Daten", § 312 Ia BGB

Nach **§ 312 I a S. 1 BGB** finden die Vorschriften der **§§ 312 ff. BGB** nun auch auf Verträge Anwendung, bei denen der Verbraucher an Stelle oder neben der Zahlung eines Preises personenbezogene Daten[80] bereitstellt oder sich zu deren Bereitstellung verpflichtet. Es kommt nicht darauf an, dass der Verbraucher dem Unternehmer seine personenbezogenen Daten aktiv übermittelt. Es reicht aus, dass der Verbraucher die Verarbeitung seiner personenbezogenen Daten durch den Unternehmer zulässt.

hemmer-Methode: Auf die Frage der datenschutzrechtlichen Rechtmäßigkeit der Datenverarbeitung kommt es für die Anwendbarkeit der §§ 312 ff. BGB nicht an. Entsprechende Verstöße gegen Normen des Datenschutzrechts führen nicht nach § 134 BGB zur Unwirksamkeit des Vertrags.

Dies gilt nach § 312a S. 2 BGB aber nicht, wenn der Unternehmer die bereitgestellten Daten nur dazu verarbeitet, um seine Leistungspflicht zu erfüllen (z.B. Überlassung der E-Mail-Adresse zwecks Zuschickens eines digitalen Produkts bzw. Angabe der Adresse für die Ausstellung einer Rechnung).

---

[79] Nicht geklärt ist die Frage, wie ein Fall zu behandeln ist, in dem weder eine Geldleistung noch ein Zahlen mit Daten vereinbart ist, sondern wenn elektronische Gutscheine erworben werden. Da darin letztlich eine geldwerte Leistung verkörpert wird, wird man auch einen solchen Fall unter § 312 I BGB fassen müssen. Weitere Beispiele (nach Wendehorst, NJW 2021, 2913 (2915): Rabatt- oder Treuepunkte.

[80] Der Begriff „personenbezogene Daten" entspricht dem in **Art. 4 Nr. 1 DSGVO** (Datenschutz-Grundverordnung).

Zahlen mit Daten: Wenn ein Verbraucher für den Erhalt einer Leistung personenbezogene Daten bereitstellt, dann ist das so, als wäre es die Zahlung eines Geldbetrages.

Unmittelbare Folge der §§ 312 Ia S. 1, 327 III BGB ist, dass das Verbraucherschutzrecht anwendbar ist.[81]

Wegen der Bezugnahme auf § 312 Ia BGB in § 327 III BGB wird diese Vorschrift auch im Rahmen der §§ 327 ff. BGB relevant.

Anmerkung: Auch im Rahmen des „new deal for consumers" (§ 4 dieses Skripts) erlangt das Bezahlen mit Daten Relevanz, sofern es um die Frage des Wertersatzes für bis zum Widerruf erbrachte Dienstleistungen geht.[82]

C) Systematik der §§ 327 ff. BGB

Systematik der §§ 327 ff. BGB

Im Folgenden wird zunächst die Systematik der Neuregelungen erläutert. Im Anschluss wird näher auf die Mängelhaftung eingegangen und das Verhältnis zum Mängelrecht spezieller Vertragstypen geklärt.

I. Begriffsbestimmungen und Anwendungsbereich

Oberbegriff: „digitale Produkte"

§ 327 I BGB umreißt den Anwendungsbereich der Neuregelungen. Die Kernbegriffe sind dabei: „digitale Inhalte" und „digitale Dienstleistungen", die zusammengefasst legaldefiniert werden als **„digitale Produkte".** Dies **ist** also **der Oberbegriff**.[83]

65

Unterbegriff „digitale Inhalte"

Digitale Inhalte sind Daten, die in digitaler Form erstellt und bereitgestellt werden, § 327 II S. 1 BGB.

> *Bsp.: Digital erstelltes Buch, welches als E-Book verkauft wird. Nicht aber: digital erstelltes Buch, welches als gedrucktes Exemplar vertrieben wird. Die Vorschrift stellt darauf ab, dass die Inhalte in digitaler Form erstellt und (!) bereitgestellt werden. Umgekehrt kann zunächst z.B. eine analoge Fotografie bestehen, die sodann im Rahmen eines Verbrauchervertrags digitalisiert, d.h. „erstellt" und sodann bereitgestellt wird. Dann wäre der Anwendungsbereich eröffnet. Erfasst sind hauptsächlich Computerprogramme, Videodateien, Audiodateien, Musikdateien etc.*

hemmer-Methode: Schon hier sei der Hinweis erlaubt, dass gerade bei Computerprogrammen, die käuflich erworben werden, genau abgegrenzt werden muss, ob tatsächlich die §§ 327 ff. BGB gelten oder die Regelungen zum Verbrauchsgüterkauf, vgl. § 475a BGB. Näheres dazu später.

Unterbegriff „digitale Dienstleistungen"

Digitale Dienstleistungen sind solche, die dem Verbraucher die Erstellung, Verarbeitung oder Speicherung in digitaler Form oder den Zugang zu solchen Daten ermöglichen (§ 327 II S. 2 Nr. 1 BGB), *oder* die gemeinsame Nutzung der vom Verbraucher oder von anderen Nutzern der entsprechenden Dienstleistung in digitaler Form hochgeladenen oder erstellten Daten oder sonstige Interaktionen mit diesen Daten ermöglichen (§ 327 II S. 2 Nr. 2 BGB).

> *Bsp.: Datei-Hosting (Nr. 1), Spiele, die in einer cloud computing-Umgebung oder in sozialen Medien angeboten werden (Nr. 2). Aber auch Bewertungsplattformen im Internet fallen darunter oder soziale Netzwerke wie „facebook".*

---

[81]   Vgl. dazu auch Klink-Straub, Do ut des data – Bezahlen mit Daten im digitalen Vertragsrecht, NJW 2021, 3217 ff.

[82]   Vgl. dazu Rn. 170 ff.

[83]   Die Differenzierung kann im Einzelfall schwierig sein, ist aber im Grunde genommen auch ohne Relevanz, da im Rahmen der folgenden Vorschriften nicht zwischen digitalen Inhalten und digitalen Dienstleistungen differenziert wird, vgl. Wendehorst, NJW 2021, 2913 (2930).

Die Wendung „oder den Zugang zu *solchen* Daten ermöglichen" in § 327 II S. 2 Nr. 1 BGB verlangt nicht danach, dass der Verbraucher diese Daten zunächst erstellt, verarbeitet oder gespeichert haben muss!

Im Rahmen des § 327 II S. 2 Nr. 2 BGB müssen die „anderen Nutzer" keine Verbraucher sein. Der Schutz des betroffenen Verbrauchers soll nicht davon abhängen, ob auch die anderen Nutzer (zufällig) Verbraucher sind oder nicht.

Verbrauchervertrag, § 310 III BGB

Zudem muss es sich gem. § 327 I BGB um einen Verbrauchervertrag handeln. Dieser Begriff ist nach wie vor in § 310 III BGB definiert. Zudem muss die Bereitstellung gegen Zahlung eines Preises erfolgen (Sonderregel im Schenkungsrecht: § 516a BGB).

„Bezahlen mit Daten"

Erfolgt die Bereitstellung zwar nicht gegen Zahlung eines Preises, jedoch unter Bereitstellung personenbezogener Daten bzw. einer Verpflichtung dazu, finden die Vorschriften gem. § 327 III BGB auch Anwendung.

> *Beispiele: Registrierung bei einem sozialen Netzwerk nebst Angabe von Namen und E-Mail-Adresse bzw. Anmeldung beim Rabattprogramm „Payback", das „Bonuspunkte" vergibt, wenn Verbraucher Einkäufe „teilen".*

hemmer-Methode: Nicht geregelt ist der Fall, in dem die Gegenleistung weder in einer Geldzahlung noch in der Bereitstellung personenbezogener Daten besteht.
Verpflichtet sich der Verbraucher z.B. als Gegenleistung für digitale Inhalte, an einer Studie teilzunehmen, könnte man an die Regelungen über den Tausch denken. Im „Tauschvertragsrecht" gibt es aber keine Regelung, die das Verhältnis zu §§ 327 ff. BGB klärt. Über § 480 BGB mit den §§ 434 ff. BGB zu arbeiten, wäre aber kaum interessengerecht, da dadurch gerade die Normen unanwendbar blieben, die ab 2022 für digitale Inhalte zur Anwendung kommen sollen. Insoweit bietet sich eher eine analoge Anwendung der §§ 327 ff. BGB an.[84]
Ein ähnliches Abgrenzungsproblem ergibt sich, wenn bei einem Vertrag über *digitale Elemente* mit Daten bezahlt wird. § 327a III BGB regelt lediglich für einen *Kauf* den Vorrang des Kaufrechts. Prägend für einen Kauf ist aber die Zahlung eines Kaufpreises! Auch das Tauschrecht passt nicht wirklich, da man die Daten kaum als Tauschgegenstand betrachten kann. Überzeugend erscheint insoweit, wegen der „Nichteinschlägigkeit" des § 327a III BGB auf § 327a II BGB zurückzufallen, und damit die Anwendung der §§ 327 ff. BGB zu legitimieren. Anders formuliert: Die Ausnahme des § 327a III BGB verlangt nicht nur nach irgendeinem Vertrag über digitale Elemente, sondern nach einem Kauf, um die Anwendung des Kaufrechts zu begründen. Liegt kein Kauf vor, muss auch ein anderer Vertrag über digitale Elemente unter § 327a II BGB subsumiert werden, denn auch bei digitalen Elementen handelt es sich um digitale Inhalte.[85]

Dies gilt wie im Rahmen des § 312 Ia BGB nur dann nicht, wenn die Bereitstellung der Daten durch den Verbraucher lediglich erfolgt, damit der Unternehmer seine Leistungspflicht oder gesetzliche Vorgaben erfüllen kann, §§ 327 III a.E., 312a Ia S. 2 BGB.

> *Bsp.: Der Unternehmer erfragt die E-Mail Adresse des Verbrauchers, um ihm darüber die geschuldete Leistung zukommen zu lassen. Gesetzliche Verpflichtungen können sich etwa aus dem Steuerrecht ergeben, so dass auch in solchen Fällen die §§ 327 ff. BGB nicht anwendbar sind.*

---

84   So auch Wendehorst, NJW 2021, 2913 (2915, 2916).

85   A.A. Klink-Straub, NJW 2021, 3217 (3221), wonach in diesem Fall überhaupt keine Mängelrechte bestehen sollen. Das ist wenig überzeugend und vor dem Hintergrund des „Regel-Ausnahme-Mechanismus" der § 327a II und III BGB auch nicht notwendig. Warum sollten bei einem Mietvertrag über digitale Elemente, bei dem mit Daten bezahlt wird, die §§ 327a ff. BGB Anwendung finden, bei einem Austauschvertrag, bei dem mit Daten bezahlt wird, aber nicht? Klink-Straub kritisiert lediglich, dass es im Kaufrecht keine vergleichbare Regelung gibt, verkennt dabei aber, dass der Fall unproblematisch der Digitale-Inhalte-Richtlinie unterstellt werden kann!

Problematisch wird im Falle der Bereitstellung personenbezogener Daten die Frage sein, ob dieser Bereitstellung überhaupt ein „Vertrag" zugrunde liegt. In der Variante der „Verpflichtung" wird man denklogisch einen Vertrag annehmen müssen, denn ohne Vertrag kann es keine Verpflichtung geben.

Wenn aber der Verbraucher seine personenbezogenen Daten freiwillig preisgibt, stellt sich die Frage, ob das im Rahmen einer Gefälligkeit durch den Unternehmer oder eben auf Basis eines Vertrags erfolgt.

Der Gesetzgeber hat hier keine Vorgaben zur Klärung gemacht, so dass die allgemeinen Regelungen der Auslegung nach dem objektiven Empfängerhorizont gelten. Maßgeblich sind nach der Verkehrsanschauung die Art der Leistung, ihr Grund und Zweck sowie die wirtschaftliche und rechtliche Bedeutung für die Parteien.[86]

> **Bsp.:** *So findet bei der Nutzung von Diensten und Webseiten typischerweise kein individueller Kontakt statt; die Eingabe von personenbezogenen Daten erfolgt daher in der Regel nicht auf Basis eines Vertrags. Wenn aber der Unternehmer ersichtlich mit der Eingabe der personenbezogenen Daten Geld verdienen möchte, weil er z.B. auf seiner Seite Werbung schaltet, und die Höhe der Einnahmen dafür von der Anzahl der „klicks" abhängt, wird man einen entsprechenden Rechtsbindungswillen für die Bereitstellung der Daten durch den Unternehmer i.S.e. „Bezahlens mit Daten" annehmen müssen.*

> **hemmer-Methode: Spannend ist in diesem Zusammenhang auch die Frage, ob ein klagbarer Anspruch gegen den Verbraucher besteht, wenn er sich entgegen einer vertraglichen Vereinbarung weigert, diese Daten sodann zur Verfügung zu stellen. Auch wäre zu klären, ob im Falle der Nichtleistung ein Rücktritt gem. § 323 I BGB in Betracht kommt. Hier besteht ein Konflikt mit dem Datenschutz, wonach die Nutzung personenbezogener Daten jederzeit frei widerrufen werden kann. § 327q I BGB stellt klar, dass der Datenschutz nicht durch die Regelungen der Digitale-Inhalte-RL tangiert wird, d.h. einen klagbaren Anspruch anzunehmen, ist vor dem Hintergrund kaum vertretbar.[87]**

Entwicklung digitaler Produkte nach Spezifikationen des Verbrauchers, § 327 IV BGB

Der Verbraucherschutz hängt nicht davon ab, dass der Unternehmer die digitalen Produkte eigenständig herstellt und zur Verfügung stellt. Gem. § 327 IV BGB sind die Vorschriften auch dann anwendbar, wenn die Entwicklung nach Spezifikationen des Verbrauchers erfolgt.[88]

> **Bsp.:** *Maßgeschneiderte Software, oder nach Vorgaben des Verbrauchers bereitgestellte Daten, die dieser für einen „3D-Druck" verwendet. Achtung: Ist Gegenstand des Vertrags die Herstellung von Ware im 3D-Druck durch den Unternehmer, liegt hinsichtlich des Erwerbs dieser Sachen kein Anwendungsfall des § 327 IV BGB vor.*

§ 327 V BGB, Datenträger

Ebenfalls anwendbar sind die Regelungen der §§ 327 ff. BGB (mit Ausnahme von § 327b und c BGB), wenn körperliche Datenträger zur Verfügung gestellt werden, die ausschließlich (!) als Träger digitaler Inhalte dienen. Damit wird der Datenträger selbst ebenfalls in den Anwendungsbereich der Regelungen „hineingezogen".

66

> **Bsp.:** *Kauf einer Musik-CD. Zwar handelt es sich um einen Verbrauchsgüterkauf, so dass der Schutz des Verbrauchers eigentlich schon nach den dortigen Regelungen erfolgen könnte; hier stellt § 475a I S. 1 BGB jedoch klar, in welchem Umfang die kaufrechtlichen Normen nicht gelten, dafür aber die Regelungen der §§ 327 ff. BGB, vgl. § 475a I S. 2 BGB.*

---

[86] Wendehorst, NJW 2021, 2913 (2916).

[87] So auch Klink-Straub, NJW 2021, 3217 (3219). Auch führt umgekehrt ein Verstoß gegen datenschutzrechtliche Bestimmungen nicht zu einer zivilrechtlichen Sanktionierung. Insbesondere ist ein Vertrag nicht gem. § 134 BGB nichtig!

[88] Vgl. dazu auch Rn. 123 zur Regelung des § 650 II BGB.

Das ist sinnvoll, weil in solchen Fällen nicht die „Sache CD", sondern die darin verkörperten digitalen Inhalte im Vordergrund stehen.

67

Nicht erfasst sind Schallplatten oder Audiokassetten, da diese keine digitalen (!) Inhalte aufweisen. Auch CD-Rohlinge sind nicht erfasst, da sie (noch nicht) als Träger digitaler Inhalte dienen, sondern allenfalls dienen könnten.

Auch müssen die Daten „getragen" werden. Wird ein Medium überlassen, welches erst den Zugang zu digitalen Daten über andere Geräte ermöglicht, ist die Vorschrift ebenfalls nicht betroffen.

§ 327 VI BGB

Es gibt Verträge, die die oben dargestellten Anforderungen erfüllen, aber gleichwohl nicht in den Anwendungsbereich der Vorschriften fallen sollen. Daher normiert § 327 VI BGB einen Katalog von Vertragstypen, die wieder aus dem Anwendungsbereich ausgeklammert werden. Wichtig erscheinen insoweit für die Klausur allenfalls die Nr. 1 bis Nr. 6.

68

Nr. 1: „Online-Kurse"

§ 327 VI Nr. 1 BGB betrifft Fälle über die Erbringung anderer als digitaler Dienstleistungen, bei denen ggfs. eine Bereitstellung der Dienstleistung mit digitalen Mitteln bzw. in digitaler Form erfolgt.[89]

> **Bsp.:** *Repetitor H nutzt in Corona-Zeiten das Programm „Z", um Studenten zu unterrichten. Auch wenn in diesem Kontext digitalisierte Aufnahmen zur Verfügung gestellt werden, ist der Anwendungsbereich der Normen nicht eröffnet. Diese juristischen Dienstleistungen werden in der Gesetzesbegründung ausdrücklich als von Nr. 1 erfasst beschrieben.*

Nr. 2: bestimmte Telekommunikationsdienste

Unter Nr. 2 fallen sog. webbasierte E-Mail-Dienste" bzw. „Online-Mitteilungsdienste".

> **Bsp.:** *Instant Messaging Services wie z.B. WhatsApp o.Ä.*

Nr. 3: „digitale" Behandlungsverträge

Auch Behandlungsverträge sollen aus dem Anwendungsbereich ausgeklammert werden. Von der Ausnahme nicht erfasst sind aber z.B. mobile Applikationen zur Selbstvermessung oder Patiententagebücher, die nicht von Angehörigen eines Gesundheitsberufes bereitgestellt werden.

Genau wie im Rahmen des § 312 II Nr. 7 BGB liegt dieser Ausnahme die Erwägung zugrunde, dass der notwendige Patientenschutz ausreichend durch die Informations- und Dokumentationspflichten im Rahmen der §§ 630a ff. BGB gewahrt wird.[90]

Nr. 4: „Glücksspiele"

Glücksspieldienstleistungen i.S.d. § 327 VI Nr. 4 BGB sind ausweislich des Wortlauts nur solche, bei denen ein geldwerter Einsatz erforderlich wird, um teilnehmen zu dürfen. Da es keine unionsrechtlichen Vorgaben zu derartigen Online-Verträgen gibt, wollte der Gesetzgeber sie aus dem Anwendungsbereich heraushalten.

hemmer-Methode: Beim „Bezahlen mit Daten" greift die Ausnahme jedoch nicht, da ausdrücklich von einem geldwerten Einsatz die Rede ist!

Nr. 5: Finanzdienstleistungen

Da für Finanzdienstleistungsverträge bereits spezielle, auf Unionsrecht basierende Regelungen bestehen, vgl. § 312 V BGB, soll keine Anwendung der §§ 327 ff. BGB erfolgen.

---

[89]   Wendehorst, NJW 2021, 2913 (2914).
[90]   Vgl. Grüneberg (vormals Palandt), § 312, Rn. 15.

Nr. 6: bestimmte Software

Wenn für Software kein Preis gezahlt wird und auch personenbezogene Daten durch den Unternehmer ausschließlich zur Verbesserung der Sicherheit, Kompatibilität oder der Interoperabilität der angebotenen Software verarbeitet werden, also gerade kein „Zahlen mit Daten" erfolgt, ist der Anwendungsbereich der Normen, § 327 IV Nr. 6 BGB, nicht eröffnet.

Das betrifft etwa quelloffene Software.

II. Anwendung auf sog. Paketverträge, § 327a BGB

Paketverträge

§ 327a I BGB stellt klar, dass die Regelungen des Untertitels 1 auch dann anzuwenden sind, wenn eine vertragliche Vereinbarung über die Bereitstellung von digitalen Produkten gemeinsam mit Vereinbarungen über andere Leistungsgegenstände in einem einzigen Vertrag enthalten ist.[91]

69

Sollten die anderen Leistungsbestandteile einen Schwerpunkt darstellen, kommt es also nicht dazu, dass die §§ 327 ff. BGB hinsichtlich der digitalen Inhalte keine Anwendung finden.

Der Begriff „Paket" setzt dabei keine inhaltliche Verbundenheit, etwa vergleichbar den verbundenen Verträgen gem. §§ 358, 359 BGB, voraus.

Maßgeblich ist allein, dass eine formale Verbindung in einem Vertrag erfolgt.

> **Bsp.:** *Erwirbt jemand ein Gerät, welches dafür geeignet ist, digitale Inhalte zu streamen, und schließt getrennt davon einen Vertrag über die Bereitstellung von Streamingdiensten, handelt es sich um getrennte Verträge, d.h. der Erwerb des Geräts ist ein „normaler" Verbrauchsgüterkauf, derjenige über die Bereitstellung digitaler Inhalte unterfällt den §§ 327 ff. BGB, vgl. auch § 453 I S. 2, 3 BGB. Wird aber z.B. von Sky damit geworben, dass man bei Buchung auch einen Receiver gestellt bekommt, liegt ein Paketvertrag vor, wenn es zur entsprechenden Buchung kommt.*

Der Parteiidentität („denselben Vertragsparteien") steht nicht entgegen, dass der vertragsschließende Unternehmer die Leistungserbringung durch einen anderen Unternehmer organisiert.

Geltung der §§ 327 ff. BGB nur für Bereitstellung digitaler Inhalte, § 327a I S. 2 BGB

Wichtig ist jedoch, dass bei einem Paketvertrag nur der Teil über die digitalen Inhalte in den Anwendungsbereich der §§ 327 ff. BGB fällt, § 327a I S. 2 BGB. Gleichwohl kann es – im Unterschied zu komplett getrennten Verträgen – im Falle der Vertragsbeendigung gem. § 327c VI BGB bzw. § 327m IV BGB auch zu Auswirkungen auf die anderen Elemente des Paketvertrags kommen.

> **hemmer-Methode:** Kommentieren Sie sich §§ 327c VI, 327m IV BGB - soweit die Prüfungsordnung Ihres Bundeslandes Kommentierungen des Gesetzes zulässt - an den Rand von § 327a I S. 2 BGB.
> Die beiden Normen ähneln der Vorschrift des § 323 V S. 1 BGB, wonach bei einer Teilleistung ein Interessenwegfall erforderlich ist, um vom ganzen (!) Vertrag zurücktreten zu können.

III. Verhältnis zur Warenkaufrichtlinie

Verhältnis zur Warenkauf-RL

Der Paketvertrag ist wie oben beschrieben ein solcher, bei welchem die digitalen Inhalte von sonstigen Leistungen getrennt sind. Was aber gilt, wenn veräußerte Sachen (Ware) bereits digitale Inhalte enthalten oder mit ihnen verbunden sind?

70

---

[91] Auch der Erwerb einer Playstation nebst diverser digitaler Spiele in einem Vertrag fällt darunter, Wendehorst, NJW 2021, 2913 (2914).

Kann auch dann eine „Aufspaltung" hinsichtlich der anwendbaren Regelungen vorgenommen werden? Auch wenn diese Frage schon unter § 2 angesprochen wurde, sollen hier noch einmal die Grundsätze kurz dargestellt werden:

Problematisch daran ist, dass bereits durch die Umsetzung der Warenkauf-RL für Waren mit digitalen Elementen gem. § 475b BGB eine Regelung geschaffen wurde, die ein eigenständiges Mängelhaftungssystem im Rahmen des Verbrauchsgüterkaufs beinhaltet.

Abgrenzung zu § 475b BGB

Insoweit müssen Sie in der Klausur zunächst die Frage klären, mit welchem Mängelhaftungssystem Sie im konkreten Fall arbeiten müssen (vgl. dazu bereits Rn. 30 ff. in diesem Skript).

Hier müssen Sie sich mit der Gesetzessystematik vertraut machen. Die §§ 327a II, III bzw. §§ 475a, b BGB liefern die Antwort auf die Frage.

Im Ausgangspunkt bestimmt § 327a II S. 1 BGB, dass die Vorschriften der §§ 327 ff. BGB auch auf Verbraucher(kauf)verträge über Sachen anzuwenden sind, die digitale Produkte enthalten oder mit ihnen verbunden sind. Ähnlich wie bei den Paketverträgen wird die Anwendung aber auf die digitalen Inhalte beschränkt, § 327a II S. 2 BGB.

hemmer-Methode: Im Unterschied zum Begriff „Ware" erfasst der Begriff „Sache" auch unbewegliche Sachen.
§ 327a II S. 1 BGB ist daher auch einschlägig, wenn ein Haus mit Smart-Home-Equipment von einem Unternehmer an einen Verbraucher veräußert wird.
Gem. § 327a II S. 2 BGB finden die §§ 327 ff. BGB aber nur für die digitalen Produkte Anwendung, was insbesondere wichtig ist, wenn für das Haus selbst ein Haftungsausschluss vereinbart wurde. Ein solcher wäre gem. § 327s I BGB für das Smart-Home-Equipment aber nicht zulässig. Darauf wird sich die notarielle Praxis einzustellen haben, wenn es um die Formulierung von Haftungsausschlüssen bei Grundstücksgeschäften geht!
Sie sehen: Die Neuerungen wirken sich mittelbar auch auf andere zentrale Fragen des Schuldrechts aus![92]

Ware mit digitalen Elementen (funktioniert ohne digitalen Inhalt nicht), § 327a III BGB

Nun muss weiter danach unterschieden werden, ob die gekaufte Sache ihre Funktionen ohne diese digitalen Produkte erfüllen kann oder nicht. **Kann** die **Sache** ihre **Funktion ohne die digitalen Inhalte nicht erfüllen** (sog. „Ware mit digitalen Elementen"), wird in § 327a III S. 1 BGB wieder ein Rückausnahme gemacht, d.h. die Regelungen der §§ 327 ff. BGB gelten nicht!

71

Vielmehr ist jetzt der Anwendungsbereich des § 475b I BGB eröffnet, wenn sich der Unternehmer verpflichtet, dass er oder ein Dritter die digitalen Elemente bereitstellt, was gem. § 327a III S. 2 BGB vermutet wird.

Bsp.: Kauf eines Computers mit vorinstalliertem Betriebssystem. Ohne das Betriebssystem kann die Funktion des Computers nicht genutzt werden. Wegen § 327a III S. 1 BGB ist der Anwendungsbereich der §§ 327 ff. BGB nicht eröffnet. Anwendbar sind in diesem Fall beim Vorliegen eines Mangels die §§ 475b, 434 ff. BGB.

---

[92] Wendehorst, NJW 2021, 2913 (2914) spricht insoweit davon, dass diese Aufspaltung „Sprengkraft" in sich trage. Sofern damit die Haftung eines Notars gemeint ist, mag er richtig liegen. Materiell-rechtlich lässt sich die Problematik aber eindeutig lösen!

Sache mit digitalen Produkten (funktioniert ohne digitalen Inhalt), § 327a II BGB

Handelt es sich demgegenüber um einen Verbrauchsgüterkauf über eine Sache, die in einer Weise digitale Produkte enthält oder mit digitalen Produkten verbunden ist, dass die **Sache ihre Funktionen auch ohne diese digitalen Produkte erfüllen** kann, sind **im Hinblick auf diejenigen Bestandteile des Vertrags, welche die digitalen Produkte betreffen**, nicht die kaufrechtlichen Mängelrechtsnormen, sondern die §§ 327 ff. BGB anwendbar, § 475a II S. 1, 2 BGB.

72

> **Bsp.:** *Kauf einer elektrischen Zahnbürste inklusive einer App, die die Zahnputzzeiten speichert. Diese App ist für die Funktion der Zahnbürste bedeutungslos.*

hemmer-Methode: Bitte lesen Sie das Gesetz genau: Während § 327a II BGB von „Verbraucherverträgen" spricht, was auch Miet- oder Dienstverträge umfasst, gilt § 327a III BGB nur für Kaufverträge (s.o.)!
Das bedeutet bei der Miete z.B. eines Computers mit vorinstalliertem Betriebssystem, dass bei etwaigen Mängeln des Betriebssystems die §§ 327 ff. BGB zur Anwendung kommen, obwohl der Computer ohne Betriebssystem nicht funktioniert! Der Ausschluss des § 327a III BGB kommt nur beim Kaufvertrag zur Anwendung.
Hier müssten Sie dann nur prüfen, ob sich aus den §§ 548a, 578b BGB wiederum Besonderheiten ergeben (vgl. dazu Rn. 120 f.).

Zusammenfassung zum Kaufvertrag:

Man kann sich die Abgrenzung beim Kaufvertrag auch verkürzt wie folgt klarmachen: Die Warenkaufrichtlinie hat Vorrang (d.h. es gilt § 475b BGB), wenn kumulativ ein funktionales und ein vertragliches Kriterium erfüllt sind. Funktional: Ware kann ohne digitale Elemente ihre Funktion nicht erfüllen. Vertraglich: Die digitalen Elemente werden im Zuge des Kaufvertrages zur Verfügung gestellt.[93]

Fehlt nur eine der Voraussetzungen, gelten die §§ 327 ff. BGB.

hemmer-Methode: Machen Sie sich klar: Für die Sache selbst kommt ohnehin Kaufrecht zur Anwendung!
Selbst wenn Sie also im Anwendungsbereich der §§ 327 ff. BGB sind, gelten diese Normen nur für die digitalen Inhalte, vgl. § 327a II S. 2 BGB. Es geht also letztlich nur darum, ob die digitalen Inhalte nach Kaufrecht beurteilt werden (Schuldrecht BT) oder nach den §§ 327 ff. BGB (Schuldrecht AT).
Im Falle des § 475b BGB gilt für die digitalen Inhalte über § 475b BGB das kaufrechtliche Mängelrecht!
Aber Achtung: Wenn die digitalen Inhalte über Schuldrecht AT behandelt werden, können sich im Falle nicht bereitgestellter bzw. mangelhafter digitaler Inhalte doch wieder Wechselwirkungen ergeben, vgl. § 327c VII bzw. § 327m V BGB (vgl. dazu Rn. 79 und Rn. 96).

D) Leistungszeit und Konsequenzen bei Nichtleistung, §§ 327b, c BGB

Ist der oben skizzierte Anwendungsbereich eröffnet, regelt § 327b BGB Besonderheiten hinsichtlich der Leistungspflicht des Unternehmers. § 327c BGB regelt anknüpfend daran besondere Rechtsfolgen der Nichtleistung.

73

---

[93]   Wendehorst, NJW 2021, 2913 (2914) sieht noch ein drittes Merkmal, nämlich dass die digitalen Produkte räumlich **und/oder** funktional mit der Ware verbunden sind. Das erscheint jedoch überflüssig, denn das „Funktionale" ist ja denklogisch immer gegeben, wenn die Ware ohne die digitalen Produkte nicht genutzt werden kann. Die räumliche Beziehung ist im Übrigen zweitrangig, weil sich diese weder aus dem Gesetzestext noch aus der Gesetzesbegründung ergibt. So ist natürlich auch ein nur (!) über eine sog. „App" steuerbares technisches Gerät eine Ware mit digitalem Inhalt. Zwar ist die „App" außerhalb der Ware angesiedelt, sie kann aber wiederum ja nur funktionieren, wenn sie mit der Ware verknüpft ist!

> **hemmer-Methode:** Bitte achten Sie noch einmal darauf, dass genau diese Vorschriften wiederum nicht gelten im Fall des § 327 V BGB, d.h. bei Verträgen über die Bereitstellung körperlicher Datenträger, welche ausschließlich als Träger digitaler Inhalte dienen!

I. Bereitstellungszeit, § 327b BGB

Bereitstellungszeitpunkt

§ 327b I BGB setzt eine Verpflichtung zur Bereitstellung voraus, begründet sie aber nicht. Wenn die Pflicht besteht, ergibt sich aus § 327b II BGB der Vorrang einer vertraglichen Vereinbarung zur Leistungszeit. Fehlt es an einer Vereinbarung, kann der Verbraucher die Leistungserbringung unverzüglich verlangen, sie ist durch den Unternehmer sofort erfüllbar.

§ 327b BGB ist damit lex specialis zu §§ 269, 271 BGB.[94]

Unverzügliche Bereitstellung

Unverzüglich bedeutet „ohne schuldhaftes Zögern", vgl. § 121 I S. 1 BGB. Der Gesetzgeber hat bewusst keine konkreten Vorgaben gemacht, so dass eine Konkretisierung der zur Verfügung stehenden Zeit abhängig von der Art des Vertragsschlusses wohl erst im Laufe der nächsten Jahre durch die Rechtsprechung erfolgen wird.

Bereitstellung ⇨ differenzieren zwischen digitalen Inhalten und digitalen Dienstleistungen

Selbst wenn der Unternehmer unverzüglich mit der Leistungserbringung beginnt, muss geklärt werden, wann die Bereitstellung vollendet ist, d.h. was genau hat unverzüglich zu erfolgen. Dies definieren § 327b III, IV BGB, und zwar abhängig davon, ob es um digitale Inhalte oder digitale Dienstleistungen geht.

§ 327b III BGB: digitale Inhalte

§ 327b III BGB definiert die Bereitstellungsvoraussetzungen im Falle der **digitalen Inhalte**. Voraussetzung ist letztlich, dass die Inhalte für den Verbraucher nutzbar gemacht werden.

„zur Verfügung gestellt"

An einer Bereitstellung fehlt es daher, wenn zwar z.B. Software bereits zur Verfügung gestellt wurde, die Übermittlung eines etwaigen Zugangscodes bzw. Aktivierungscodes noch nicht stattgefunden hat.

Die Formulierung „eine von ihm (dem Verbraucher) hierzu bestimmte Einrichtung" soll deutlich machen, dass der Verbraucher das Speichermedium bestimmen kann, z.B. seine Cloud. Es reicht also wiederum nicht, wenn der Unternehmer den Zugang nur in einer von ihm bestimmten Einrichtung ermöglicht.

oder „zugänglich machen"

Zugänglich machen bedeutet das Schaffen einer entsprechenden Möglichkeit zur Nutzung eines Dienstes durch den Verbraucher unter fremder Kontrolle. Es ist also nicht nötig, dass der Verbraucher von dieser Möglichkeit auch tatsächlich Gebrauch macht.

§ 327b IV BGB: digitale Dienstleistungen

Bei digitalen Dienstleistungen ist der Tatbestand enger gefasst, d.h. ein Zurverfügungstellen von Mitteln für den Zugang würde hier nicht genügen. Die digitale Dienstleistung muss nach § 327c IV BGB vielmehr unmittelbar oder mittels einer von ihm hierzu bestimmten Einrichtung zugänglich gemacht worden sein.

§ 326b V BGB

Sofern eine Verpflichtung für eine Reihe einzelner Bereitstellungen besteht, gelten die vorherigen Absätze entsprechend für die Folgebereitstellungen. Dies ist z.B. bei einem „E-Book-Abo" denkbar, wobei die Vorschriften nur für solche Bereitstellungen nach Inkrafttreten am 01.01.2022 gelten. Sollte der Vertrag schon vorher geschlossen worden sein, kann insbesondere für „alte" Bereitstellungen nicht auf die Rechtsfolgen des § 327c BGB zurückgegriffen werden, vgl. Art. 229 § 57 I, II EGBGB.

---

[94] Wendehorst, NJW 2021, 2913 (2917). Die Relevanz dürfte freilich gering sein. Vereinbarungen sind eben nur an dieser Norm zu beurteilen und nicht an den §§ 269, 271 BGB.

Beweislastumkehr, § 327b VI BGB

In prozessualer Hinsicht ist noch wichtig, dass nicht der Verbraucher beweisen muss, dass nicht bereitgestellt wurde, sondern der Unternehmer, dass er bereitgestellt hat. § 327b VI BGB weicht ausdrücklich von § 363 BGB ab, was insbesondere für die an die fehlende Bereitstellung anknüpfenden Rechtsfolgen gem. § 327c BGB relevant wird.

II. Rechtsfolgen bei verspäteter Bereitstellung

Leistet ein Schuldner trotz Fälligkeit nicht, bestimmen sich seine Rechte grundsätzlich nach den §§ 280 I, II, 286; 280 I, III, 281 BGB bzw. nach § 323 BGB. **75**

„besonderes allgemeines Schuldrecht"

Im Anwendungsbereich der §§ 327 ff. BGB werden diese Regelungen modifiziert. Man könnte dies auch „besonderes allgemeines Schuldrecht" nennen. Diese Modifikationen gelten nur für die Leistungsstörung der Nichtleistung, nicht für das Recht der Unmöglichkeit, was in § 327c II S. 3 BGB klargestellt wird.

Die Ansprüche aus §§ 280 I, III, 283 S. 1, bzw. § 311a II BGB bleiben unberührt.[95]

> **hemmer-Methode:** Notwendig wurden diese besonderen Vorschriften insbesondere auch aus dogmatischen Gründen.
> So wäre § 323 I BGB nicht für alle Fälle des § 327 BGB passend, da insbesondere im Rahmen des § 327 III BGB nicht zwingend ein gegenseitiger Vertrag vorliegen muss.
> Auch würde der Begriff „Rücktritt" nicht passen, da § 327 BGB auch Dauerschuldverhältnisse erfasst und dafür die „Kündigung" der richtige Begriff wäre. Daher wird der Begriff der Vertragsbeendigung gewählt.
> Während im allgemeinen Leistungsstörungsrecht die Begriffe „Mahnung" und „Fristsetzung" prägend sind für die Leistungsstörung der Nichtleistung, benutzt der Gesetzgeber in § 327c BGB den Begriff der „Aufforderung".

1. Aufforderung zur Bereitstellung und Vertragsbeendigung, § 327c I

Nach Aufforderung Pflicht zur unverzüglichen Bereitstellung

Gem. § 327c I BGB greift nach Aufforderung durch den Verbraucher eine neue Verpflichtung des Unternehmers, die Leistung unverzüglich bereitzustellen. Für die Einräumung eines längeren Zeitraums bedarf es einer ausdrücklichen Verständigung, § 327c I S. 2 BGB, die aber nicht formgebunden ist. Aus Sicht des Unternehmers empfiehlt sich jedoch allein aus Beweisgründen eine schriftliche Fixierung. **76**

Erfolgt die rechtzeitige Nachholung nicht, kann der Vertrag beendet werden. Man wird den Begriff der Aufforderung mit jenem der Mahnung gleichstellen können, worin ja eine bestimmte „Aufforderung" zur Leistung zu erblicken ist.

Anders als im Rahmen des § 323 I BGB muss für die Beendigungsmöglichkeit keine angemessene Frist fruchtlos verstrichen sein, vielmehr reicht schon ein erneutes (vgl. § 327b II BGB, der bereits ein unverzügliches Bereitstellen verlangt) schuldhaftes Zögern des Unternehmers aus.

---

95 Wendehorst, NJW 2021, 2913 (2916).

Nur vollständige Nichtleistung erfasst ⇨ bei Teilleistung liegt Mangel vor, § 327e III Nr. 2 BGB

Dabei betrifft § 327c I BGB nur Fälle der vollständig unterbliebenen bzw. verzögerten Bereitstellung. Sofern der Schuldner Teilleistungen bewirkt, ist im Übrigen von einer Leistung auszugehen, die mangelhaft ist, da sie nicht den objektiven Anforderungen i.S.d. § 327e III Nr. 2 BGB („Menge") entspricht.

hemmer-Methode: Freilich bleibt dem Gläubiger die Möglichkeit, die Teilleistung gem. § 266 BGB abzulehnen und sodann die Rechte aus § 327c BGB geltend zu machen.

Entbehrlichkeit der Aufforderung

Wie im Rahmen des § 323 II BGB die Fristsetzung, kann gem. § 327c III BGB auch die Aufforderung entbehrlich sein.

§ 327c III S. 1 Nr. 1 und 3 BGB

§ 327c III S. 1 Nr. 1 BGB entspricht § 323 II Nr. 1 BGB. § 327c III S. 1 Nr. 3 BGB entspricht § 323 II Nr. 2 BGB.

§ 327c III S. 1 Nr. 2 BGB

„Neu" ist insoweit lediglich die Formulierung in § 327c III S. 1 Nr. 2 BGB. Darunter lässt sich etwa der Fall subsumieren, in dem der Unternehmer dauerhafte Lieferschwierigkeiten einräumt, ohne aber die Leistung tatsächlich zu verweigern.

Um Widersprüche zum allgemeinen Schuldrecht - namentlich zu § 286 II BGB - zu vermeiden, soll in den genannten Fällen auch automatisch der Verzug ohne Mahnung eintreten, § 327c III S. 2 BGB.

Beendigungserklärung kann gem. §§ 327c V, 218 BGB verfristet sein

Die Beendigungserklärung muss innerhalb der für den Leistungsanspruch geltenden Verjährungsfrist erfolgen, § 327c V i.V.m. § 218 I S. 1 BGB. Die Verweisung ist für die Beendigung als Gestaltungserklärung erforderlich, weil der Verjährung nur Ansprüche unterliegen, vgl. § 194 BGB.

2. Schadensersatz, § 327c II BGB

SE statt/neben der Leistung

Für den Fall des Vorliegens der Voraussetzungen für die Vertragsbeendigung stellt § 327c II BGB klar, dass auch Schadensersatz nach §§ 280, 281 I S. 1 BGB verlangt werden kann, § 327c II BGB. Dies allerdings nur bei Vorliegen der dortigen Voraussetzungen. Dies bedeutet, dass der Anspruch auf Schadensersatz nur abhängig vom Vertretenmüssen des Unternehmers besteht, wobei dies gem. § 280 I S. 2 BGB vermutet wird.

Die Verweisung auf § 280 BGB erfasst auch dessen Absatz II, so dass für einen Verzögerungsschaden die Nichtbereitstellung als Pflichtverletzung nicht genügt, sondern die Verzugsvoraussetzungen gem. § 286 BGB vorliegen müssen!

Eine echte Modifikation ergibt sich daraus, dass (wie bei der Vertragsbeendigung) eine Aufforderung anstelle der Fristsetzung genügt und der Zeitraum, der abgewartet werden muss, durch die Bezugnahme auf § 327c I BGB knapper ist, weil schon ein schuldhaftes Zögern die Rechte „scharf stellt".

Dadurch, dass nur auf § 281 I S. 1 BGB verwiesen wird, verdeutlicht der Gesetzgeber, dass es für einen Anspruch auf Schadensersatz statt der ganzen Leistung keiner weiteren Voraussetzungen bedarf.

hemmer-Methode: Das erscheint auch überflüssig, denn § 281 I S. 3 BGB würde ohnehin nur für die Schlechtleistung gelten, § 281 I S. 2 BGB für die Teilleistung.
Wie oben beschrieben, soll aber die Vorschrift des § 327c BGB für die Teilleistung ohnehin keine Anwendung finden, sondern nur für das vollständige Ausbleiben der Leistung (abgesehen von der Besonderheit des Paketvertrags, § 327c VI BGB).

Bleibt die *ganze* Leistung aus, ist ein Anspruch automatisch auch auf Schadensersatz statt der *ganzen* Leistung gerichtet!
Die Gesetzesbegründung lässt sich nicht zu der Frage aus, ob nur die verdeckte Zuweniglieferung als mangelhafte Leistung aufzufassen ist; die fehlende Differenzierung deutet darauf hin, dass alle Fälle der Teilleistung dem Mängelrecht unterfallen sollen.[96] Dazu passt eben auch, dass in § 327c II BGB auf § 281 I S. 2 BGB nicht verwiesen wird!

Entbehrlichkeit der Fristsetzung auch beim relativen Fixgeschäft

§ 327c III S. 1 BGB stellt ausdrücklich klar, dass die Aufforderung zur Bereitstellung in den genannten Fällen sowohl im Hinblick auf den Rücktritt als auch bzgl. des Anspruchs auf Schadensersatz statt der Leistung entbehrlich ist.

Auf den ersten Blick scheint hier eine Besonderheit im Vergleich zu § 281 II BGB vorzuliegen, weil dort gerade die Entbehrlichkeit der Fristsetzung beim relativen Fixgeschäft nicht geregelt ist.

Für den Schadensersatz statt der Leistung ist nur beim Fixhandelskauf die Fristsetzung gem. § 376 I S. 1 HGB entbehrlich. Im Rahmen des § 281 BGB ist umstritten, ob eine Frist gesetzt werden muss. Während nach e.A. § 323 II Nr. 2 BGB analog angewendet werden soll, lehnt dies die überzeugende Ansicht ab. Allerdings muss beim relativen Fixgeschäft stets geprüft werden, ob nicht ein Fall des § 281 II Var. 2 BGB vorliegt.

Für den Fall fehlender Bereitstellung hat sich der Gesetzgeber ausdrücklich für einen Gleichlauf von Rücktritt und Schadensersatz statt der Leistung entschieden, sodass gem. § 327c III S. 1 Nr. 3 BGB beim relativen Fixgeschäft die Fristsetzung vor dem Verlangen nach Schadensersatz statt der Leistung generell entbehrlich ist.

3. Rechtsfolgen bei Vertragsbeendigung und Schadensersatz statt der ganzen Leistung, § 327c IV BGB

Wie im „allgemeinen, allgemeinen" Schuldrecht auch, schließen sich Vertragsbeendigung und Schadensersatz nicht gegenseitig aus, § 327c IV S. 3 BGB.

Echte Besonderheiten bestehen indes für die Rechtsfolgen. Diesbezüglich wird auf die für die Beendigung aus Anlass einer mangelhaften Leistung geltenden Vorschriften verwiesen, §§ 327c IV S. 1, 327o und 327p BGB.

Damit wird wiederum dem Umstand Rechnung getragen, dass die Beendigung sowohl Dauerschuldverhältnisse als auch Austauschverträge betreffen kann. Eine Verweisung auf die §§ 346 ff. BGB wäre daher nicht zielführend gewesen, so dass eigenständige Vorschriften geschaffen wurden, die eben nicht nur für die Schlechtleistung, sondern auch für die Nichtleistung gelten sollen. Für die konkreten Rechtsfolgen verweisen wir daher auf die Ausführungen zur mangelhaften Leistung.

hemmer-Methode: Etwas verwirrend ist die Äußerung im Gesetzesentwurf, dass die Beendigungserklärung nicht mit der Aufforderung nach § 327c I BGB verbunden werden können soll.
Dies ist grundsätzlich richtig. Allerdings hat der Gesetzgeber offensichtlich nicht den Fall bedacht, dass eine Gestaltungserklärung trotz ihrer grds. Bedingungsfeindlichkeit auch an die nach ganz h.M. zulässige „Potestativbedingung" geknüpft werden kann, dass der Schuldner nicht innerhalb einer bestimmten Frist leistet.[97]
Unter dieser Voraussetzung scheint es sehr wohl möglich, die Aufforderung nach § 327c I BGB mit der Beendigungserklärung zu verbinden.

78

---

[96]   Vgl. dazu noch einmal oben, Rn. 13.
[97]   Grüneberg (vormals Palandt), Einf v § 158, Rn. 13.

4. Besonderheiten bei Paketverträgen bzw. bei Verbraucherverträgen über Sachen mit digitalen Inhalten

Paketverträge, § 327a I BGB

Wie bereits oben erwähnt, gelten bei Paketverträgen, § 327a I BGB, bzw. bei Verträgen über Sachen, die digitale Inhalte enthalten, § 327a II BGB, die §§ 327 ff. BGB nur für die digitalen Elemente des Vertrages (vgl. § 327a I S. 2 BGB bzw. § 327a II S. 2 BGB). Gleichwohl kann sich bei Ausübung oben beschriebener Rechte eine Auswirkung auf den gesamten Vertrag ergeben.

79

§ 327c VI BGB

Gem. § 327c VI BGB (entspricht § 327m IV BGB für den Fall der mangelhaften Leistung) kann sich der Verbraucher auch von den anderen Bestandteilen eines Paketvertrags lösen, wenn er an diesem Teil ohne das nicht bereitgestellte digitale Produkt kein Interesse hat. Die Vorschrift setzt also eine Beendigung hinsichtlich des digitalen Produkts gem. § 327c I BGB voraus.

Für das Interesse kann auf die allgemeine Vorschrift des § 323 V S. 1 BGB und die Rechtsprechung hierzu zurückgegriffen werden.

hemmer-Methode: Kommentieren Sie sich §§ 327c VI, 327m IV BGB - soweit die Prüfungsordnung Ihres Bundeslandes Kommentierungen des Gesetzes zulässt - an den Rand von § 327a I S. 2 BGB.

Der Begriff der Vertragsloslösung erfasst alle denkbaren Varianten eines Paketvertrags, gleich ob Austauschvertrag oder Dauerschuldverhältnis.

§ 327c VII BGB

§ 327c VII BGB (entspricht § 327m V BGB für den Fall der mangelhaften Leistung) hält einen ähnlichen Mechanismus für Verbraucherverträge i.S.d. § 327a II BGB bereit, sofern sich die Sache ohne das bereitgestellte digitale Produkt nicht zur gewöhnlichen Verwendung (vgl. dazu § 327e III S. 1 Nr. 1 BGB) eignet. Für Kaufverträge über Waren mit digitalen Elementen gilt dies nicht, § 327a III BGB!

hemmer-Methode: Kommentieren Sie sich §§ 327c VII, 327m V BGB - soweit die Prüfungsordnung Ihres Bundeslandes Kommentierungen des Gesetzes zulässt - an den Rand von § 327a II S. 2 BGB.

E) Mängelhaftung, §§ 327d ff. BGB

§§ 327d ff. BGB

Mit den §§ 327d ff. BGB wird erstmals im allgemeinen Schuldrecht ein klassisches Schuldrecht-BT-Thema, nämlich die Mängelhaftung, geregelt. Dies wurde deshalb erforderlich, weil die §§ 327 ff. BGB, wie bereits erwähnt, nicht danach differenzieren, wie das digitale Produkt zur Verfügung gestellt wird, d.h. ob z.B. durch einen Kaufvertrag oder einen Mietvertrag.

80

„Allgemeines besonderes" Schuldrecht

Genau diese gesetzliche Systematik zwingt jedoch im Einzelfall dazu, genau darauf zu achten, ob tatsächlich dieses „allgemeine besondere" Schuldrecht zur Anwendung kommt.

hemmer-Methode: Es existieren allein für das Kaufrecht nun drei Vorschriften, die Vorgaben für die Mangelfreiheit normieren: §§ 434, 475b, 327e BGB.
Die Zuordnung des Kaufs digitaler Produkte hängt vom genauen Vertragsgegenstand und von der Frage ab, ob ein Verbrauchervertrag vorliegt. Es ist schon jetzt absehbar, dass gerade hier in Zukunft ein Prüfungsschwerpunkt liegen wird.[98] Der Korrektor kann allein an der richtigen Einordnung des Falles in das konkret anwendbare Haftungssystem erkennen, ob der Bearbeiter systematisch richtig arbeiten kann.

---

98   Vgl. Sie nochmals die Übersicht vor Rn. 31!

Auch im Rahmen anderer Vertragstypen müssen Sie genau schauen, ob § 327e BGB überhaupt für die Beurteilung der Mangelfreiheit relevant ist, oder ob die Normen des Schuldrecht BT gelten (z.B. im Mietrecht § 536 BGB)!

I. Begriff der Mangelfreiheit, § 327e I S. 1 BGB

§ 327e BGB: 3 Varianten!

Der Begriff der Mangelfreiheit ist in § 327e I S. 1 BGB definiert. Voraussetzung ist, dass das digitale Produkt den subjektiven (Var. 1 i.V.m. Absatz 2) und den objektiven Anforderungen (Var. 2 i.V.m. Absatz 3) sowie den Anforderungen an die „Integration" (Var. 3 i.V.m. Absatz 4) entspricht.

81

Relevanter Zeitpunkt für die Mängelhaftung

Neben besonderen Definitionsmerkmalen der Varianten 1 und 2 liegen die Besonderheiten insbesondere in der Variante 3 sowie in der Frage begründet, was der für das Vorliegen der Mangelfreiheit maßgebliche Zeitpunkt ist. Hier bestimmt § 327e I S. 2 BGB zwar den Zeitpunkt der Bereitstellung als maßgeblich.

Allerdings gilt bei bestehender Verpflichtung zur dauerhaften Bereitstellung eine Besonderheit: Gem. § 327e I S. 3 BGB besteht die Haftung wegen fehlender Mangelfreiheit über den gesamten Bereitstellungszeitraum. Dies ist die logische Konsequenz des Dauerschuldcharakters bei dauerhafter Bereitstellung.

hemmer-Methode: Bei Dauerschuldverhältnissen gibt es naturgemäß keinen Gefahrübergang.
Auch im Mietrecht finden die Mängelrechte Anwendung, wenn ein Mangel nach der Überlassung der Mietsache aufgetreten ist, da der Vermieter dauerhaft die Mietsache instand zu halten hat, § 535 I S. 2 BGB.
Die Mängelrechte kommen im Mietrecht zwar erst nach der Überlassung der Mietsache zur Anwendung (vgl. Wortlaut des § 536 I BGB). Wenn Sie die Überlassung der Mietsache allerdings als Gefahrübergang bezeichnen, wäre dies ein erheblicher Verständnisfehler, weil es einen Gefahrübergang im Mietrecht nicht gibt!

1. Subjektive Anforderungen, § 327e I S. 1 Var. 1, II BGB

Subjektive Anforderungen

§ 327e I S. 1 Var. 1, II BGB normiert die subjektiven Anforderungen an das digitale Produkt. In weiten Teilen deckt sich die Vorschrift mit der kaufrechtlichen Vorschrift, § 434 I Var.1, II BGB.

82

Beschaffenheit wie in § 434 II S. 1 Nr. 1 BGB zu verstehen

Der Begriff der Beschaffenheit soll in Anlehnung an das Kaufrecht verstanden werden. Davon sind alle Merkmale des digitalen Produkts erfasst, die ihm selbst anhaften oder sich aus seiner Beziehung zur Umwelt ergeben. Auch hier sind ausdrückliche und konkludente Vereinbarungen denkbar.

In § 327e II S. 2 bis 4 BGB finden sich Legaldefinitionen der Begriffe „Funktionalität", „Kompatibilität" und „Interoperabilität".[99]

hemmer-Methode: Wie sich aus dem Vergleich von § 327e II Nr. 1a) BGB und § 327e III Nr. 2 BGB ergibt, wird - anders als bei der Funktionalität und der Kompatibilität - die Interoperabilität nur im Rahmen der subjektiven Anforderungen relevant.

---

[99] **Hinweis:** Die **Funktionalität** stellt auf die Funktionsweise der digitalen Produkte selbst ab.
Kompatibilität und **Interoperabilität** betreffen das Funktionieren der digitalen Produkte im Verbund mit anderer Hard- und Software. Dabei wird unterschieden zwischen Hard- und Softwareprodukten, welche in der Regel gemeinsam mit den digitalen Produkten genutzt werden (betrifft die *Kompatibilität*) und solchen Hard- und Softwareprodukten, bei denen dies nicht der Fall ist (betrifft die *Interoperabilität*).

Wenn nicht ohnehin eine Verpflichtung zur dauerhaften Bereitstellung besteht (vgl. § 327e I S. 3 BGB für den Fall von Dauerschuldverhältnissen), kann auch bei Kaufverträgen über die Vereinbarung einer Aktualisierungspflicht eine Haftung über den Zeitpunkt der Bereitstellung hinausgehen, § 327e II S. 1 Nr. 3 BGB.

2. Objektive Anforderungen, § 327e I S. 1 Var. 2, III BGB

Objektive Anforderungen

§ 327e I S. 1 Var. 2, III BGB normiert die subjektiven Anforderungen an das digitale Produkt. In weiten Teilen deckt sich die Vorschrift mit der kaufrechtlichen Vorschrift, § 434 I Var. 2, III BGB.

83

Die „*Zugänglichkeit*" nach § 327e III S. 1 Nr. 2 BGB betrifft die Pflicht des Unternehmers, die Zugriffsmöglichkeiten auf das digitale Produkt (insbesondere bei digitalen Dienstleistungen) sicherzustellen.

Die „*Kontinuität*" bezieht sich auf die Pflicht des Unternehmers, dafür Sorge zu tragen, dass die Funktionen des digitalen Produkts dauerhaft und ohne Unterbrechungen zur Verfügung stehen.

§ 327e III S. 1 Nr. 3 BGB bezieht auch den Inhalt von Testversionen und Voranzeigen insoweit in die objektiven Anforderungen mit ein, als das digitale Produkt auch der Beschaffenheit einer vor Vertragsschluss zur Verfügung gestellten Testversion oder Voranzeige entsprechen muss.

Bzgl. der in § 327e III S. 1 Nr. 3 BGB erwähnten Testversion ist Voraussetzung die Zurverfügungstellung vor Vertragsschluss. Auch kann die Nr. 3 nur bezogen auf die Eigenschaften des digitalen Produkts herangezogen werden, die auch bei der Testversion vorhanden waren.

Daraus ergibt sich im Umkehrschluss allerdings nicht, dass nicht weitere Merkmale i.S.d. § 327e III S. 1 Nr. 1 und 2 BGB zur geschützten Erwartungshaltung des Verbrauchers gehören können. Die Testversion beschreibt also nicht die „Maximalanforderungen" an das digitale Produkt!

hemmer-Methode: Für das Fehlen von Eigenschaften der Testversion selbst haftet der Unternehmer allerdings nicht, wenn die Voraussetzungen des § 327h BGB gewahrt sind.

§ 327e III S. 1 Nr. 4 BGB betrifft die objektiven Anforderungen an Zubehör und Anleitungen für das digitale Produkt. § 327e III S. 1 Nr. 4 BGB stellt wie § 327e III S. 1 Nr. 2 BGB ausdrücklich darauf ab, was der Verbraucher erwarten kann, und bestimmt sich nach objektiven Kriterien.

Insbesondere Aktualisierungspflicht, §§ 327e III S. 1 Nr. 5, 327f BGB

Auch bei fehlender Vereinbarung besteht eine Aktualisierungspflicht gem. **§ 327e III S. 1 Nr. 5 BGB** i.V.m. **§ 327f BGB**.

83a

Die Besonderheit besteht darin, dass von einer Haftung dafür abgewichen werden kann, allerdings nur unter den Voraussetzungen des § 327h BGB. Selbst wenn eine Vereinbarung besteht, darf diese eben nicht einfach hinter dem Maßstab des § 327f BGB zurückbleiben, wenn die Voraussetzungen des § 327h BGB nicht gewahrt sind! Zusätzlich ist zu beachten, dass § 327f BGB nur einen Mindestschutz enthalten soll (insbesondere für Sicherheitsaktualisierungen, vgl. § 327f I S. 2 BGB), d.h. der subjektive Mangelbegriff kann natürlich weit über das hinausgehen, was vom Schutz des § 327f BGB erfasst ist.

So ist insbesondere die Beurteilung des Bereitstellungszeitraums problematisch, wenn es nicht um eine Verpflichtung zur dauerhaften Bereitstellung geht (§ 327f I S. 3 Nr. 1 BGB), vgl. § 327f I S. 3 Nr. 2 BGB.

Länge des Zeitraums?

Die Länge des Zeitraums ist vom Gesetzgeber hier nicht vorgegeben. Die Dauer bestimmt sich nach dem, was der Verbraucher unter Einbeziehung der in § 327f I S. 3 Nr. 2 BGB ausdrücklich erwähnten Aspekte anhand eines objektiven Maßstabs erwarten kann. Dabei kann dieser Zeitraum theoretisch über die Verjährungsfrist der Mängelrechte hinausreichen, was sich aus einem Umkehrschluss aus § 327j III BGB ergibt.

Auslegung, insbesondere übliche Nutzungsdauer der Sache als Indikator

Wenn das digitale Produkt in einer Sache enthalten oder mit dieser verbunden ist, hat die übliche Nutzungs- und Verwendungsdauer der Sache einen maßgeblichen Einfluss auf die Dauer des Zeitraums, für den der Verbraucher berechtigterweise Aktualisierungen erwarten kann.

Ausschluss der Haftung bei fehlender Aktualisierung

Wenn der Unternehmer eine Aktualisierung bereitstellt, diese aber vom Verbraucher nicht installiert wird, soll eine Haftung für darauf zurückzuführende (!) Produktmängel beim kumulativen (!) Vorliegen folgender Voraussetzungen gem. § 327f II BGB wieder entfallen:

§ 327f II Nr. 1 BGB

(1) Der Unternehmer muss den Verbraucher nicht nur über die Verfügbarkeit der Aktualisierung, sondern auch über die Folge einer unterlassenen Installation informiert haben, § 327f II Nr. 1 BGB. Damit sind insbesondere Auswirkungen auf die Funktion des digitalen Produkts gemeint.

Richtschnur: Je gravierender die Auswirkungen, desto höhere Anforderungen wird man an die Wahrung der Informationspflicht zu stellen haben.

§ 327f II Nr. 2 BGB

(2) Zudem darf die nicht bzw. nicht sachgerecht ausgeführte Installation nicht darauf zurückzuführen sein, dass die Anleitung zur Installation mangelhaft war, § 327f II Nr. 2 BGB.

hemmer-Methode: Machen Sie sich klar, dass es hier um Fälle geht, in denen die Installation durch den Unternehmer nicht vereinbart wurde! Sofern der Unternehmer die Installation selbst schuldet, ist er bei Produktfehlern, die auf einer nicht ordnungsgemäßen Installation basieren, schon wegen Nichterfüllung der subjektiven Anforderungen gem. § 327e II S. 1 Nr. 2 BGB verantwortlich, was dann konsequenterweise auch für Aktualisierungen gilt.
Sofern eine „Integration" digitaler Produkte vereinbart wurde, richtet sich die Haftung bei fehlerhafter Integration nach § 327e IV S. 1 BGB!

§ 327e III S. 1 Nr. 6 BGB

§ 327e III S. 1 Nr. 6 BGB sieht vor, dass das digitale Produkt grundsätzlich in der neuesten Version bereitgestellt werden muss. Eine hiervon abweichende vertragliche Bestimmung der bereitzustellenden Version ist jedoch - anders als bei den anderen Nummern - ohne Beachtung der in § 327h BGB vorgesehenen Anforderungen möglich. Die bloße Bezeichnung einer Version (zum Beispiel mit einer Versionsnummer) genügt hierfür jedoch nicht. Den Unternehmer trifft die Beweislast.

3. Anforderungen an die Integration, § 327e I S. 1 Var. 3, IV BGB

§ 327e I S. 1 Var. 3, IV BGB

Gem. § 327e I S. 1 Var. 3, IV BGB gehört zu den Anforderungen an die Mangelfreiheit auch, dass das digitale Produkt den Anforderungen an die Integration entspricht. Diese Regelung entspricht der Vorschrift des § 434 IV BGB bei einer durchzuführenden Montage.

84

Die Anforderungen an die Integration werden in § 327e IV S. 2 BGB definiert. Wie sich aus der Legaldefinition ergibt, liegt eine sachgemäße Integration vor, wenn das zu integrierende digitale Produkt nach der Integration die Anforderungen nach § 327d BGB erfüllt.

Die Haftung entfällt, wenn die Integration sachgemäß durchgeführt wurde, § 327e IV S. 1 Nr. 1 BGB, oder (!) zwar unsachgemäß durchgeführt worden ist, dies jedoch weder auf einer unsachgemäßen Integration durch den Unternehmer noch auf einem Mangel in der vom Unternehmer bereitgestellten Anleitung beruht, § 327e IV S. 1 Nr. 2 BGB. Es ergibt sich aus dieser Formulierung, dass bei Nr. 1 der Unternehmer die Integration durchgeführt haben muss und bei Nr. 2 gerade der Verbraucher (ohne eine von ihm beauftragte Hilfsperson).

II. Rechtsmangel, § 327g BGB

Rechtsmangel, § 327g BGB

Gem. § 327d BGB muss der Unternehmer das digitale Produkt auch frei von Rechtsmängeln zur Verfügung stellen. § 327g BGB definiert den Begriff des Rechtsmangels.

85

Rechtsmängel spielen im Zusammenhang mit dem Vertrieb von digitalen Produkten eine bedeutende Rolle, da ein Großteil der Produkte durch Immaterialgüterrechte (z.B. Urheberrechte) geschützt ist.

§ 327g BGB stellt klar, dass Nutzungseinschränkungen im Rahmen der von § 327e II und III BGB aufgelisteten subjektiven und objektiven Anforderungen auch dann zur Vertragswidrigkeit führen, wenn sie sich aus der Verletzung von Rechten Dritter ergeben.

Denkbar insbesondere die Rechts-folge Schadensersatz

Relevante Mängelrechte können sich etwa dann ergeben, wenn der Verbraucher im Hinblick auf die Nutzung des digitalen Produkts an den Dritten Schadensersatz zu leisten hat, oder etwa dann, wenn er sich von dem Dritten eine Lizenz beschaffen musste, um das digitale Produkt den Anforderungen des § 327e II und III BGB entsprechend nutzen zu können.

III. Anforderungen an abweichende Vereinbarungen über Produktmerkmale, § 327h BGB

Wie oben bereits erwähnt, kann gem. § 327h BGB sowohl von bestimmten objektiven Anforderungen als auch hinsichtlich des Vorliegens von Rechtsmängeln gem. § 327g BGB nur abgewichen werden, wenn der Verbraucher **vor** Abgabe seiner Vertragserklärung eigens davon **in Kenntnis gesetzt** wurde, dass ein **bestimmtes Merkmal** des digitalen Produkts **von diesen objektiven Anforderungen** abweicht, **und** diese **Abweichung ausdrücklich und gesondert vereinbart** wurde.

86

hemmer-Methode: Kommentieren Sie sich § 327h BGB - soweit die Prüfungsordnung Ihres Bundeslandes Kommentierungen des Gesetzes zulässt - an den Rand von §§ 372e III, 327f I und § 312g BGB!

Die Auflistung erfasst nicht § 327e III S. 1 Nr. 6 BGB, was nicht so verstanden werden darf, dass von dieser Nummer gar nicht, sondern ohne Beachtung der normierten Voraussetzungen abgewichen werden kann.

Bei Fehlen subjektiver Anforderungen nicht denkbar

hemmer-Methode: Denklogisch kann eine entsprechende Vereinbarung ohnehin nur im Falle der objektiven Anforderungen an die Mangelfreiheit des digitalen Produkts in Betracht kommen. Es wäre ein Fall widersprüchlichen Verhaltens, wenn der Unternehmer zunächst mit dem Verbraucher eine bestimmte Beschaffenheit vereinbart, und sodann den Anforderungen des § 327h BGB entsprechend darauf hinweisen würde, dass die Beschaffenheit nun doch nicht vorliegen soll. Negative Beschaffenheitsvereinbarungen kommen hier daher nicht in Betracht!

Die Wahrung der Anforderungen des § 327h BGB kann etwa dadurch geschehen, dass ein bestimmtes Kästchen vom Verbraucher angeklickt wird.

Vorangekreuzte Kästchen, deren Aktivierung durch den Verbraucher aufgehoben werden muss, genügen nach der Gesetzesbegründung aber nicht! Ebenso genügt keine Untätigkeit oder eine Regelung in Allgemeinen Geschäftsbedingungen.

hemmer-Methode: Merken Sie etwas? Die Rechtslage ähnelt jener bei § 476 I S. 2 BGB! Der Verbraucherschutz läuft zwar über andere Vorschriften, inhaltlich kommt man in vielen Bereichen aber zu identischen Ergebnissen!

Bei „Vor-Ort"-Verträgen empfiehlt sich aus Sicht des Unternehmers, den Verbraucher auf einem gesonderten Formular bestätigen zu lassen, dass er vor Vertragsschluss über die Abweichung informiert wurde, und zudem im Vertragsformular an gesonderter Stelle ebenfalls durch Unterschrift den Ausschluss selbst bestätigen zu lassen. Denn die Beweislast für die Wahrung der Anforderungen des § 327h BGB trägt der Unternehmer.

hemmer-Methode: Mancher Leser ist möglicherweise verwundert, warum der Verbraucher auf diese Weise geschützt werden muss. Wenn er doch bei Vertragsschluss einen Mangel kennt (und ein solcher läge ja vor, wenn er von der Abweichung von objektiven Anforderungen weiß) und sodann trotzdem den Vertrag schließt, wäre doch im „normalen" Mängelrecht ohnehin die Haftung ausgeschlossen, vgl. §§ 442 I S. 1, 536b S. 1 BGB.
Eine vergleichbare Regelung existiert in §§ 327 ff. BGB jedoch nicht. Sie würde auch die Vorgaben der Digitale-Inhalte-Richtlinie aushebeln, die eben durch § 327h BGB umgesetzt wurden.
Auch im Anwendungsbereich der Warenkaufrichtlinie ist § 442 BGB nicht anwendbar, vgl. § 475 III S. 2 BGB.

IV. Beweislastumkehr, § 327k BGB

Sofern der Verbraucher nicht in der Lage ist, das Vorliegen eines Mangels zu dem für die Haftung relevanten Zeitpunkt nachzuweisen, hilft ihm der Gesetzgeber mit der Regelung des § 327k BGB. Dieser ist in Teilen dem § 477 BGB aus dem Verbrauchsgüterkauf nachgebildet.

87

Eine exakte Entsprechung besteht allerdings aus verschiedenen Gründen nicht: Zum einen unterfallen – wie bereits mehrfach erwähnt – nicht nur Kaufverträge dem Anwendungsbereich der §§ 327 ff. BGB, sondern auch andere Verträge, durch die digitale Produkte überlassen werden (wie z.B. der Mietvertrag). Zum anderen liegt eine bereits oben beschriebene Besonderheit darin, dass über den Zeitpunkt der Bereitstellung hinaus Aktualisierungspflichten bestehen, d.h. die Fixierung eines konkreten Zeitpunkts, auf den man für die Beweislastumkehr wie bei § 477 BGB abzustellen hätte, ist in diesem Bereich nicht möglich.

> **hemmer-Methode:** Daher hat sich der Gesetzgeber dazu entschlossen, nicht auf § 477 BGB Bezug zu nehmen (und sodann Modifikationen vorzunehmen), sondern eine eigenständige Regelung zu konzipieren.

1. § 327k I BGB: Austauschvertrag

z.B. Kaufvertrag

Handelt es sich bei dem Vertrag, durch den das digitale Produkt zur Verfügung gestellt wird, um einen Austauschvertrag, wird durch § 327k I BGB vermutet, dass das digitale Produkt bei einem von §§ 327e, 327g BGB abweichenden Zustand, der sich innerhalb eines Jahres nach der Bereitstellung zeigt, bereits zum Zeitpunkt der Bereitstellung mangelhaft war.

88

> **hemmer-Methode:** Diese Regelung entspricht § 477 I S. 1 BGB.

2. § 327k II BGB: Dauerhafte Bereitstellung

z.B. Mietvertrag

Erfolgt die Bereitstellung im Rahmen eines Dauerschuldverhältnisses (z.B. Miete), richtet sich die Beurteilung der Mangelfreiheit nicht nach dem Zeitpunkt der (erstmaligen) Bereitstellung, vgl. § 327e I S. 3 BGB.

89

Daher wäre eine auf ein Jahr begrenzte Vermutungswirkung nicht interessengerecht, wenn die Laufzeit des Vertrags ein Jahr übersteigt. Daher wird für diese Fälle in § 327k II BGB sozusagen eine „Dauervermutung" für die Zeit der Bereitstellung geschaffen, die aber tatsächlich ab dem Zeitpunkt der Bereitstellung greift.

> **Bsp.:** *M mietet einen Computer von Händler V für die Dauer von zwei Jahren. Auf dem Computer ist eine Spielesoftware installiert. Nach 13 Monaten moniert M gegenüber V, dass sich die Software stets „aufhänge", wenn er das Spiel startet. Was die Ursache dafür ist und ob diese Ursache bereits bei Überlassung vorhanden war, lässt sich nicht klären. M verlangt Nacherfüllung.*

Ein Anspruch auf Nacherfüllung könnte sich aus §§ 327i Nr. 1, 327l BGB ergeben. Dann müssten diese Vorschriften anwendbar sein und die Software (digitales Produkt) müsste mangelhaft sein.

Anwendungsbereich eröffnet

Bei der Computersoftware handelt es sich um einen digitalen Inhalt i.S.d. § 327 I BGB, der im Rahmen eines Verbrauchervertrags bereitgestellt wurde. Da kein Fall des § 327 VI BGB vorliegt, sind die Vorschriften über digitale Inhalte anwendbar. Daran ändert auch der Umstand nichts, dass nicht nur die Software gemietet wurde, sondern ein Computer, der die Software beinhaltet, da gem. § 327a II BGB auch in diesem Fall die entsprechenden Normen anwendbar sind, soweit es um die Computersoftware (und nicht um Mängel am Computer selbst!) geht.

Dass die Software sich nicht aufhängt, gehört zu den objektiven Anforderungen an die Mangelfreiheit, § 327e I S. 1 Var. 2, III Nr. 2 BGB.

Problematisch ist allerdings, dass laut Sachverhalt die Ursache dafür nicht geklärt werden kann. Theoretisch könnte ein Softwarefehler, aber auch ein Bedienfehler des M in Betracht kommen. Auch eine fehlerhafte Installation durch V ist nicht auszuschließen.

Grundsätzlich muss derjenige, der Rechte geltend macht, das Vorliegen der Voraussetzungen des jeweiligen Tatbestandes, aus dem sich das geltend gemachte Recht ergibt, beweisen. Dazu würde grundsätzlich auch die fehlende Mangelfreiheit gehören.

Möglicherweise greift zugunsten des M die Beweislastumkehr gem. § 327k BGB ein.

Dessen Absatz 1 würde dem M vorliegend nicht helfen, da sich die Vertragswidrigkeit erst nach Ablauf eines Jahres nach der Bereitstellung zeigt.

Da es sich vorliegend jedoch um einen Mietvertrag handelt, bei dem der digitale Inhalt dauerhaft zur Verfügung gestellt wird, kommt § 327k II BGB zur Anwendung. Danach wird über den gesamten Bereitstellungszeitraum (also über zwei Jahre Mietzeit im vorliegenden Fall) eine Vermutung dafür aufgestellt, dass bei auftretender Vertragswidrigkeit innerhalb des Bereitstellungszeitraums von einer Mangelhaftigkeit ab der erstmaligen Bereitstellung auszugehen ist.

Die Besonderheit der Vermutungsregelung des § 327k II BGB besteht darin, dass nicht etwa nur bezogen auf den Zeitpunkt der Geltendmachung des Mangels für die Zukunft die Mangelhaftigkeit vermutet wird, sondern für den gesamten Zeitraum der bisherigen Bereitstellung.

hemmer-Methode: Sofern es „lediglich" um den Nacherfüllungsanspruch geht, mag dies nicht sonderlich interessant sein. Möchte M aber für die Vergangenheit mindern, etwa dann, wenn V sich *nicht bereit* erklärt, den Mangel zu beheben, vgl. §§ 327n I S. 1, 327m I Nr. 2 bzw. Nr. 5 BGB, bezieht sich die Minderung bei dauerhafter Bereitstellung auf den gesamten Zeitraum der Mangelhaftigkeit, vgl. § 327n II S. 2 BGB. Und da wegen § 327k II BGB die Mangelhaftigkeit für den Zeitraum zwischen Bereitstellung und Geltendmachung des Mangels vermutet wird, könnte M die Minderung für diese 13 Monate verlangen. Das erscheint gerade bei fehlender Beeinträchtigung der Gebrauchstauglichkeit unbillig. Allerdings kann dies bei der gem. § 327n II S. 1, 2 BGB zu ermittelnden Minderungshöhe berücksichtigt werden.[100]

Ergebnis: Ein Anspruch auf Nacherfüllung aus §§ 327i Nr. 1, 327l BGB besteht daher.

3. Ausschluss der Vermutungswirkung, § 327k III, IV BGB

Keine Vermutung im Falle des § 327k III BGB

Die Vermutungswirkung belastet den Unternehmer stark. Daher muss es ihm möglich sein, die Vermutung zu entkräften. Möglicherweise sind die Probleme auch auf die sog. „digitale Umgebung" beim Verbraucher zurückzuführen, vgl. § 327e IV S. 3 BGB.

So könnte eine (grundsätzlich mangelfreie) Software, die ein Unternehmer verkauft hat, ggfs. nur deshalb nicht funktionieren, weil es Kompatibilitätsprobleme mit dem vom Verbraucher benutzten Betriebssystem gibt.

Kann der Unternehmer das beweisen (§ 327k III Nr. 1 BGB), und hat er den Verbraucher vor Vertragsschluss klar und verständlich über die Kompatibilität mit dem erforderlichen digitalen Umfeld des Verbrauchers informiert (§ 327k IV Nr. 1 BGB), gilt die Beweislastumkehr nicht!

Verstoß des Verbrauchers gegen Mitwirkungsobliegenheit führt zum Verlust der Beweislastumkehr, vgl. § 327k III Nr. 2 BGB

Praktisch wird der Unternehmer den Nachweis jedoch nur führen können, wenn er Zugriff auf die digitale Umgebung des Verbrauchers bekommt. Der Gesetzgeber hat in diesem Zusammenhang zwar keine Mitwirkungs*pflicht* des Verbrauchers geregelt.[101]

90

---

[100]   Sofern der Unternehmer den Mangel unverzüglich behebt, stellt sich bei dauerhafter Bereitstellung die Frage, ob für die Vergangenheit gemindert werden kann. Dies wird man unter Bezugnahme auf § 327m I Nr. 1 BGB bejahen müssen, weil die Behebung des Mangels für die Vergangenheit unmöglich i.S.v. § 327l II S. 1 Alt. 1 BGB ist, so dass insoweit die Minderungsvoraussetzungen vorliegen.

[101]   Anders als im Kaufrecht, vgl. § 438 V BGB, Rn. 45.

Gleichwohl ist eine unterlassene Mitwirkung zumindest als Obliegenheitsverletzung anzusehen, die gem. § 327k III Nr. 2 BGB zum Verlust der Beweislastumkehr führen kann, wenn wiederum zuvor auf diese Obliegenheit hingewiesen wurde, § 327k IV Nr. 2 BGB.

Voraussetzung ist aber wiederum, dass der Unternehmer ein technisches Hilfsmittel einsetzen wollte, welches für den Verbraucher den geringsten Eingriff darstellt. Wählt der Unternehmer ein anderes Mittel, muss sich der Verbraucher darauf nicht einlassen und verliert den Vorteil der Beweislastumkehr nach den Absätzen 1 und 2 nicht.

Ein akzeptables Hilfsmittel wäre jedenfalls der Einsatz automatisierter Fehlermeldungen, die dem Unternehmer zur Verfügung gestellt werden, um die Ursache für die aufgetretenen Probleme zu ermitteln.

Ob auch eine sog. Fernwartung akzeptabel ist (z.B. über den „Teamviewer"), wird davon abhängen, ob der Verbraucher berechtigte Sicherheitsbedenken äußert bzw. Datenschutzverstöße drohen. Ob das der Fall ist, müsste im Sachverhalt einer Klausur jedoch mitgeteilt werden.

V. Die einzelnen Mängelrechte, § 327i BGB

Wie im Kaufrecht (§ 437 BGB) und im Werkvertragsrecht (§ 634 BGB) erfolgt in § 327i BGB zunächst eine Aufzählung der denkbaren Mängelrechte bei fehlender Mangelfreiheit. Dabei ist zunächst irrelevant, ob es sich um einen Sach- oder Rechtsmangel handelt.

92

Wie bei § 437 BGB ergibt sich aus der Nummerierung selbst keine zwingende Reihenfolge, in der die Rechte zu prüfen sind. Zwar gilt auch hier ein Vorrang der Nacherfüllung. Das ergibt sich aber erst aus den Vorschriften zur Vertragsbeendigung bzw. zum Schadensersatz, die grundsätzlich danach verlangen, dass zunächst Nacherfüllung verlangt wurde.

Sie müssen gleichwohl in der Klausur stets das Mängelrecht prüfen, nach dem gefragt wird. Wird z.B. nach einer wirksamen Vertragsbeendigung gefragt, sind Einleitungssätze wie „Der Gläubiger müsste erst einmal Nacherfüllung verlangen" nichtssagend und nerven den Korrektor!

Die denkbaren Mängelrechte sind:

⇨ Nacherfüllung, §§ 327i Nr. 1, 327l BGB

⇨ Vertragsbeendigung, §§ 327i Nr. 2 Alt. 1, 327m I, II, IV, V BGB

⇨ Minderung, §§ 327i Nr. 2 Alt. 2, 327n BGB

⇨ Schadensersatz neben der Leistung, §§ 327i Nr. 3 Var. 1, 280 I BGB

⇨ Schadensersatz statt der Leistung, §§ 327i Nr. 3, Var. 2, 327m III BGB

⇨ Aufwendungsersatz, §§ 327i Nr. 3 Var. 3, 284 BGB

Anmerkung: Im Grunde genommen deckt sich die Aufzählung mit jener in § 437 BGB.
Besonderheiten bestehen einmal begrifflich: In § 327i Nr. 2 Alt. 1 BGB ist die Rede von der Vertragsbeendigung. Da den §§ 327 ff. BGB eben nicht nur Austauschverträge, sondern auch Dauerschuldverhältnisse unterfallen, passt weder der Begriff „Rücktritt" noch jener der „Kündigung".

Hinsichtlich des Schadensersatzanspruchs besteht quasi eine Aufspaltung: Während hinsichtlich des Ersatzes von Begleitschäden auf § 280 I BGB abgestellt wird, wird mit § 327m III BGB für Schadensersatz statt der Leistung eine eigenständige Anspruchsgrundlage zur Verfügung gestellt.

Dort wird zwar sodann wieder auf § 281 BGB Bezug genommen, allerdings mit erheblichen Modifikationen.

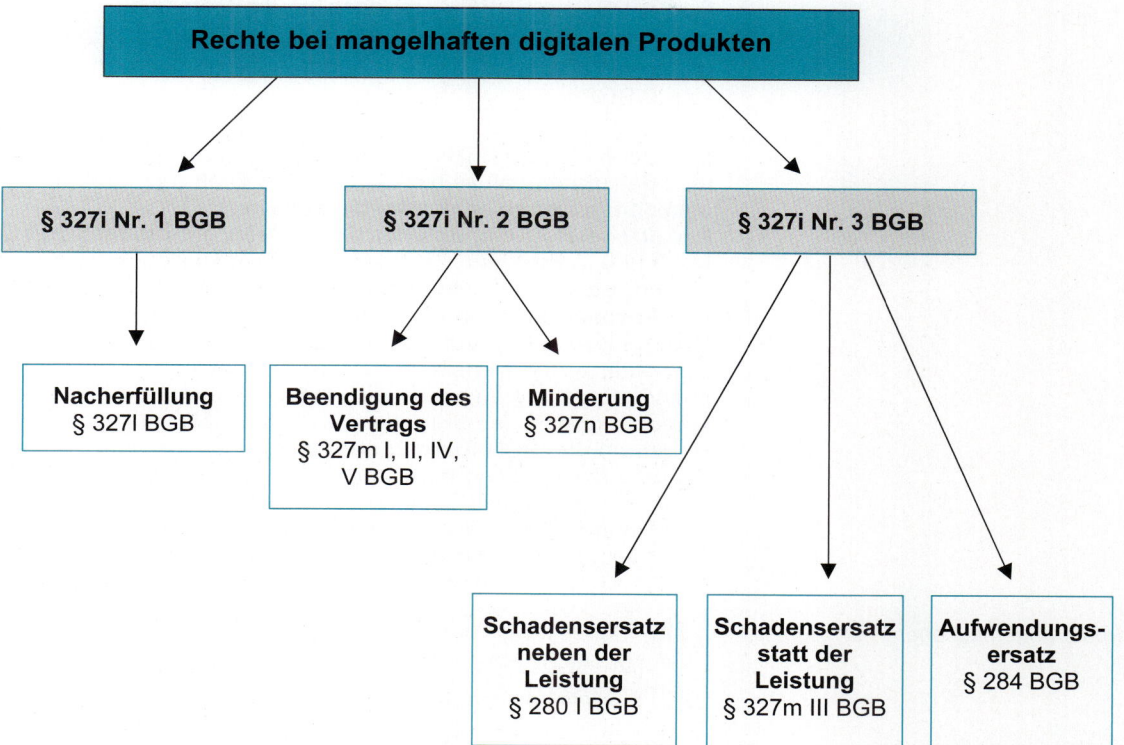

1. Der Nacherfüllungsanspruch, §§ 327i Nr. 1, 327l BGB

Der Anspruch aus §§ 327i Nr. 1, 327l BGB ist darauf gerichtet, dass der Unternehmer den vertragsmäßigen Zustand herstellt.

Unternehmer entscheidet über Art und Weise der Behebung

Anders als im Kaufrecht differenziert § 327l I BGB nicht zwischen verschiedenen Möglichkeiten zur Beseitigung eines Mangels. Wie der Unternehmer die Vertragsmäßigkeit herstellt, wird ihm überlassen. Im Gegensatz zur Verpflichtung nach § 439 BGB hat der Unternehmer die freie Wahl der Mittel, um seine Verpflichtung zur Herstellung der Vertragsmäßigkeit zu erfüllen.

> *Beispiel (Rn. 89):* So kann sich der Unternehmer in obigem Softwarebeispiel überlegen, ob eine Fehlerbehebung mit zeitlich überschaubarem Aufwand möglich ist oder ob er einfach die Software erneut bereitstellt.

Unentgeltlich und ohne erhebliche Unannehmlichkeiten

Die Nacherfüllung muss für den Verbraucher unentgeltlich erfolgen. Im Verhältnis zum Verbraucher hat der Unternehmer die ihm entstehenden Aufwendungen allein zu tragen.

Das sind insbesondere Arbeits- und Fahrtkosten. Da die Nacherfüllung auch ohne erhebliche Unannehmlichkeiten für den Verbraucher erfolgen muss, wird man dem Unternehmer auch abverlangen können, dass er das digitale Produkt ggfs. auch beim Verbraucher installiert, sich also z.B. nicht darauf beschränkt, dem Verbraucher die neue Software auf einem Datenträger erneut bereitzustellen.

hemmer-Methode: Das ähnelt der Problematik im Kaufrecht hinsichtlich der Übernahme der Ein- und Ausbaukosten (§ 439 III BGB).

93

Sofern sich der Unternehmer im Rahmen des Vertrags auch zur „Integration" verpflichtet hat, gehört zur Nacherfüllung ohnehin die ordnungsgemäße Integration des (nun) mangelfreien digitalen Produkts, vgl. § 327e IV Nr. 1 BGB.

Selbst wenn der Unternehmer dazu nicht verpflichtet gewesen sein sollte, und die Installation mit größerem Aufwand verbunden ist, wird man von einer erheblichen Unannehmlichkeit ausgehen müssen, § 327l I S. 2 a.E. BGB, so dass so die Verpflichtung zur (kostenlosen) Integration abgeleitet werden kann (wenn nicht ausnahmsweise unverhältnismäßige Kosten dabei anfallen würden, § 327l II S. 1 Var. 2 BGB).

hemmer-Methode: Unklar ist, ob der Verbraucher die Installation im zuletzt genannten Fall selbst übernehmen kann und sodann die entsprechenden Aufwendungen erstattet bekommt.
Für diesen Weg hat sich der Gesetzgeber im Kaufrecht entschieden, § 439 III S. 1 BGB. Die Erwägung, die dem zugrunde liegt, ist die, dass es dem Käufer ggfs. nicht zumutbar wäre, in seiner Privatsphäre Ein- und Ausbauleistungen vornehmen zu lassen.
Genau diese Erwägung wird aber erst recht bei der Arbeit am eigenen Computer durch fremde Dritte relevant. Allerdings fehlt eine entsprechende Regelung im neuen Recht. Es bleibt abzuwarten, ob die Rechtsprechung dem Verbraucher auch die Möglichkeit einräumt, sich selbst um die Durchführung der Arbeiten zu kümmern, um sodann Erstattung der Aufwendungen, ggfs. über einen Anspruch auf Schadensersatz, zu verlangen (Schlagwort: Herausforderungsfall).
Problematisch an diesem Ansatz wäre allerdings, dass kein verschuldensunabhängiger Ersatzanspruch bestünde!

Innerhalb angemessener Frist

§ 327l I S. 2 BGB sieht lediglich den Ablauf einer angemessenen Frist vor, nicht aber, dass der Verbraucher diese Frist dem Unternehmer gesetzt haben muss.

Unmöglichkeit der Nacherfüllung

§ 327l II S. 1 Var. 1 BGB sieht vor, dass der Anspruch des Verbrauchers auf Nacherfüllung ausgeschlossen ist, wenn die Herstellung des vertragsgemäßen Zustands unmöglich ist. Unmöglichkeit umfasst sowohl die tatsächliche als auch die rechtliche Unmöglichkeit. Deshalb kann hier auf **§ 275 I BGB** verwiesen werden.

§ 275 II und III BGB finden hingegen keine Anwendung. Die Digitale-Inhalte-Richtlinie hat keine entsprechenden Tatbestände normiert, so dass es der Idee der Vollharmonisierung entgegenliefe, wenn gleichwohl auf diese Fälle der Unmöglichkeit Bezug genommen werden würde.

hemmer-Methode: Die fehlende Anwendbarkeit von § 275 II und II BGB hat keine bedeutende Relevanz. § 275 II BGB hat ohnehin keine eigenständige Bedeutung, weil an die Verweigerung der Nacherfüllung wegen unverhältnismäßiger Kosten nach § 327l II S. 1 BGB geringere Anforderungen zu stellen sind als an § 275 II BGB.
§ 275 III BGB setzt eine Verpflichtung zur persönlichen Leistungserbringung voraus, die ohnehin kaum relevant sein wird, wenn es um die Bereitstellung digitaler Produkte geht!

Unverhältnismäßige Kosten

Hinsichtlich der Unverhältnismäßigkeit der Kosten gibt es keine relative Unverhältnismäßigkeit, da ohnehin der Unternehmer zu entscheiden hat, wie er den Mangel behebt.

In die Beurteilung der Frage, wann nach § 327l II S. 1 BGB die Nacherfüllung für den Unternehmer nur mit unverhältnismäßigen Kosten verbunden ist, sind nach § 327l II S. 2 BGB der Wert des digitalen Produkts in mangelfreiem Zustand sowie die Bedeutung des Mangels miteinzubeziehen.[102] Für die Auslegung kann auf die zu § 439 IV BGB ergangene Rechtsprechung zurückgegriffen werden.

102   Vgl. auch Wendehorst, NJW 2021, 2913 (2918).

Liegen die Voraussetzungen vor, ist der Anspruch auf Nacherfüllung ausgeschlossen. Es kommt für diese Rechtsfolge nur auf das Vorliegen der entsprechenden Voraussetzungen an, der Unternehmer muss die Nacherfüllung nicht unter Berufen auf das Vorliegen dieser Voraussetzungen verweigert haben!

In diesem Fall stehen dem Verbraucher dann die Sekundärrechte zu, vgl. § 327m I Nr. 1, III BGB.

hemmer-Methode: Kommentieren Sie sich - soweit die Prüfungsordnung Ihres Bundeslandes Kommentierungen des Gesetzes zulässt - § 327m I Nr. 1, III BGB an den Rand von § 327l II S. 1 BGB.

2. Die Vertragsbeendigung, §§ 327i Nr. 2 Var. 1, 327m I, II, IV und V BGB

Begriff der Vertragsbeendigung

Der Begriff der Vertragsbeendigung wurde bislang im BGB nicht verwendet. Man könnte ihn als Oberbegriff für die Rechte benutzen, die auf die Beendigung ausgerichtet sind (Kündigung, Rücktritt).

94

Im Rahmen des § 327m I BGB wurde dieser Oberbegriff benutzt, da die Bereitstellung von Daten – wie bereits erwähnt – nicht nur im Rahmen von Austauschverträgen, sondern auch im Rahmen von Dauerschuldverhältnissen erfolgen kann. Mit dem Begriff erspart sich der Gesetzgeber eine Formulierung wie z.B. „Rücktritt bzw. Kündigung".

Hinsichtlich der Rechtsfolgen einer wirksamen Beendigungserklärung muss gleichwohl differenziert werden zwischen einer einmaligen und einer dauerhaften Bereitstellung (dazu später).

a) Voraussetzungen

6 Tatbestände

§ 327m I BGB normiert für den Fall der Mangelhaftigkeit in Nr. 1 bis Nr. 6 sechs Fälle, in denen eine Beendigung des Vertrags unter Beachtung der Formalitäten des § 327o BGB erfolgen kann.

hemmer-Methode: Sie dürfen die Gesetzesstruktur nicht mit § 323 I BGB verwechseln. Dort wird in Absatz 1 das grundsätzliche Fristsetzungserfordernis normiert, Absatz 2 regelt sodann Fälle der Entbehrlichkeit der Fristsetzung. Im Bereich der digitalen Produkte wird die „angemessene Frist" bereits im Rahmen der Nacherfüllung erwähnt, worauf sodann in § 327m I BGB Bezug genommen wird. Sie dürfen also die Nummern 1 bis 6 nicht *alle* als Fälle der Entbehrlichkeit der Fristsetzung missverstehen. Gerade Nummer 2 bildet letztlich den Regelfall des fruchtlosen Fristablaufs.

Unmögliche Nacherfüllung bzw. unverhältnismäßige Kosten

§ 327m I Nr. 1 BGB verweist auf die beiden Konstellationen des § 327l II BGB. Für den Fall der unverhältnismäßigen Kosten wird es dem Verbraucher jedoch an einer Einschätzungsmöglichkeit hinsichtlich der Höhe der Kosten fehlen, so dass er wohl erst dann den Rücktritt erklären wird, wenn der Unternehmer sich auf diesen Ausschlussgrund für die Nacherfüllung beruft.

Nicht fristgerechte Nacherfüllung

§ 327m I Nr. 2 BGB knüpft an die Nichterfüllung der Verpflichtung aus § 327l I BGB an. Da nach § 327l I S. 2 BGB eine Nacherfüllung nicht unverzüglich, sondern innerhalb angemessener Frist zu erfolgen hat, ergibt sich aus der Verweisung, dass die Beendigung erst bei erfolglosem Ablauf jener Frist erfolgen kann.

Erfolglose Nacherfüllung

§ 327m I Nr. 3 BGB betrifft den erfolglosen Versuch der Mängelbeseitigung durch den Unternehmer. Anders als in der Variante des „Fehlschlagens" im Rahmen des Kaufrechts, § 440 S. 1 Var. 2 BGB, genügt ein einmaliger erfolgloser Versuch.

Es genügt jedweder, also auch ein anderer als der ursprüngliche Mangel, um die Möglichkeit zur Vertragsbeendigung zu eröffnen. In diesem Fall soll der Verbraucher nicht auf einen weiteren Nacherfüllungsversuch verwiesen werden, weil davon auszugehen ist, dass sein Vertrauen in den Unternehmer erschüttert ist.

Erfasst werden damit zum einen erfolglose Nacherfüllungsversuche durch den Unternehmer hinsichtlich des durch den Verbraucher geltend gemachten Mangels, zum anderen jedoch auch hinsichtlich des geltend gemachten Mangels erfolgreiche Nacherfüllungsversuche, wenn sich danach ein anderer Mangel zeigt.

Schwerwiegender Mangel

Unabhängig vom Ablauf einer angemessenen Frist soll die sofortige Vertragsbeendigung erfolgen können, wenn es sich um einen schwerwiegenden Mangel handelt, § 327m I Nr. 4 BGB.

Die Beurteilung, ob ein Mangel derart schwerwiegend ist, dass die sofortige Vertragsbeendigung gerechtfertigt ist, wird eine Abwägung der widerstreitenden Interessen von Verbraucher und Unternehmer im Einzelfall nach sich ziehen.

Die Richtlinie nennt als Beispiel die Bereitstellung einer „virenbefallenen Antivirensoftware". In der Tat wird man in einem solchen Fall davon ausgehen müssen, dass dem Verbraucher eine Nacherfüllung durch den Unternehmer nicht mehr zugemutet werden kann.

„Ernsthafte und endgültige Erfüllungsverweigerung"

§ 327m I Nr. 5 BGB nennt die Verweigerung der Nacherfüllung als weiteren Grund für die Vertragsbeendigung. Nach der Gesetzesbegründung soll es nicht darauf ankommen, ob die Verweigerung berechtigt ist oder nicht.

Das will nicht recht einleuchten, denn für den Fall der berechtigten Verweigerung besteht ja bereits der Tatbestand des § 327m I Nr. 1 BGB, denn wenn die Kosten unverhältnismäßig sind, ist der Nacherfüllungsanspruch gem. § 327l II BGB ausgeschlossen, und zwar unabhängig davon, ob eine Verweigerungserklärung des Unternehmers erfolgte oder nicht.

Überzeugend erscheint daher, nur die unberechtigte Verweigerung unter § 327m I Nr. 5 BGB zu subsumieren, denn anders als im Fall des § 327m I Nr. 1 BGB könnte der Verbraucher hier auch auf Nacherfüllung klagen!

Offensichtliches Ausbleiben der Nacherfüllung

Schlussendlich erfasst § 327l Nr. 6 BGB den Fall, dass die Nacherfüllung ganz offensichtlich ausfallen wird. Eine große Relevanz wird dem nicht zukommen, da sich Entsprechendes in der Regel wohl erst nach Aufforderung zur Nacherfüllung zeigen wird und allein die Aufforderung zur Nacherfüllung die angemessene Frist gem. § 327l I S. 2 BGB auslöst, nach deren Ablauf ohnehin § 327m I Nr. 2 BGB einschlägig ist.

Denkbar wäre der Fall, in dem der Verbraucher vor Mitteilung des Mangels an den Unternehmer davon erfährt, dass der Unternehmer die Eröffnung des Insolvenzverfahrens beantragt hat.

b) Ausschluss bei Unerheblichkeit

Unerheblichkeit des Mangels

Nach § 327m II S. 1 BGB ist das Recht des Verbrauchers zur Vertragsbeendigung ausgeschlossen, wenn der Mangel unerheblich ist.

95

Nach § 327m II S. 2 BGB greift die Schwelle der Unerheblichkeit allerdings nicht bei solchen Verträgen, bei denen der Verbraucher ausschließlich im Sinne des § 327 III BGB mit „seinen Daten bezahlt". Anders formuliert: Die Zurverfügungstellung von persönlichen Daten lässt den Mangel stets erheblich erscheinen, auch wenn er bei isolierter Betrachtung nicht erheblich ist.

hemmer-Methode: Im Übrigen würde der Verbraucher auch rechtlos gestellt werden, könnte er den Vertrag bei Zahlung mit Daten nicht beenden, da eine Minderung in diesem Fall denklogisch ausgeschlossen ist (vgl. dazu Rn. 100): Welcher Preis sollte gemindert werden?

c) Besonderheiten in den Fällen der §§ 327a I, II BGB

Besonderheiten bei Paketvertrag, §§ 327a I BGB, 327m IV BGB

§ 327m IV S. 1 BGB enthält - entsprechend der Regelung bei unterbliebener Bereitstellung in § 327c VI BGB - ein besonderes Vertragslösungsrecht für Paketverträge i.S.d. § 327a I BGB.

96

Hierfür ist nach § 327m IV S. 1 BGB erforderlich, dass ein Mangel eines in einem Paketvertrag nach § 327a I BGB enthaltenen digitalen Produkts die Verwendbarkeit der weiteren Bestandteile des Pakets derart beeinträchtigt, dass der Verbraucher an diesen weiteren Leistungen kein Interesse hat.

Für die Auslegung des Begriffs „Interesse" kann auf die Rechtsprechung zum entsprechenden Tatbestandsmerkmal in **§ 323 V S. 1 BGB** zurückgegriffen werden.

hemmer-Methode: Für die Einschlägigkeit der Ausnahmen gem. § 327m IV S. 2 BGB könnte in der Klausur ein entsprechender Hinweis erwartet werden, da das Telekommunikationsgesetz sicherlich nicht zum Prüfungsstoff im Examen gehört.

Besonderheit bei Verträgen über digitale Produkte, §§ 327a II, 327m V BGB

Bei Verbraucherverträgen über digitale Produkte (§ 327a II BGB) räumt § 327m V BGB dem Verbraucher ebenfalls ein besonderes Vertragslösungsrecht ein, welches - nach dem Vorbild von § 327c VII BGB - das Vorliegen der Voraussetzungen für eine Vertragsbeendigung nach § 327m I BGB erfordert.

In diesem Fall kann sich der Verbraucher auch von den anderen Bestandteilen eines Vertrags über eine Sache mit digitalen Produkten lösen, wenn die Sache selbst wegen der Mangelhaftigkeit des digitalen Produkts die Anforderungen an die gewöhnliche Verwendung nicht erfüllt.

hemmer-Methode: Für Kaufverträge über Waren mit digitalen Elementen gilt dies nicht, § 327a III BGB!

Bsp.: Vermietung eines Computers, der mit einem mangelhaften Betriebssystem ausgestattet ist. Gem. § 327a II S. 2 BGB würde die Vertragsbeendigung eigentlich nur das mangelhafte Betriebssystem betreffen. Ohne funktionsfähiges Betriebssystem eignet sich der PC jedoch nicht zur gewöhnlichen Verwendung, so dass sich ein Recht zur Vertragslöslösung hinsichtlich des gesamten Mietvertrags ergibt, § 327m V BGB.

d) Erklärung und Rechtsfolgen

Erklärung: § 327o I BGB

Die Vertragsbeendigung muss gem. § 327o I BGB gegenüber dem Unternehmer erklärt werden. Aus der Formulierung ergibt sich, dass keine speziellen Begrifflichkeiten zu verwenden sind. Es muss sich nach allgemeinen Auslegungsgrundsätzen (§§ 133, 157 BGB) für den Unternehmer aber erkennbar der Wille aus der Erklärung ableiten lassen, sich vom Vertrag lösen zu wollen.

In den Fällen des § 327m IV, V BGB wird man verlangen müssen, dass sich der dortige Umfang der Vertragsloslösung für den Unternehmer erkennen lässt, auch wenn dort nicht ausdrücklich auf § 327o BGB Bezug genommen wird.

Auch eine konkludente Erklärung kann genügen, wobei die bloße, für den Unternehmer sichtbare Deinstallation mangelhafter Software nicht genügen wird, denn der Verbraucher kann in diesem Fall die Deinstallation auch in Vorbereitung einer gewünschten Nacherfüllung vorgenommen haben.

Hinsichtlich der Rechtsfolgen ist zwischen den Fällen der einmaligen und der dauerhaften Bereitstellung digitaler Produkte zu differenzieren.

Rechtsfolgen bei einmaliger Bereitstellung, z.B. Kauf

Erfolgt eine einmalige Bereitstellung digitaler Produkte (z.B. im Falle des Kaufs), hat der Unternehmer dem Verbraucher die Zahlungen zu erstatten, die der Verbraucher zur Erfüllung des Vertrags geleistet hat. § 327o II S. 1 BGB fungiert hier als eigenständige Anspruchsgrundlage.

Konkrete Ausgestaltung: § 327o IV BGB

Hinsichtlich der konkreten Ausgestaltung des Anspruchs verweist § 327o IV BGB auf § 327n IV S. 2 bis 5 BGB.

Gem. § 327n IV S. 2 BGB hat die Erstattung unverzüglich, auf jeden Fall innerhalb von 14 Tagen zu erfolgen, und über dasselbe Zahlungsmittel zu erfolgen, welches für die Zahlung durch den Verbraucher benutzt wurde, § 327n IV S. 4 BGB. Die 14-Tage-Frist beginnt mit Zugang der Beendigungserklärung, § 327n IV S. 3 BGB. Die Erstattung erfolgt auf Kosten des Unternehmers, § 327n IV S. 5 BGB.

Erlöschen des Anspruchs gem. § 327o II S. 2 BGB

Für Leistungselemente, die der Unternehmer nicht mehr zu erbringen hat, erlischt gemäß § 327o II S. 2 BGB sein Anspruch auf Zahlung des vereinbarten Preises.

Dies gilt sowohl für die einmalige als auch (insbesondere) für die dauerhafte Bereitstellung von digitalen Produkten.

> *Bsp.: V erwirbt ein Computerspiel und vereinbart mit U eine Ratenzahlung über 3 Monate. Nach 2 Monaten und Zahlung von 2 Raten stellt V fest, dass das Spiel mangelhaft ist, und fordert den U auf, den Mangel zu beheben. Dieser reagiert nicht. Daraufhin erklärt V (wirksam) die Beendigung des Kaufvertrags mit U.*
>
> Gem. § 327o II S. 1 BGB ist U verpflichtet, die von V erhaltenen zwei Raten zurückzuzahlen. Der Anspruch des U gegen V auf Zahlung der dritten Rate erlischt gem. § 327o II S. 2 BGB.

hemmer-Methode: Damit wird - anders als beim Rücktritt - der rechtsvernichtende Charakter der Beendigungserklärung gesetzlich zum Ausdruck gebracht. Beim Rücktritt wird diese Gestaltungswirkung auf § 346 I BGB gestützt, ohne dass sich dies aus dem Wortlaut ergibt. Ein Erfüllungsverlangen nach Rücktritt wäre aber treuwidrig (§ 242 BGB), da der Rücktrittsgegner die Leistung gem. § 346 I BGB zurückzugewähren hätte (dolo agit-Einwand). In der Klausur genügt es aber, wenn Sie für das Erlöschen des Anspruchs § 346 I BGB zitieren.

97

Rechtsfolgen bei dauerhafter Bereit-stellung

Bei dauerhafter Bereitstellung wird allerdings die Rückzahlungsverpflichtung als solche modifiziert, § 327o III BGB.

Für Leistungszeiträume in der Vergangenheit soll eine Erstattung erfolgen, allerdings nur hinsichtlich des Teils des Bereitstellungszeitraums, in dem das digitale Produkt mangelhaft war.

> *In obigem Beispiel mietet K bei V das Computerspiel für 1 Jahr. Er zahlt monatlich 5 €. Nach 4 Monaten funktioniert das Spiel plötzlich nicht mehr, weil es mangelhaft ist. 2 Monate später erklärt K wirksam die Beendigung des Mietvertrags mit V.*

Der Anspruch des V gegen K auf Zahlung der Miete aus § 535 II BGB für die Monate 7 bis 12 erlischt gem. § 327o II S. 2 BGB. Diese Vorschrift lässt den Anspruch aber nur für zukünftige Leistungen entfallen, so dass sich für die Monate 1 bis 6 keine Wirkung aus der Norm ergibt.

Abweichend davon regelt § 327o III S. 1 BGB, dass **auch** für die Vergangenheit eine Erlöschenswirkung eintritt, aber nur für die Zeiten der mangelhaften Bereitstellung. Die Wirkung erfasst daher nicht die Monate 1 bis 4, sondern nur die Monate 5 und 6. Diese 10 € sind gem. § 327o III S. 2 BGB (eigene AGL!) zu erstatten.

§ 327o III S. 1 BGB

In Fällen der dauerhaften Bereitstellung digitaler Produkte wird § 327o II S. 1 BGB daher von § 327o III S. 1 BGB verdrängt. Eine vollständige Rückzahlung wäre bei einem Dauerschuldverhältnis unbillig, da M das Spiel ja vier Monate problemlos benutzen konnte!

Auch für den Erstattungsanspruch aus § 327o III S. 2 BGB gelten die oben beschriebenen Modalitäten, § 327o IV i.V.m. § 327n IV S. 2 bis 5 BGB.

Sofern ein „Zahlen mit Daten" stattgefunden hat, regelt § 327p II BGB in spezieller Weise die Rechtsfolgen nach Vertragsbeendigung.

Besonderheit bei Datenträger, § 327o V BGB

In den Fällen des **§ 327o V S. 1 BGB** ist der Verbraucher verpflichtet, einen ihm vom Unternehmer bereitgestellten körperlichen Datenträger unverzüglich zurückzusenden.

Der Verbraucher soll **nur auf Aufforderung des Unternehmers** zur Rücksendung eines körperlichen Datenträgers verpflichtet sein. Ferner trifft den Unternehmer eine Kostentragungspflicht, falls er den Verbraucher tatsächlich zur Rücksendung auffordert.

Die Digitale-Inhalte-Richtlinie trifft, anders als § 357 II S. 2 BGB, keine Aussage zu der Frage, ob der Unternehmer zu jedweder Art der Kostentragung verpflichtet ist. Der Unternehmer kann jedoch die Rücksendung selbst organisieren und dem Verbraucher die dazu notwendigen Mittel zur Verfügung stellen, um die Kosten der Rücksendung möglichst gering zu halten.

Da sich nur im Fall von § 327o V S. 1 BGB zwei geeignete Verpflichtungen des Verbrauchers und des Unternehmers gegenüberstehen, ist die nach § 327o V S. 3 BGB vorgesehene entsprechende Anwendung von § 348 BGB auf § 327o V S. 1 BGB begrenzt.

98

> **hemmer-Methode:** Wurde der digitale Inhalt nicht verkörpert zur Verfügung gestellt (sondern z.B. durch Download im Internet), steht der Unternehmer nicht schutzlos. Vielmehr bestimmt § 327p BGB, dass der Unternehmer die weitere Nutzung unterbinden kann (vgl. dazu sogleich, Rn. 99).

e) Fortnutzung trotz Vertragsbeendigung

Nutzung durch Verbraucher

99

Da keine umfassende Rückgewährpflicht des Verbrauchers aus der Vertragsbeendigung resultiert (s.o., § 327o V S. 1 BGB), muss zum Schutze des Unternehmers geklärt werden, wie im Hinblick auf die nach wie vor beim Verbraucher befindlichen digitalen Inhalte zu verfahren ist.

Gem. § 327p I S. 1 BGB darf der Verbraucher das digitale Produkt weder weiter nutzen noch Dritten zur Verfügung stellen. Selbst wenn § 327o V S. 1 BGB eingreift, hat diese Regelung eine Relevanz, wenn z.B. das auf einer DVD bereitgestellte Computerspiel auf dem Rechner des Verbrauchers installiert ist. Die DVD als körperlichen Datenträger hat der Verbraucher gem. § 327o V S. 1 BGB zurückzugewähren, wenn eine entsprechende Aufforderung erfolgt. Ohne Aufforderung (!) greift die Verpflichtung aus § 327p I S. 1 BGB hinsichtlich der Fortnutzung des Spiels.

Der Verbraucher muss aktiv dafür Sorge tragen, naheliegende Zugangsmöglichkeiten für Dritte zu unterbinden oder durch Löschen digitaler Inhalte bzw. von Kopien derselben einen Zugriff auf diese zu verhindern. Der Unternehmer ist berechtigt, die weitere Nutzung zu unterbinden, § 327p I S. 2 BGB, etwa durch eine Deaktivierung des Nutzerkontos des Verbrauchers.

Datennutzung durch Unternehmer: Differenzierung nach Art der Daten

Umgekehrt hat auch der Verbraucher ein Interesse daran, dass bestimmte Inhalte, die von ihm geschaffen wurden, durch den Unternehmer nicht mehr genutzt werden.

§ 327p II BGB regelt hier eine Nutzungsuntersagung durch den Unternehmer. Dabei verwundert auf den ersten Blick, dass gerade personenbezogene Daten des Verbrauchers von dieser Regelung ausgenommen werden. Denn gerade hier hat der Verbraucher ja ein Interesse daran, dass sie nicht weiter vom Unternehmer genutzt werden.

Personenbezogene Daten: DSGVO

Dies ist aber nur vordergründig widersprüchlich. Vielmehr gilt für personenbezogene Daten ohnehin die Datenschutzgrundverordnung (DSGVO).

Nach dem Verständnis des europäischen Richtliniengebers erfolgt dadurch eine abschließende Regelung, die eben u.a. auch für die Vertragsbeendigung zur Anwendung kommt. Die DSGVO regelt ohnehin die Befugnis, eine Einwilligung in die Nutzung zu widerrufen, sowie auch, die Löschung (Art. 17) bzw. die Übertragung personenbezogener Daten (Art. 20) zu verlangen. Da die DSGVO aber eben nur für personenbezogene Daten gilt, musste für sonstige Daten/Inhalte eine eigenständige Regelung geschaffen werden, was durch § 327p II BGB umgesetzt wurde.

hemmer-Methode: Völlig losgelöst von einer Vertragsbeendigung kann der Verbraucher seine Befugnisse nach der DSGVO ohnehin jederzeit geltend macht. Sofern er im Rahmen eines bestehenden Vertragsverhältnisses die Einwilligung zur Nutzung widerruft, hat dies auf die Wirksamkeit des Vertrags keinen Einfluss, § 327q I BGB. Es stellt sich jedoch für den Unternehmer die Frage, wie er darauf reagieren kann, insbesondere beim „Zahlen mit Daten". Dazu regelt § 327q II BGB in spezieller Weise, ob bzw. unter welchen Voraussetzungen dann der Unternehmer einen Vertrag beenden kann.

Sonstige Daten: § 327p II, III BGB

Sofern es nicht um personenbezogene Daten geht, ist § 327p II, III BGB einschlägig. In der Vorschrift ist die Rede von „Inhalten", deren Nutzung dem Unternehmer untersagt wird.

Bsp.: Spielelandschaften bzw. Avatare, die nicht mit personenbezogenen Daten des Nutzers verknüpft sind.

Grundsatz: Nutzungsuntersagung	§ 327p II S. 1 BGB verbietet es dem Unternehmer, die Inhalte, welche der Verbraucher im Rahmen der Vertragsbeziehung erstellt oder zur Verfügung gestellt hat, weiter zu nutzen.
§ 327p II S. 1 BGB; Ausn.: S. 2	§ 327p II S. 2 BGB regelt die Ausnahmen von der Unterlassungspflicht des Unternehmers nach § 327p II S. 1 BGB und betrifft damit diejenigen Sachverhalte, in denen der Unternehmer Inhalte des Verbrauchers, welche keine personenbezogenen Daten sind, weiternutzen darf.
Nr. 1	§ 327p II S. 2 Nr. 1 BGB betrifft Fälle, in denen die Inhalte in keiner anderen Art und Weise sinnvoll genutzt werden können als in dem vom Unternehmer bereitgestellten Umfeld. Die Vorschrift soll hingegen nicht einschlägig sein, wenn eine Konvertierung der betroffenen Inhalte und damit eine Weiterverwendung in anderen digitalen Produkten technisch möglich ist.
Nr. 2	§ 327p II S. 2 Nr. 2 BGB betrifft Inhalte, deren Verwendungsmöglichkeiten sich ausschließlich auf das vertragsgegenständliche digitale Produkt beschränken. Dies kann zum Beispiel vom Nutzer vorgenommene Anpassungen einer Benutzeroberfläche betreffen. Auch (nicht-personenbezogene) Inhalte betreffend das Nutzungsverhalten werden von der Nummer 2 erfasst.
Nr. 3	§ 327p II S. 2 Nr. 3 BGB betrifft Inhalte, die der Unternehmer mit anderen Daten zusammengeführt hat. Das Wort „aggregiert" meint hier „verbunden"; „disaggregiert" bedeutet die Umkehr dieser Verbindung. Ein unverhältnismäßiger Aufwand kann u.a. gegeben sein, wenn der Unternehmer Vorkehrungen treffen muss, die seinen finanziellen Aufwand verdoppeln.
Nr. 4	§ 327p II S. 2 Nr. 4 BGB nimmt darauf Bezug, dass insbesondere digitale Dienstleistungen die gemeinsame Erstellung von Inhalten durch mehrere Nutzer oder deren nachträgliche Veränderung oder Ergänzung durch andere Nutzer ermöglichen.

Bsp.: Im Rahmen eines Online-Computerspiels durch mehrere Nutzer erstellte Spiellandschaft.

Das bloße Teilen oder Kommentieren eines Inhalts im Rahmen eines sozialen Netzwerks reicht hingegen nicht aus, um von einem gemeinsamen Erzeugen auszugehen. Der Personenkreis, der die Inhalte gemeinsam mit dem Verbraucher erstellt haben kann, ist nicht eingeschränkt, wohingegen es bei der Möglichkeit zur Weiternutzung auf eine solche (nur) durch Verbraucher ankommen soll.

Rückbereitstellung für Daten i.S.d. § 327p II S. 2 Nr. 4 BGB	Von der Nutzungsuntersagung ist die Frage der „Rückbereitstellung" der Daten abzugrenzen. Hier bestimmt **§ 327p III S. 1 BGB** eine entsprechende Verpflichtung, soweit es nicht um Inhalte nach § 327p II S. 2 Nr. 1 bis Nr. 3 BGB geht (in diesen Fällen wird die Rückbereitstellung in der Regel unmöglich sein), vgl. § 327p III S. 2 BGB. D.h. faktisch gilt die Pflicht nur in Bezug auf die Nummer 4.

§ 327p III **S. 3** BGB sieht eine Reihe von Modalitäten für die Erfüllung des Anspruchs nach § 327p III S. 1 BGB vor:

Die Inhalte sind dem Verbraucher unentgeltlich, ohne Behinderung durch den Unternehmer, innerhalb einer angemessenen Frist und in einem gängigen und maschinenlesbaren Format zu übermitteln.

Der Unternehmer muss den Anspruch innerhalb einer angemessenen Frist erfüllen. Anhaltspunkte - zumindest für die Höchstdauer der Frist - können aus Art. 12 III S. 1 der DSGVO abgeleitet werden: Dort wird ein Zeitraum von höchstens einem Monat nach Eingang des Antrags angegeben.

Sofern der Unternehmer die Inhalte vor Ablauf der angemessenen Frist löscht, macht er sich ggfs. schadensersatzpflichtig, weil er den Anspruch des Verbrauchers vereitelt hat.

> **hemmer-Methode:** Dieser Bereich wird für einen Klausurersteller nicht interessant sein. Insoweit dürfte sich die Relevanz für die Klausur in Grenzen halten. Falls das Thema des § 327p BGB gleichwohl doch einmal abgeprüft wird, wird Ihnen nicht mehr abverlangt werden als die genaue Subsumtion unter den Gesetzestext.

3. Die Minderung, §§ 327i Nr. 2 Alt. 2, 327n BGB

Anstelle der Vertragsbeendigung kann sich der Verbraucher auch dazu entschließen, das mangelhafte digitale Produkt zu behalten und lediglich den Preis mindern.

100

Voraussetzungen der Vertragsbeendigung auch hier erforderlich

Die Formulierung „statt" in § 327n I S. 1 BGB macht deutlich, dass auch für die Minderung die Voraussetzungen der Vertragsbeendigung vorliegen müssen.

> **hemmer-Methode:** Lediglich die Erheblichkeit spielt - wie auch im Rahmen der kaufrechtlichen Minderung, § 442 I S. 2 BGB - keine Rolle, §§ 327n I S. 2, 327m II S. 1 BGB.

Für die Erklärung der Minderung wird auf § 327o I BGB verwiesen, § 327n I S. 3 BGB.

Nicht bei „Zahlen mit Daten"

Denknotwendig kommt eine Minderung nur dann in Betracht, wenn der Verbraucher (zumindest auch) einen Preis zahlt. Im Fall des reinen „Zahlens mit Daten" kann daher allenfalls eine Vertragsbeendigung in Betracht kommen.

Minderungsberechnung, § 327n II BGB

§ 327n II BGB enthält die Vorgaben zur Berechnung der Minderungshöhe.

Die Berechnung der Minderung erfolgt gem. § 327n II BGB nach der aus § 441 III BGB bekannten Formel, wonach der Preis in dem Verhältnis herabzusetzen ist, in welchem der Wert des digitalen Produkts in mangelfreiem Zustand zum wirklichen Wert gestanden haben würde.

> **hemmer-Methode:** Bei dauerhaften Bereitstellungen kommt eine Minderung nach § 327n II S. 2 BGB nur für den Zeitraum der Mangelhaftigkeit in Betracht, womit nur eine zeitanteilige Anwendung der Formel aus § 327n II S. 1 BGB stattfindet.
> Bei der Vertragsbeendigung entfällt hingegen gem. § 327o III S. 2 BGB der Anspruch für die Zeit der Mangelhaftigkeit vollständig (vgl. Rn. 97).

Bereitstellung, nicht Vertragsschluss als Zeitpunkt maßgeblich

Bezugspunkt für den heranzuziehenden Wert ist - anders als beim Kauf- und Werkvertrag (§§ 441 III S. 1, 638 III S. 1 BGB) - nicht der Vertragsschluss, sondern der Zeitpunkt der Bereitstellung. Da der Zeitraum zwischen Vertragsschluss und Bereitstellung des digitalen Produkts mit Blick auf § 327b I BGB jedoch in der Regel sehr kurz ist, dürfte dies keine Besonderheiten mit sich bringen. Wiederum müsste auch hier ein eventueller Unterschied vorgegeben werden, damit die Frage eine Bedeutung erlangt.

Ggfs. Schätzung

§ 327n III BGB sieht - wie § 441 III S. 2 BGB - die Möglichkeit zur Schätzung der Minderungshöhe vor.

Nach § 327n IV S. 1 BGB muss der Unternehmer den Mehrbetrag unverzüglich, spätestens jedoch innerhalb von 14 Tagen (§ 327n IV S. 2 BGB) erstatten. Eine entsprechende zusätzliche Aufforderung des Verbrauchers hierzu ist nicht erforderlich.

Die Regelung zum Fristbeginn in § 327n IV S. 3 BGB ist in Anlehnung an § 355 III S. 2 BGB formuliert.

4. Schadensersatz neben der Leistung, §§ 327i Nr. 3 Var. 1, 280 I BGB

Ersatz von Begleitschäden ohne Besonderheit

101

Wie bei der Mängelhaftung außerhalb der Bereitstellung digitaler Inhalte muss im Hinblick auf den Anspruch auf Schadensersatz geprüft werden, ob der Ersatz neben oder statt der Leistung erfolgt. Die bekannten Abgrenzungsformeln gelten auch hier. Aus der Gesetzesbegründung lässt sich nicht entnehmen, dass diesbezüglich besondere Vorgaben bestehen, soweit es um die Mängelhaftung für digitale Produkte geht.

Daher ist für den Anspruch auf Schadensersatz neben der Leistung (Begleitschäden) § 280 I BGB einschlägig. Schuldverhältnis ist der der Bereitstellung zugrunde liegende Vertrag.

Die Pflichtverletzung ist die Mangelhaftigkeit (ggfs. vermutet gem. § 327k BGB, s.o.).

Das Vertretenmüssen wird nach § 280 I S. 2 BGB vermutet, so dass auf diesen Punkt nur dann intensiver eingegangen werden muss, wenn der Sachverhalt Anlass dazu bietet.

> *Bsp.: Ein Beispiel für einen Begleitschaden, der aufgrund der Mangelhaftigkeit neben der Leistung zu ersetzen wäre, könnte die Neuinstallation eines Computers sein, die aufgrund von Viren erforderlich wird, die durch eine bereitgestellte Software auf den Rechner des Verbrauchers gelangt sind.*

Es handelt sich um einen Schaden, der auch durch eine Neuinstallation virenfreier Software nicht beseitigt werden könnte, so dass der Gläubiger *neben* dem Nacherfüllungsbegehren ein Schadensersatzinteresse hat.

5. Anspruch auf Schadensersatz statt der Leistung, §§ 327i Nr. 3 Var. 2, 327m III S. 1 BGB

Eigenständige AGL

102

Anders als bei Begleitschäden besteht mit § 327m III BGB eine besondere Anspruchsgrundlage für den Anspruch auf Schadensersatz statt der Leistung.

§ 327m III BGB enthält die zentrale Anspruchsgrundlage für alle aus mangelhafter Leistung folgenden Ansprüche auf Schadensersatz statt der Leistung.

hemmer-Methode: Ein Rückgriff auf §§ 281, 283 und 311a II BGB als Anspruchsgrundlage schließt § 327m III S. 1 BGB als „lex specialis" aus![103] Es wird hier zwar partiell auf Regelungen in § 281 BGB verwiesen. Die Anspruchsgrundlage sind aber nicht §§ 280 I, III, 281 I S. 1 BGB! Auch im Fall der Unmöglichkeit folgt der Anspruch auf Schadensersatz statt der Leistung aus § 327m III BGB.

---

[103] **Hinweis:** Bei unterbliebener Bereitstellung des digitalen Produkts kann der Verbraucher aber über die Verweisungsnorm des § 327c II BGB Schadensersatz statt der Leistung nach § 281 BGB verlangen (s.o. zu § 327c BGB)!

Verhältnis Schadensersatz neben der Leistung ⇔ Schadensersatz statt der Leistung

Verwirrend ist die Formulierung in § 327i Nr. 3 BGB, wonach der Anspruch auf Schadensersatz gem. § 280 I BGB mit dem Anspruch auf Schadensersatz statt der Leistung gem. § 327m III BGB in ein „entweder/oder"-Verhältnis gestellt wird. Dass der Anspruch auf Schadensersatz statt der Leistung im Alternativverhältnis zum Aufwendungsersatz gem. § 284 BGB steht, ist denklogisch und ergibt sich bereits aus dem Wortlaut des § 284 BGB.

Daher muss das verbalisierte Alternativverhältnis („oder") zwischen Var. 1 und Var. 2 BGB ignoriert werden. Denn es wäre unbillig, den Ersatz eines Begleitschadensersatzes davon abhängig zu machen, ob der Mangel im weiteren Verlauf behoben wird, oder ob der Gläubiger (nach Fristsetzung) ein Deckungsgeschäft vornimmt und die Mehrkosten geltend macht.

hemmer-Methode: Der Anspruch auf Schadensersatz neben der Leistung ist <u>zusätzlich</u> neben dem Anspruch auf Schadensersatz statt der Leistung geschuldet!

§ 327m III BGB Anspruchsgrundlage auch bei Unmöglichkeit der Nacherfüllung!

Anders als in § 437 Nr. 3 BGB und § 634 Nr. 4 BGB wird hinsichtlich des Anspruchs auf Schadensersatz statt der Leistung nicht zwischen möglicher und unmöglicher Nacherfüllung differenziert (§§ 281, 283, 311a II BGB).

Da § 327m III S. 1 BGB für die Möglichkeit, Schadensersatz statt der Leistung verlangen zu können, auf die Fälle der Vertragsbeendigung gem. § 327m I Nr. 1 bis 6 BGB verweist, gilt § 327m III S. 1 BGB auch für den Fall der Unmöglichkeit der Nacherfüllung, vgl. § 327m I Nr. 1 i.V.m. § 327l II BGB!

SE statt der ganzen Leistung nicht bei Unerheblichkeit

Etwas inkonsequent erscheint die Verweisung auf § 281 I S. 3 BGB, die in § 327m III S. 2 BGB erfolgt. Da die Unerheblichkeit als Ausschlussgrund in § 327m II S. 1 BGB ja eigenständig geregelt ist, hätte es näher gelegen, für den Fall des Schadensersatzes statt der *ganzen* Leistung auf den Ausschlussgrund in § 327m II S. 1 BGB zu verweisen.

Durch die Verweisung auf § 281 IV BGB wird klargestellt, dass die Leistung auch dann ausgeschlossen sein soll, wenn eine Vertragsbeendigung nicht parallel erklärt wurde (was aber möglich wäre, § 327m III S. 4 BGB i.V.m. § 325 BGB).

Verlangt der Verbraucher Schadensersatz statt der *ganzen* Leistung, so erfolgt eine Rückabwicklung des Vertrags. Diesbezüglich verweist § 327m III S. 3 BGB auf die für die Vertragsbeendigung geltenden Vorschriften der §§ 327o, 327p BGB.

hemmer-Methode: In der Sache ergeben sich durch diese Regelung keinerlei Änderungen. Insbesondere finden sich auch hier die Fälle, in denen gem. § 281 II BGB die Fristsetzung entbehrlich wäre, wieder. Für die ernsthafte und endgültige Erfüllungsverweigerung i.S.v. § 281 II Alt. 1 BGB steht § 327m I Nr. 5 BGB zur Verfügung, die besonderen Umstände i.S.v. § 281 II Alt. 2 BGB können - abhängig vom Einzelfall - unter § 327m I Nr. 4 bzw. Nr. 6 BGB subsumiert werden.

6. Anspruch auf Aufwendungsersatz, §§ 327i Nr. 3 Var. 3, 284 BGB

Wiederum nicht speziell geregelt ist der Anspruch auf Aufwendungsersatz, der anstelle des Anspruchs auf Schadensersatz statt der Leistung gem. § 327m III BGB geltend gemacht werden kann, § 327i Nr. 3 Var. 3 BGB.

103

Inhaltlich bestehen diesbezüglich weder hinsichtlich der Voraussetzungen noch hinsichtlich der Rechtsfolgen irgendwelche Besonderheiten.

7. Verjährung, § 327j BGB

Differenzierung zwischen Ansprüchen und Gestaltungsrechten

Vertragsbeendigung und Minderung sind Gestaltungsrechte, die der Verjährung nicht unterliegen, vgl. § 194 BGB. Daher bestimmt § 327j BGB die Verjährung konsequenterweise nur für die in § 327i Nr. 1 **und** Nr. 3 BGB bestimmten Ansprüche.

104

§§ 327j, 218 BGB

Das heißt aber nicht, dass die Rechte aus § 327i Nr. 2 BGB zeitlich grenzenlos ausgeübt werden können. § 327j V BGB erklärt insoweit § 218 BGB für entsprechend anwendbar. Die Wirksamkeit der jeweiligen Gestaltungsrechte wird an die Verjährung des Nacherfüllungsanspruchs gekoppelt, so dass sich ein zeitlicher Gleichlauf ergibt.

Grundsatz: 2 Jahre ab Bereitstellung

Die Verjährungsfrist beträgt zwei Jahre,[104] beginnend mit der Bereitstellung, § 327j I S. 1, 2 BGB. Das allein würde die Besonderheiten der Haftung bei digitalen Produkten nicht hinreichend abbilden. Wie oben ausgeführt, gibt es Fälle der dauerhaften Bereitstellung und (bei Vorliegen bestimmter Voraussetzungen) auch die Verpflichtung zur Aktualisierung digitaler Inhalte. Das starre Anknüpfen an den Zeitpunkt der Bereitstellung würde hier nicht passen.

> **hemmer-Methode:** Denken Sie an die Parallele im mietrechtlichen Mängelrecht: Der Vermieter ist verpflichtet, die Mietsache dauerhaft instand zu halten, § 535 I S. 2 BGB. Selbst wenn der Mieter den Anspruch nicht gleich im Monat des Auftretens des Mangels geltend macht, hat er für den nächsten Monat wieder ein Interesse daran, dass der Mangel behoben wird. Der Anspruch unterliegt im laufenden Mietverhältnis daher überhaupt keiner Verjährungsfrist. Nun müssen Sie sich einfach vor Augen führen, dass Gegenstand eines Mietvertrags eben auch digitale Produkte sein können („dauerhafte Bereitstellung"), so dass sich auch hier die Frage stellt, wie mit der Verjährung umzugehen ist.

---

[104] Anders als in manchen ausländischen Rechtsordnungen hat sich der deutsche Gesetzgeber nicht dazu entschlossen, eine „Mischung" aus Haftungsdauer und Verjährungsfrist einzuführen, Wendehorst, NJW 2021, 2913 (2920). Die Verbrauchsgüterkaufrichtlinie hatte dazu noch vorgegeben, dass die Haftungsdauer, nicht aber die Verjährungsfrist bei gebrauchten Sachen verkürzt werden konnte. Da aber die WK-Richtlinie die Verkürzung der Verjährung auf ein Jahr zulässt (vgl. dazu auch Rn. 247 ff.), ist für den Verbrauchsgüterkauf die Notwendigkeit zur Differenzierung weggefallen, so dass es zu begrüßen ist, dass auch im Rahmen der Umsetzung der DI-Richtlinie auf eine Differenzierung zwischen Haftungsdauer und Verjährung verzichtet wurde.

```
┌─────────────────────────────────────────────────────┐
│   Verjährung der Mängelansprüche aus § 327i Nr. 1     │
│   und Nr. 3 (beachte für Nr. 2: Absatz V, § 218 BGB)  │
└─────────────────────────────────────────────────────┘
```

Einmalige Bereitstellung	Dauerhafte Bereitstellung	Aktualisierungspflicht

Einmalige Bereitstellung:

2 Jahre ab Bereitstellung, § 327j I BGB *(aber auf Absatz 4 achten!)*

Dauerhafte Bereitstellung:

12 Monate ab Ende d. Bereitstellungszeit, § 327j II BGB

Aktualisierungspflicht – Keine Aktualisierung vereinbart, § 327e I S. 1 Var. 2, III S. 1 Nr. 5 BGB

Aktualisierungspflicht – Vereinbarung, § 327e I S. 1 Var. 1, II S. 1 Nr. 3 BGB: 12 Monate nach Ende d. vereinbarten Zeit, § 327j III BGB

Dauerhafte Bereitstellung: 12 Monate nach Ablauf d. Bereitstellungszeit, § 327f I S. 3 Nr. 1 i.V.m. § 327j III BGB

Einmalige Bereitstellung: 12 Monate nach Ablauf d. unbestimmten Zeit i.S.d. § 327f I S. 3 Nr. 2 BGB i.V.m. § 327j III BGB

Besonderheiten bei dauerhafter Bereitstellung

§ 327j II BGB bestimmt, dass die Ansprüche nicht vor Ablauf von zwölf Monaten nach dem Ende des Bereitstellungszeitraums verjähren. Es wäre unbillig, wenn ein Mangel bei längeren Bereitstellungszeiträumen kurz vor Ablauf von zwei Jahren ab Bereitstellung auftaucht und der Verbraucher faktisch an der Geltendmachung seiner Rechte gehindert wird.

Besonderheit bei Aktualisierungspflicht

Eine echte Besonderheit regelt § 327j III BGB für den Fall, dass eine Aktualisierungspflicht besteht.

105

> **hemmer-Methode:** Rufen Sie sich noch einmal in Erinnerung, wann dies der Fall ist. Denkbar ist zum einen eine Vereinbarung über Aktualisierungen.
> Dann entspricht das digitale Produkt nur dann den subjektiven Anforderungen an die Mangelfreiheit, wenn die vereinbarten Aktualisierungen vom Unternehmer auch zur Verfügung gestellt werden, § 327e I S. 1 Var. 1, II S. 1 Nr. 3 BGB.
> Zum anderen entspricht das digitale Produkt auch nur dann den objektiven Anforderungen an die Mangelfreiheit, wenn die nach § 327f BGB geschuldeten Bereitstellungen stattfinden, § 327e I S. 1 Var. 2, III S. 1 Nr. 5 BGB (wovon der Unternehmer wiederum nur unter den Voraussetzungen des § 327h BGB abweichen kann).
> Bedenken Sie zudem: Aktualisierungspflichten können nicht nur bei dauerhafter Bereitstellung relevant werden. Wichtig werden diese *insbesondere* bei Kaufverträgen, bei denen insoweit der Zeitpunkt der Bereitstellung gar nicht maßgeblich ist für das Vorhandensein eines Mangels und daher denklogisch auch nicht relevant sein kann für das Ingangsetzen einer Verjährungsfrist!

Bsp.: Verbraucher V erwirbt bei Unternehmer U ein Laptop mit vorinstallierter Software (Microsoft Office 365). Es wird zudem vereinbart, dass U verpflichtet sein soll, die Software über einen Zeitraum von drei Jahren aktuell zu halten und dem V stets die neueste Software von Microsoft zur Verfügung zu stellen, sofern neue Versionen innerhalb von drei Jahren auf den Markt kommen.

Da die Software Microsoft Office für die Funktion des Laptops nicht erforderlich ist, liegt kein Fall des § 327a III BGB vor, sodass die §§ 327 ff. BGB zur Anwendung kommen.

Kommt nach 35 Monaten eine neue Version auf den Markt, liegt ein Mangel i.S.d. § 327e I S. 1 Var. 1, II S. 1 Nr. 3 BGB vor, wenn U die Bereitstellung der aktuellen Version nicht vornimmt.

Hier hat V nun die in § 327j III BGB genannte Frist zur Verfügung, um notfalls klageweise die neue Version der Software zu bekommen.

> **hemmer-Methode:** Ohne Vereinbarung kann sich die Mangelhaftigkeit - wie ausgeführt - nur aus einer Abweichung von den objektiven Anforderungen i.S.d. § 327e I S. 1 Var. 2, III S. 1 Nr. 5 BGB ergeben. Dieser knüpft an § 327f I S. 1 BGB an, welcher von einem „maßgeblichen Zeitraum" spricht. Dies ist bei *dauerhaften* Bereitstellungsverpflichtungen der Bereitstellungszeitraum, § 327f I S. 3 Nr. 1 BGB, im Übrigen der Zeitraum, in dem der Verbraucher nach Art und Zweck des Produkts Aktualisierungen erwarten kann.
> Beim Erwerb eines Laptops wird der Verbraucher zumindest über den Zeitraum der typischen Nutzungsdauer erwarten können, dass die mitverkaufte Software sicher benutzt werden kann. Taucht z.B. eine Sicherheitslücke auf, die durch eine neue Version behoben wird, kann der Verbraucher daher unabhängig von einer Vereinbarung die Sicherheitsaktualisierung verlangen!
> Machen Sie sich also klar, dass die Verjährung gem. § 327j III BGB an diesen „unbestimmten" Zeitraum anknüpft, der von Ihnen in einer Klausur ggfs. herausgearbeitet werden muss!
> Kommentieren Sie sich - sofern nach der Prüfungsordnung Ihres Bundeslandes zulässig - daher bei § 327j III BGB die Vorschrift des § 327f I S. 3 BGB an den Rand!

Ablaufhemmung des § 327j IV BGB

106

Da die Verjährungsfrist - wie grundsätzlich im Bereich des Mängelrechts - kenntnisunabhängig in Gang gesetzt wird (Unterschied zur Regelverjährung, vgl. § 199 I Nr. 2 BGB), besteht für den Verbraucher bei einem erst kurz vor Ablauf der Verjährung entdeckten Mangel das Problem, möglicherweise faktisch nicht mehr in der Lage zu sein, eine verjährungshemmende Maßnahme gegenüber dem Unternehmer zu ergreifen.

Bei dauerhaften Bereitstellungen wird dies i.d.R. kein Problem sein, da ohnehin bis zu 12 Monate nach Ablauf der Bereitstellungszeit die Möglichkeit besteht, entsprechende Ansprüche geltend zu machen, § 327j II BGB. Bei einer z.B. kaufrechtlichen Bereitstellung könnte das Entdecken eines Mangels nach 23 Monaten aber ggfs. zu Problemen führen, § 327j I BGB.

Daher regelt § 327j IV BGB eine Ablaufhemmung von jedenfalls vier Monaten ab dem Zeitpunkt, zu dem sich der Mangel erstmals zeigt.

8. Änderungen an digitalen Produkten bei dauerhafter Bereitstellung

Änderungen an digitalen Produkten bei dauerhafter Bereitstellung

107

Die Besonderheit digitaler Produkte bringt es mit sich, dass diese ständigen Änderungen unterliegen. Natürlich werden auch bewegliche Sachen (z.B. PKW) ständig verbessert, das tangiert aber z.Zt. der Verbesserung bereits geschlossene Verträge nicht mehr. Das ist bei digitalen Inhalten mitunter anders, insbesondere wenn digitale Produkte dauerhaft bereitgestellt werden.

So kann es dazu z.B. dazu kommen, dass durch Änderungen einer Software in der digitalen Umgebung des Verbrauchers Probleme hinsichtlich der Fortnutzung anderer Programme auftauchen. Werden diese Änderungen dann auch noch automatisch aktualisiert, könnte dem Verbraucher „von heute auf morgen" der Computer lahmgelegt werden.

Der Konflikt für den Unternehmer besteht jedoch darin, dass auch eine Aktualisierung eine Änderung darstellt und er zur Bereitstellung dieser Änderungen ja sogar verpflichtet ist, vgl. § 327e II S. 1 Nr. 3, III S. 1 Nr. 5 i.V.m. § 327f BGB.

§ 327r I BGB regelt die Voraussetzungen, nach denen Unternehmer die Möglichkeit haben sollen, die vertraglich vereinbarte Leistung i.R.v. **dauerhaften Bereitstellungen** eines digitalen Produkts einseitig zu **zugunsten** oder **zulasten** des Verbrauchers zu ändern. Für nachteilige Änderungen regeln § 327r II, III BGB zusätzliche Voraussetzungen.

> **Anmerkung: Sofern z.B. die neue Version einer Software von den Beteiligten zum Anlass genommen wird, einen neuen Vertrag unter Aufhebung des alten zu schließen, gilt die Vorschrift nicht. Beachten Sie aber § 327s BGB (dazu unten)!**

Anforderungen an Änderungen, die über Aktualisierungen hinausgehen

Im Ausgangspunkt darf eine Änderung, die über die geschuldeten Aktualisierungen hinausgeht, nach § 327r I BGB nur vorgenommen werden, wenn

⇨ Nr. 1: der Vertrag diese Möglichkeit vorsieht und einen triftigen Grund enthält,

⇨ Nr. 2: dem Verbraucher durch die Änderung keine zusätzlichen Kosten entstehen **und**

⇨ Nr. 3: der Verbraucher klar und verständlich über die Änderung informiert wird.

Ein triftiger Grund liegt mitunter vor, wenn Änderungen notwendig werden, um das digitale Produkt an eine neue technische Umgebung oder an erhöhte Nutzerzahlen anzupassen.

> **hemmer-Methode: Beachten Sie, dass es bei § 327r I BGB nicht darum geht, dass die Änderungen sich negativ auswirken (das erfassen die Absätze 2 und 3). Vielmehr geht es darum, dass ein geschlossener Vertrag nur in engen Grenzen einseitig vom Unternehmer angepasst werden können soll.**
> **Insoweit mag man § 327r I BGB als einen gesetzlich geregelten Fall der Störung der Geschäftsgrundlage ansehen, aus dem dann kraft Gesetzes ein einseitiges Recht zur Vertragsanpassung resultiert.**

Sofern Zugriffs- bzw. Nutzungsmöglichkeit betroffen: Absatz 2!

Hat die Änderung **darüber hinaus** für den Verbraucher auch (nicht nur unerhebliche, vgl. § 327r II S. 3 BGB) **negative Auswirkungen** auf die Zugriffsmöglichkeit bzw. die Nutzbarkeit des digitalen Produkts, darf der Unternehmer sie nur vornehmen, wenn er den Verbraucher über die Anforderungen des Absatzes 1 hinaus innerhalb einer angemessenen Frist **vor dem Zeitpunkt der Änderung** (nach Absatz 1 kann auch zeitlich mit der Änderung informiert werden!) mittels eines dauerhaften Datenträgers (§ 126b S. 2 BGB) informiert, § 327r II S. 1 BGB.

Die Information muss gem. § 327r II S. 2 BGB Angaben enthalten zu:

⇨ **Nr. 1:** Merkmalen und Zeitpunkt der Änderung *und*

⇨ **Nr. 2:** den Rechte des Verbrauchers nach den Absätzen III und IV des § 327r BGB.

Besonderes Vertragsbeendigungs-recht, § 327r III BGB

Sofern eine Beeinträchtigung i.S.d. § 327r II S. 1 BGB vorliegt, gewährt § 327r III S. 1 BGB ein Recht des Verbrauchers, den Vertrag innerhalb von 30 Tagen nach Informationserteilung (Absatz III S. 2) kostenlos zu beenden. Sofern die Änderung erst später eintritt (was die Regel sein sollte, da die Information ja vor der Änderung erteilt werden soll), tritt an die Stelle der Informationserteilung der Zeitpunkt der Änderung selbst, § 327r III S. 3 BGB.

hemmer-Methode: Ohne § 327r III S. 3 BGB könnte der Unternehmer missbräuchlich agieren, indem er die Information in der Hoffnung erteilt, der Verbraucher werde allein abhängig davon innerhalb von 30 Tagen ohnehin nichts unternehmen. Dann könnte er die Änderung selbst nach Ablauf der 30 Tage „nachschieben".

Für die Modalitäten und Folgen der Vertragsbeendigung verweist § 327r V BGB auf §§ 327o und 327p BGB.

Ausschluss, § 327r IV BGB

§ 327r IV BGB lässt das Recht zur Vertragsbeendigung wiederum entfallen, wenn die Beeinträchtigung nur unerheblich ist (Nr. 1).

Bsp.: Das digitale Produkt wird lediglich grafisch neu gestaltet, ohne dass die Neugestaltung Einfluss auf die Funktionalität hat.

§ 327r IV Nr. 1 BGB erscheint überflüssig, denn schon nach § 327r II S. 2 BGB muss für den Fall der Unerheblichkeit nicht informiert werden, so dass bereits daran anknüpfend ja gar kein Vertragsbeendigungsrecht besteht. Insoweit hat § 327r IV Nr. 1 BGB wohl nur klarstellende Bedeutung.

Nach § 327r IV Nr. 2 BGB ist das Recht zur Vertragsbeendigung ausgeschlossen, wenn dem Verbraucher die Zugriffsmöglichkeit auf das unveränderte digitale Produkt und die Nutzbarkeit des unveränderten digitalen Produkts ohne zusätzliche Kosten erhalten bleibt (Nr. 2), ihm also die neue Version nicht „aufgezwungen" wird.

hemmer-Methode: Auf den ersten Blick erscheint die Regelung des § 327r III BGB überflüssig, da bei „Auswirkungen auf die Zugriffsmöglichkeit bzw. die Nutzbarkeit des digitalen Produkts" ja gleichzeitig ein Mangel i.S.d. § 327e I S. 1 Var. 2, III S. 1 Nr. 1 bzw. Nr. 2 BGB gegeben sein könnte. Sofern der Zugriff gar nicht möglich ist, läge auch eine „unterbliebene Bereitstellung i.S.d. § 327b V BGB vor, so dass an die Rechte in § 327c BGB zu denken sein könnte. § 327r III BGB gewährt dem Verbraucher lediglich eine vereinfachte Möglichkeit, sich aus dem Vertragsverhältnis zu lösen. Daraus kann aber nicht abgeleitet werden, dass das Mängelrecht durch die in § 327r III BGB geregelte Vertragsbeendigungsmöglichkeit verdrängt wird. Das wäre vor dem Hintergrund des zeitlich begrenzten Vertragsbeendigungsrechts nach § 327r III BGB auch nicht überzeugend, würde es doch faktisch zu einer Verkürzung der Verbraucherrechte führen. Es sind eben nur nicht die strengen Beendigungsvoraussetzungen zu wahren, wenn der Verbraucher die 30-Tage-Frist nutzt!

9.   Vertraglicher Haftungsausschluss, § 327s BGB

Verhältnis zu § 327h BGB

Während § 327h BGB (der gem. § 327s V BGB von den Vorgaben des § 327s BGB unberührt bleibt) bei der Frage ansetzt, ob überhaupt ein Mangel vorliegt und ob diesbezüglich negative Beschaffenheitsvereinbarungen getroffen werden können, setzt § 327s BGB die Mangelhaftigkeit voraus und regelt die Frage, ob die daraus resultierenden oben dargestellten Rechte ausgeschlossen werden können.

Anders formuliert: Liegen die Voraussetzungen des § 327h BGB vor, fehlt es schon an der Mangelhaftigkeit, so dass ohnehin keine Mängelrechte bestehen, vgl. Wortlaut des § 327i BGB.

Grundsatz: Haftungsausschluss nicht möglich, § 327s I BGB

In § 327s I BGB wird ein Grundsatz aufgestellt: Der Unternehmer kann von den Vorschriften des Untertitels 1, d.h. von den §§ 327 ff. BGB nicht abweichen. Das gilt jedoch dann nicht, wenn die Vereinbarung später, d.h. nach Mitteilung des Mangels, getroffen wird. Hier sollen die Parteien nicht an einer privatautonomen Lösung der aufgetauchten Problematik gehindert werden.

§ 327s II BGB knüpft an § 327r BGB an: Das dortige Recht zur Vertragsbeendigung gem. § 327r III S. 1 BGB ist auch nicht dispositiv, sofern man sich nicht nach Informationserteilung an den Verbraucher über eine abweichende Lösung des Problems verständigt.

§ 327s III BGB normiert das Verbot des Umgehungsgeschäfts. Das wäre für den Fall einer Änderung z.B. denkbar, wenn der Unternehmer den Begriff der Änderung selbst versucht im Vertrag zu definieren, um den Rechtsfolgen des § 327r II, III BGB auszuweichen.

Ausnahme: Schadensersatz

§ 327s IV BGB stellt klar, dass es für den Anspruch auf Schadensersatz möglich bleibt, einen Haftungsausschluss zu vereinbaren. Anders als in § 476 III BGB enthält § 327s IV BGB keinen Vorbehalt für den Fall, dass der Ausschluss durch Allgemeine Geschäftsbedingungen erfolgt. Ein solcher Vorbehalt ist aber überflüssig, so dass selbstverständlich auch im Bereich der §§ 327 ff. BGB vom Unternehmer bei der Formulierung eines Haftungsausschlusses durch Allgemeine Geschäftsbedingungen darauf zu achten ist, dass die dortigen Grenzen, insbesondere § 309 Nr. 7 BGB, beachtet werden.

VI. Der Unternehmerregress

Unternehmerregress

Die Vorschriften der §§ 327 ff. BGB gelten unmittelbar nur für Verbraucherverträge, vgl. dazu die Ausführungen zum Anwendungsbereich.

1. Grundsatz: Keine Geltung der §§ 327 ff. BGB für das Verhältnis „Unternehmer/Unternehmer"

Stellt also ein Unternehmer einem anderen Unternehmer ein digitales Produkt zur Verfügung, gelten die Regelungen nicht.

Im Falle fehlender Bereitstellung bleibt es also bei den Vorschriften über die Nichtleistung trotz Fälligkeit (§§ 281, 286, 323 BGB), im Falle der Mangelhaftigkeit wird die Mangelhaftigkeit nicht nach § 327e BGB, sondern nach § 434 BGB bestimmt.

108

109

110

Dies kann man kritisieren. Wenn nun schon erstmals spezielle Regelungen, insbesondere zur Frage der Mangelhaftigkeit digitaler Produkte, bestehen: Warum sollen diese Regelungen dann auf den Verbrauchervertrag beschränkt sein? Man wird wohl jedenfalls bei der Beurteilung der Mangelhaftigkeit im Rahmen des § 434 BGB auf Kriterien zurückgreifen, die im Rahmen des § 327e BGB durch Rechtsprechung und Literatur als maßgeblich konkretisiert werden.

Auch wenn man dadurch bei der Beurteilung der Frage, *ob* ein Mangel vorliegt, häufig zu identischen Ergebnissen kommen wird, bestehen sodann bei der Frage, welche Rechte in Betracht kommen, z.T. erhebliche Unterschiede. So wird ein Unternehmer als Käufer im Rahmen des § 323 I BGB tatsächlich eine Frist setzen müssen, während diese bei einem Verbraucher als Käufer automatisch in Gang gesetzt wird.

Ebenso wird ein Unternehmer losgelöst von besonderen Vereinbarungen keine Aktualisierungen i.S.d. § 327f BGB verlangen können, weil es dazu im Kaufrecht an einer Entsprechung fehlt.

2. Ausnahme: §§ 327t und 327u BGB

Regress nach § 327u BGB

111

Erwirbt jedoch ein Unternehmer ein digitales Produkt, um es sodann einem Verbraucher im Rahmen des Anwendungsbereichs des § 327 BGB zur Verfügung zu stellen, sind ergänzend (für das Verhältnis der Unternehmer zueinander) die Vorschriften des Untertitels 2, also insbesondere die Modifikationen durch § 327u BGB, zu beachten.

Anliegen dieser Regelung ist es, Probleme mit den digitalen Produkten, die gegenüber dem Verbraucher zu einer Haftung gem. § 327i BGB führen, in der Lieferkette an den Unternehmer weiterzureichen, der an den Vertragspartner des Verbrauchers „geliefert" hat, d.h. diesem die an den Verbraucher weitergeleiteten digitalen Produkte zuvor bereitgestellt hatte.

Dabei kommt es nicht darauf an, auf Basis welchen Vertragstyps die Bereitstellung an den Unternehmer erfolgte.

Abgrenzung zur Warenkaufrichtlinie beim Kaufvertrag

Beim Kauf digitaler Produkte ist aber wiederum eine Abgrenzung zum Anwendungsbereich der Warenkaufrichtlinie vorzunehmen. Sofern es um Ware mit digitalen Elementen geht (§ 327a III BGB), finden im Verhältnis des Unternehmers zum Verbraucher nicht die §§ 327 ff. BGB, sondern § 475b BGB Anwendung.

Sofern es sodann um einen Regress im Verhältnis zum Lieferanten des Unternehmers geht, gelten die §§ 445a, 445b BGB! § 445c BGB würde eben deren Nichtgeltung nur für den Fall anordnen, dass im Verhältnis zum Verbraucher die §§ 327 ff. BGB gelten. **Die bereits dargestellte Abgrenzung zur Warenkaufrichtlinie bestimmt also auch über die für den Unternehmerregress einschlägigen Normen!** Das ist auch deshalb eine wichtige Differenzierung, weil es im Rahmen der §§ 327 ff. BGB auch Rechte des Verbrauchers (und folgend auch Konsequenzen für den Regress) für den Fall nicht rechtzeitiger Bereitstellung gibt.

hemmer-Methode: Das ist im Rahmen der §§ 445a f. BGB ohne Relevanz. Prüfen Sie also an dieser Stelle ganz genau und fragen Sie sich: Welche Vorschriften gelten im konkreten Fall?

„Vertriebspartner"

Damit begrifflich keine Verwirrung entsteht, wird der Unternehmer, der an den Unternehmer liefert, welcher wiederum dem Verbraucher das digitale Produkt zur Verfügung gestellt hat, Vertriebspartner genannt, vgl. die Legaldefinition in § 327u I S. 1 BGB.

hemmer-Methode: Die Grundüberlegung des Regresses ist (wie bei § 445a BGB) die, dass der Unternehmer nicht mit der Haftung gegenüber dem Verbraucher belastet bleibt, wenn die eigentliche Ursache für die Pflichtwidrigkeit aus dem Bereich des Vertriebspartners stammt. Hinsichtlich der Leistungsstörung muss zwischen Nicht- und Schlechtleistung differenziert werden.

a) Unterbliebene Bereitstellung durch den Vertriebspartner

§ 327u I S. 1 BGB

Kann der Unternehmer das digitale Produkt nicht den Vorgaben des § 327b BGB entsprechend dem Verbraucher zur Verfügung stellen, weil ihm selbst das Produkt von seinem Vertriebspartner nicht (rechtzeitig) zur Verfügung gestellt wurde, regelt § 327u I S. 1 BGB einen selbständigen Aufwendungsersatzanspruch für diejenigen Aufwendungen, die dem Unternehmer aufgrund einer Vertragsbeendigung durch den Verbraucher gem. § 327c I S. 1 BGB entstanden sind.

112

hemmer-Methode: Kommentieren Sie sich § 327u I S. 1 BGB - soweit die Prüfungsordnung Ihres Bundeslandes Kommentierungen des Gesetzes zulässt - an den Rand von § 327c I S. 1 BGB!

Verjährung, § 327u II Nr. 1 BGB

Für diesen Anspruch besteht eine besondere Verjährungsregelung in § 327u II S. 1, II Nr. 1 BGB. Der Anspruch verjährt in sechs Monaten, beginnend mit dem Zeitpunkt, in dem der Verbraucher sein Recht aus § 327c I S. 1 BGB gegenüber dem Unternehmer ausübt.

Keine Geltung eines Haftungsausschlusses

§ 327u IV BGB gestaltet die Regelungen von § 327u BGB zugunsten des Unternehmers als zwingend aus. Sofern der Vertriebspartner mit dem Unternehmer einen (grundsätzlich zulässigen) Haftungsausschluss hinsichtlich etwaiger Rechte bei verspäteter Bereitstellung vereinbart haben sollte, könnte er sich für den obigen Fall auch nicht auf diesen Haftungsausschluss berufen.

Hinsichtlich des Ausschlusses weitergehender Rechte beinhaltet die Norm keinerlei Beschränkungen. Es soll nur gewährleistet sein, dass der Unternehmer seinen Aufwand auch „weiterreichen" kann, den er im Verhältnis zum Verbraucher zu tragen hatte.

Regress in der Lieferkette

§ 327u VI BGB sieht vor, dass der Vertriebspartner selbst wiederum einen entsprechenden Anspruch nach § 327u I BGB gegen denjenigen Unternehmer hat, welcher ihm das digitale Produkt bereitgestellt hat, und erklärt insoweit die Bestimmungen der weiteren Absätze von § 327u BGB für entsprechend anwendbar („Regress in der Lieferkette").

§ 377 HGB bleibt anwendbar

§ 327u V BGB stellt aber klar, dass im Verhältnis zwischen dem Unternehmer und den Vertriebspartnern die Vorschrift des § 377 HGB anwendbar bleibt.

Anmerkung: Wie Sie sich sicher gemerkt haben, gilt diese Systematik nicht für den Fall, dass der Verbraucher gegenüber dem Unternehmer Schadensersatzansprüche wegen verspäteter Bereitstellung gem. § 327c II, III BGB geltend macht. Das bedeutet im Umkehrschluss jedoch nicht, dass hier kein Regress möglich wäre. Er wird eben nur nicht gesondert geregelt. Der Regress richtet sich daher nach dem allgemeinen Schuldrecht, d.h. die §§ 280 ff. BGB finden ganz normale Anwendung, d.h. für Begleitschäden gelten die §§ 280 I, II, 286 BGB, für Schadensersatz statt der Leistung die §§ 280 I, III, 281 BGB!

b) Bereitstellung eines mangelhaften digitalen Produkts durch den Vertriebspartner

§ 327u I S. 2 BGB

Verlangt der Verbraucher vom Unternehmer wegen Mängeln an dem bereitgestellten digitalen Produkt Nacherfüllung gem. § 327l I BGB, normiert § 327u I S. 2 BGB für diesen Fall ebenfalls einen Regressanspruch.

113

Voraussetzung dafür ist aber, dass der Mangel bereits bei der Bereitstellung durch den Vertriebspartner an den Unternehmer vorhanden war.

Da der Unternehmer diesbezüglich grundsätzlich die Beweislast tragen würde, er aber im Verhältnis zum Verbraucher beweisrechtlich wegen § 327k BGB schlechter gestellt wird, soll § 327k I, II BGB auch im Verhältnis zum Vertriebspartner gelten, wobei die Frist mit der Bereitstellung an den Verbraucher zu laufen beginnt, **§ 327u III BGB.**

§ 377 II, III HGB

Gem. § 327u V BGB bleibt § 377 HGB allerdings unberührt.

Maßgeblich für den Regress wird daher häufig die Frage sein, ob der Mangel erkennbar war bzw. ob § 377 HGB in der Beziehung zwischen Unternehmer und Vertriebspartner ggfs. sogar abbedungen wurde, was durch § 327u V BGB nicht ausgeschlossen wird.

> **hemmer-Methode:** Es handelt sich bei dem Anspruch aus § 327u I S. 2 BGB um einen eigenständigen Regressanspruch, so dass für die Frage der Mangelhaftigkeit allein auf die Beurteilung nach § 327e BGB abzustellen ist, auch wenn die Norm direkt zwischen Unternehmer und Vertriebspartner nicht gilt. Sofern jedoch § 377 HGB gilt, muss die Mangelhaftigkeit zwischen Unternehmer und Vertriebspartner nach § 434 I BGB erfolgen. Gleiches gilt, wenn der Unternehmer gegenüber seinem Vertriebspartner die ihm gem. § 437 BGB zustehenden Mängelrechte geltend macht.
> Der in § 327u BGB geregelte vereinfachte Regress muss also strikt von der ganz normalen vertraglichen Beziehung zwischen Unternehmer und Vertriebspartner getrennt werden.
> Eine Besonderheit gilt aber für den Fall, dass die Haftung des Unternehmers gegenüber dem Vertriebspartner auf einer Verletzung der Aktualisierungspflicht gem. §§ 327e I S. 1 Var. 2, III S. 1 Nr. 5, 327f BGB beruht. Hier kann der Unternehmer ausschließlich gem. § 327u I S. 2 BGB gegen den Vertriebspartner vorgehen, da es für Aktualisierungen im „normalen" Mängelrecht (zwischen Unternehmer und Vertriebspartner) keine Haftung gibt!!!

Verjährung: § 327u II Nr. 2 BGB

Für die Verjährung gilt ebenfalls eine 6-Monatsfrist, beginnend mit der Erfüllung des Anspruchs aus § 327l BGB gegenüber dem Verbraucher, vgl. § 327u II Nr. 2 BGB.

Auch hinsichtlich dieses Regresses kann sich der Vertriebspartner nicht auf einen Haftungsausschluss berufen, den er zuvor mit dem Unternehmer abgeschlossen hatte, § 327u IV BGB. Ebenso gilt für weitere Unternehmer in der Vertriebskette gem. § 327u VI BGB dieselbe Regressmöglichkeit.

VII. Verhältnis der §§ 327 ff. BGB zum Schuldrecht BT

Verhältnis der §§ 327 ff. BGB zum besonderen Schuldrecht

Wie bei der Klärung des Anwendungsbereichs der §§ 327 ff. BGB aufgezeigt, stellen die Normen keinen eigenständigen Vertragstyp dar. Vielmehr gelten sie unabhängig von der Frage, auf Basis welchen Vertragstyps des Schuldrecht BT die Bereitstellung der digitalen Produkte erfolgt.

114

Daraus rechtfertigt sich auch die Formulierung: „Allgemeines besonderes Schuldrecht".

§§ 453 I, 475a, 516a, 548a, 578b, 580a, 620, 650 BGB

Damit es innerhalb des BGB nicht zu Widersprüchen kommt, hat der Gesetzgeber bei all den Vertragstypen, auf deren Basis eine Bereitstellung digitaler Produkte denkbar ist, Vorschriften ergänzt, die das Verhältnis zu den §§ 327 ff. BGB regeln. Dies betrifft die §§ 453 I, 475a, 516a, 548a, 578b, 580a, 620, 650 BGB.

Gerade bei einer kaufrechtlichen Bereitstellung ist eine exakte Einordnung abhängig vom Vertragsgegenstand von entscheidender Bedeutung!

hemmer-Methode: Schauen Sie sich hierzu nochmals die Übersicht bei Rn. 30 in diesem Skript an!

1. Rechtskauf

Rechtskauf

Verkauft ein Unternehmer an einen Verbraucher digitale Inhalte, handelt es sich im Hinblick auf Qualifikation des Vertragsverhältnisses um einen Rechtskauf. *115*

§ 453 I S. 1 BGB verweist für diesen Fall auf die entsprechende Anwendung der Vorschriften über den Sachkauf, wodurch es in der Folge zu einer Anwendbarkeit der §§ 434 ff. BGB bzw. der 474 ff. BGB käme. Zwar besteht auch hier umfassender Verbraucherschutz. Wie aber bereits mehrfach ausgeführt, soll nur im Anwendungsbereich der Warenkaufrichtlinie auch tatsächlich eine Anwendung dieser Normen erfolgen.

Gem. § 453 I S. 2 Nr. 1 BGB sind §§ 433 I S. 1, 475 I BGB nicht anwendbar

Um zu verhindern, dass über den „Umweg" des § 453 I S. 1 BGB doch wiederum die entsprechenden Regelungen des Verbrauchsgüterkaufs zur Anwendung kommen, hat der Gesetzgeber in § 453 I S. 2 BGB für den Rechtskauf über digitale Inhalte die Anwendung verschiedener Vorschriften aus dem Kaufrecht ausgeschlossen. Dies gilt einmal für die Übergabepflicht gem. § 433 I S. 1 BGB und die Leistungszeit gem. § 475 I BGB, vgl. § 453 I S. 2 Nr. 1 BGB.

Stattdessen gelten die §§ 327, 327c BGB, vgl. § 453 I S. 3 BGB

Es gelten gem. § 453 I S. 3 BGB stattdessen die §§ 327, 327b BGB als Spezialregelungen.

Gem. § 453 I S. 2 Nr. 2 BGB ist kaufrechtliches Mängelrecht nicht anwendbar

Zudem werden die Mängelrechtsvorschriften gem. § 453 I S. 2 Nr. 2 BGB ausgeschlossen. Auf den ersten Blick verwundert, dass nicht auch § 475b BGB ausdrücklich ausgeschlossen wurde. Das ist aber nicht notwendig. Wenn Gegenstand des Kaufs eine Ware ist, liegt schon gar kein Rechtskauf vor, d.h. für diesen Fall ist der Einstieg über § 453 I BGB nicht denkbar. Für § 453 I BGB bedeutet dies aber, dass es hier tatsächlich nur um den kaufrechtlichen Erwerb nicht verkörperter digitaler Inhalte geht. Insbesondere der Kauf von Software wurde bereits bislang stets als „sonstiger Gegenstand" i.S.d. § 453 I S. 1 BGB aufgefasst.[105]

Stattdessen gelten §§ 327d ff. BGB, vgl. § 453 I S. 3 BGB

Statt §§ 434 und 435 BGB gelten gem. § 453 I S. 3 BGB die §§ 327e bis 327g BGB. Statt §§ 437 bis 442 BGB gelten gem. § 453 I S. 3 BGB die §§ 327i bis 327n BGB.

---

[105] Vgl. Grüneberg (vormals Palandt), § 453, Rn. 5 ff.

2. Verbrauchsgüterkauf über digitale Produkte

Differenziere nach Vertragsgegen-stand

Spannend ist die Abgrenzung insbesondere bei einem Verbrauchs-güterkauf über digitale Produkte. Sofern verkörpert, handelt sich um Ware, so dass es - wenn es nicht eine Norm gäbe, welche die Anwendbarkeit abgrenzt - sowohl zur Anwendung der §§ 327 ff. BGB als auch zur Anwendung der §§ 474 ff. BGB kommen könnte.

Um dies zu verhindern und eine klare Abgrenzung zu haben, muss nach der Art des digitalen Produkts differenziert werden.

a) Kauf eines körperlichen Datenträgers, § 475a I BGB

Kauf eines körperlichen Datenträgers

Zunächst bestimmt § 475a I BGB für den Kauf eines körperlichen Datenträgers, der ausschließlich als Träger digitaler Inhalte dient, dass nicht das „normale" Verbrauchsgüterkaufrecht gelten soll (d.h. insbesondere für die Beurteilung der Mangelhaftigkeit nicht § 475b BGB), sondern gem. § 475a I S. 2 BGB die §§ 327 ff. BGB! § 475a I S. 1 BGB greift damit die Regelung des § 327 V BGB noch einmal ausdrücklich auf (z.B. Erwerb einer CD).

116

b) Kauf einer Ware, die digitale Produkte enthält

Ware, die digitale Produkte enthält

Ist Gegenstand des Verbrauchsgüterkaufs eine Ware, die digitale Produkte enthält, muss differenziert werden.

aa) Ware kann Funktion nicht ohne digitale Produkte erfüllen, sog. „Ware mit digitalen Elementen" (§ 327a III BGB)

Computer mit Betriebssystem

Sofern die Ware ihre Funktion nicht ohne die digitalen Produkte erfüllen kann, ist der Anwendungsbereich der §§ 327 ff. BGB gem. § 327a III BGB ausgeschlossen. Der Kauf derartiger Ware wird daher anhand der §§ 433 ff. BGB und §§ 474 ff. BGB beurteilt.

117

Insbesondere richten sich die Mängelrechte nach den §§ 434 ff. BGB, die durch die §§ 475b, c BGB ergänzt werden.

> **Bsp.:** *Kauf eines Computers mit vorinstalliertem Betriebssystem*

Der Mangelbegriff des § 475b BGB gilt dabei aufgrund seines Wortlauts nicht nur für das digitale Element (Betriebssystem), sondern auch für Mängel der Ware selbst (Computer). Dies folgt im Übrigen auch aus der Bezugnahme auf § 434 II, III und IV BGB in § 475b III Nr. 1, IV Nr. 1 und VI Nr. 1 BGB.

bb) Ware kann ihre Funktion ohne digitale Produkte erfüllen (§ 475a II BGB)

Computer mit Spielesoftware

Sofern die Ware allerdings auch ohne das digitale Produkt benutzt werden kann, wird gem. § 475a II BGB die Anwendung von Kauf-recht wiederum in großem Umfang ausgeschlossen, § 475a II S. 1 Nr. 1, 2 BGB.

118

Hier gelten dann die §§ 327 ff. BGB, vgl. § 475a II S. 2 BGB.

> **Bsp.:** *Kauf einer elektrischen Zahnbürste inklusive einer App, die die Zahnputzzeiten speichert. Diese App ist für die Funktion der Zahnbürste bedeutungslos.*

__ABER__: Wegen § 327a II S. 2 BGB sind die §§ 327d ff. BGB nur auf diejenigen Bestandteile des Vertrags anzuwenden, welche die digitalen Produkte betreffen.[106]

Der Ausschluss der kaufrechtlichen Normen gilt daher nur für das digitale Produkt (in obigem Beispiel die App).

Bei Mängeln der Zahnbürste selbst bleibt es bei der Geltung der §§ 434 ff. BGB! Sie müssen also in der Klausur stets genau darauf achten, was für ein Mangel beschrieben wird. Dies entscheidet dann darüber, ob Sie für die Mangelhaftigkeit die Vorschrift des § 327e BGB (für die App) oder des § 434 BGB (für die Zahnbürste) zu subsumieren haben.

3. Schenkung digitaler Produkte, § 516a BGB

§ 516a BGB

Auch die Schenkung ist häufig die rechtliche Basis für die Bereitstellung digitaler Produkte.

119

> **Bsp.:** *Kostenloser Download von Software wie z.B. Acrobat Reader, CCleaner etc. (sog. „freeware") bzw. Gratis-Apps im App-Store*

Achtung: Handelt es sich um einen Vertrag über die Bereitstellung von Software, für die der Verbraucher keinen Preis zahlt und die der Unternehmer im Rahmen einer _freien und quelloffenen Lizenz_ anbietet, so kommen die §§ 327 ff. BGB wegen § 327 VI Nr. 6 BGB überhaupt nicht zur Anwendung, sofern die vom Verbraucher bereitgestellten personenbezogenen Daten durch den Unternehmer ausschließlich zur Verbesserung der Sicherheit, der Kompatibilität oder der Interoperabilität der vom Unternehmer angebotenen Software verarbeitet werden.
Um Hindernisse für solche Marktentwicklungen zu vermeiden, soll die Richtlinie in diesem Fall keine Anwendung finden.
Erwägungsgrund 32 der Richtlinie nennt hierfür „Open Source-Software für Forschung und Innovation".

§§ 523, 524 BGB bieten nur einen unzureichenden Schutz

Im Schenkungsrecht gibt es in §§ 523, 524 BGB Regelungen zur Mängelhaftung, die allerdings Arglist des Schenkers voraussetzen und damit einen unzureichenden Schutz bieten.

In Fällen, in denen die Parteien keinen Preis für die Bereitstellung eines digitalen Produkts vereinbaren (§ 327 I BGB), sondern allein eine Bereitstellung personenbezogener Daten nach § 327 III BGB, liegt eine Schenkung vor, wenn die Bereitstellung der Daten nicht als Gegenleistung anzusehen ist (andernfalls läge ein Kaufvertrag vor – Auslegungsfrage!).

Statt §§ 532, 524 BGB gelten die §§ 327d ff. BGB, § 516 I S. 2 BGB

Um in diesen Fällen die Anwendung der §§ 327d ff. BGB über die Mängelhaftung sicherzustellen, bedarf es eines Ausschlusses der schenkungsrechtlichen Mängelhaftung. An Stelle der nach § 516a I S. 1 BGB ausgeschlossenen §§ 523, 524 BGB treten nach § 516a I S. 2 BGB die §§ 327d ff. BGB.

Bereitstellung personenbezogener Daten zwingend

Machen Sie sich klar, dass § 516a I S. 1 BGB zwingend die Bereitstellung personenbezogener Daten verlangt („...schenkt, und (!)....").

> **Bsp.:** *Unternehmer U verschenkt in der Fußgängerzone im Rahmen einer PR-Aktion CDs mit einem Computerspiel wahllos an Passanten. Verbraucher V freut sich und möchte das Spiel zuhause auf seinem PC nutzen. Dabei muss er feststellen, dass es mangelhaft ist.* **Kommen die §§ 327d ff. BGB zur Anwendung?**

---

[106] __Ausnahme:__ Beendigungsrecht bzgl. aller Vertragsbestandteile bei unterbliebener Bereitstellung nach § 327c VII BGB bzw. bei Produktmängeln unter den Voraussetzungen des § 327m V BGB!

Es liegt eine Schenkung zwischen Unternehmer und Verbraucher über einen körperlichen Datenträger, der ausschließlich als Träger digitaler Inhalte dient, vor. Insoweit könnte gem. § 516a I S. 1 Nr. 2 BGB die Anwendung der §§ 523 f. BGB ausgeschlossen sein.

Allerdings hat V dem U keine personenbezogenen Daten bereitgestellt (vgl. Wortlaut: „**und**"). Der Ausschluss greift daher nicht ein, es gelten die §§ 523, 524 BGB. Anders wiederum, wenn das Spiel erst dadurch nutzbar wird, dass man sich bei der Installation zunächst registrieren muss!!!

> **hemmer-Methode: Sie sehen, dass es auch unter Geltung des neuen Rechts Verträge gibt, bei denen sich die neue Rechtslage nicht unmittelbar auswirkt, selbst wenn der Gegenstand des Vertrags in den Anwendungsbereich der Richtlinie fällt!**
> **Im rein unternehmerischen Verkehr gelten die Vorschriften nicht. Aber auch bei Verbraucherverträgen kommt § 516a I BGB nicht zur Anwendung, wenn noch nicht einmal personenbezogene Daten überlassen werden. Der Verbraucher ist in diesem Fall nicht schutzwürdig!**

§ 516a II BGB

Nach **§ 516a II BGB** gilt dies auch für Verträge, bei denen der Unternehmer dem Verbraucher eine Sache schenkt, die digitale Produkte enthält oder mit ihnen verbunden ist (§ 327a II BGB).

Wegen **§ 327a II S. 2 BGB** sind die §§ 327d ff. BGB aber nur auf diejenigen Bestandteile des Vertrags anzuwenden sind, welche die digitalen Produkte betreffen.

> *Bsp.: Unternehmer U schenkt Verbraucher V einen Dokumentenscanner unter gleichzeitiger Bereitstellung eines Cloudspeichers. Für Mängel am Dokumentenscanner gelten die §§ 523, 524 BGB. Für Mängel an dem mit dem Scanner verbundenen digitalen Produkt gelten stattdessen gem. § 516a II, I S. 2 BGB die §§ 327a II, 327d ff. BGB.*

4. Vermietung digitaler Produkte, §§ 578b, 548a BGB

§§ 548a, 578b BGB

§ 548a BGB bestimmt, dass die Vorschriften über die Miete von Sachen auch auf die Miete digitaler Produkte entsprechend anzuwenden sind.

Diese Vorschrift hat z.T. klarstellende, z.T. aber auch erweiternde Bedeutung. Schon bislang hatte die Rechtsprechung im Zusammenhang mit bestimmten Softwarelösungen das Mietrecht für anwendbar erklärt, wenn die Software auf einem Datenträger verkörpert ist.[107] Darüber hinaus gilt das Mietrecht aber in Zukunft auch dann, wenn lediglich isoliert Software als digitaler Inhalt (= digitales Produkt) vermietet wird.

Im rein unternehmerischen Verkehr

Diese Regelung hat zunächst einmal nichts mit den §§ 327 ff. BGB zu tun. Sie gilt also nicht nur, wenn digitale Produkte im Rahmen eines Verbrauchervertrags vermietet werden, sondern auch, wenn dies im rein unternehmerischen Verkehr geschieht.

Mit der Gleichstellung des Mietrechts über Sachen kommen bei der Vermietung digitaler Inhalte die §§ 535 ff. BGB zur Anwendung.

Bei Verbraucherverträgen: Verhältnis zu §§ 327 ff. BGB

Allerdings muss, sofern es sich um eine Vermietung digitaler Inhalte **im Rahmen eines Verbrauchervertrags** handelt, das Verhältnis der §§ 535 ff. BGB zu den §§ 327 ff. BGB geklärt werden.

Wie oben aufgezeigt, beinhalten diese Vorschriften Regelungen zur Bereitstellung („besonderes allgemeines Schuldrecht") sowie zum Mängelrecht („allgemeines besonderes Schuldrecht").

120

---

107 Vgl. Grüneberg (vormals Palandt), v. § 535, Rn. 103 m.w.N

Bzgl. Bereitstellung keine Geltung von § 543 II S. 1 Nr. 1 und IV BGB

Weil mit § 543 II S. 1 Nr. 2 BGB eine besondere Regelung zu der Frage besteht, wie auf eine Nichtleistung im Mietrecht reagiert werden kann, muss das Verhältnis zu §§ 327b, c BGB geregelt sein.

§ 578b I S. 1 Nr. 2 BGB schließt § 543 II S. 1 Nr. 4, IV BGB aus

Hier schließt § 578b I S. 1 Nr. 2 BGB die besonderen mietrechtlichen Regelungen aus, wenn es um die verzögerte Bereitstellung von vermieteten digitalen Produkten geht.

Das gilt wiederum nicht, wenn der Vertrag die Bereitstellung eines körperlichen Datenträgers zum Gegenstand hat, der ausschließlich als Träger digitaler Inhalte dient, § 578b I S. 3 BGB.

> *Bsp.: Unternehmer U vermietet eine CD mit einem Computerspiel an Verbraucher V, überlässt jedoch die CD nicht zum vereinbarten Zeitpunkt.*
>
> Hier kann der V gem. § 543 II S. 1 Nr. 1 BGB bei Vorliegen der entsprechenden Voraussetzungen kündigen. Würde jedoch die Vermietung des Computerspiels online erfolgen und sich die Bereitstellung verzögern, wären die §§ 327b, c BGB zu prüfen.

Bzgl. Mangelhaftigkeit keine Geltung von §§ 535 I S. 2, 536 ff. BGB

Auch hinsichtlich des Mängelrechts wird das Verhältnis der Vorschriften zueinander durch § 578b I S. 1 Nr. 1 BGB geklärt: § 535 I S. 2 BGB sowie die §§ 536 bis 536d BGB finden keine Anwendung. Vielmehr gelten gem. § 578b I S. 2 BGB die §§ 327e ff. BGB.

hemmer-Methode: Schon jetzt ist umstritten, ob es für den Anspruch auf Schadensersatz (neben oder statt der Leistung) gem. § 327i Nr. 3 Var. 1 i.V.m. § 280 I BGB bzw. § 327i Nr. 3 Var. 2 i.V.m. § 327m III S. 1 BGB tatsächlich auf ein Verschulden ankommt, sofern es um anfängliche Mängel des digitalen Produkts geht. Hier würde im Mietrecht – und § 548a BGB erklärt dieses ja nun einmal auch für digitale Produkte für anwendbar – eigentlich die Garantiehaftung des § 536a I Var. 1 BGB eingreifen. Warum sollte der Mieter digitaler Produkte schlechter stehen? Zwar ist der Wortlaut von § 578b I S. 1 Nr. 1 BGB eindeutig. Allerdings gab es schon vor dieser Gesetzesänderung eine Diskussion um die Ausdehnung des Garantiegedankens auf das Schuldrecht AT.[108] Hier bleibt abzuwarten, wie sich die Rechtsprechung zu der Frage verhalten wird.

Sofern es in Folge der Regelungen der §§ 327 ff. BGB zur Beendigung des Mietvertrags kommt (denkbar im Fall der fehlenden Bereitstellung, § 327c BGB, der Mangelhaftigkeit, § 327m BGB, sowie bei Vertragsänderung, § 327r BGB), stellt sich die Frage, ob auch hinsichtlich der daraus resultierenden Rechtsfolgen das Mietrecht gilt oder die §§ 327 ff. BGB. So wäre die Rückgabe der Mietsache z.B. aus § 546 I BGB geschuldet, wenn Mietrecht zur Anwendung kommt.

§ 578b II BGB

Auch hier sollen aber die §§ 327 ff. BGB Vorrang haben. Gem. § 578b II S. 1 BGB gelten die §§ 546 bis 548 BGB nicht, sondern die §§ 327 ff. BGB, § 578b II S. 2 BGB.

> *Bsp.: Nutzt der Mieter das digitale Produkt z.B. über den Beendigungszeitraum hinaus weiter, schuldet er keine Nutzungsentschädigung gem. § 546a BGB. Vielmehr richtet sich die Rechtslage abschließend nach § 327p BGB.*

Auch die kurze Verjährung des § 548 BGB ist von dem Ausschluss erfasst. Das erschließt sich (jedenfalls in dem angeordneten vollständigen Umfang) nicht wirklich, da jedenfalls der § 548 I BGB Rechte des Vermieters gegenüber dem Mieter betrifft.

---

[108] So wird insbesondere für den Fall des anfänglich unbehebbaren Mangels, in dem es noch nicht zur Überlassung der Mietsache gekommen ist, für die Haftung aus § 311a II BGB diskutiert, ob sie wegen der Vorwirkung des § 536a I Alt. 1 BGB verschuldensunabhängig bestehen sollte, vgl. Ahrens, ZGS 2003, 134 (136).

Beschädigt z.B. der Mieter das digitale Produkt, regeln die §§ 327 ff. BGB seine Haftung dafür nicht. Die Anspruchsgrundlage wäre § 280 I BGB. Warum soll hier § 548 I BGB nicht gelten? Auch die Mängelansprüche, insbesondere der Schadensersatzanspruch aus § 536a BGB, sind ohnehin nicht von § 548 II BGB erfasst.[109]

Denkbar ist allenfalls der Anspruch aus § 536a II BGB, der im Mietrecht gem. § 548 II BGB verjährt.[110] Sofern es um ein digitales Produkt geht, soll § 327j BGB nicht durch § 548 II BGB verdrängt werden.

§ 578b III BGB

Wird nicht nur ein digitales Produkt vermietet, sondern eine Sache, die ein digitales Produkt enthält oder mit ihm verbunden ist, gelten die obigen Normen lediglich für das digitale Produkt. Die Sache unterliegt im Übrigen den mietrechtlichen Regelungen, § 578b III BGB.

> *Bsp.: Ist Gegenstand der Miete ein Computer mit einem vorinstallierten Computerspiel, gilt bezüglich Mängeln an der Hardware das mietrechtliche Mängelrecht, §§ 536 ff. BGB, bei Mängeln an der Software jedoch die §§ 578b III, 327e ff. BGB!*
>
> *Ein Beispiel für eine Sache, die mit einem digitalen Produkt verbunden ist, wäre die Anmietung eines Dokumentenscanners mit Bereitstellung eines Cloud-Speichers.*

Unternehmerregress, § 578b IV BGB

§ 578b IV BGB regelt den Rückgriffsanspruch des Unternehmers gegenüber dem Vertriebspartner innerhalb einer Vertriebskette; im Mietrecht kann dies einem **Untermietverhältnis** entsprechen.

121

Nach § 578b IV S. 1 BGB wird im Verhältnis des Unternehmers zu seinem Vertriebspartner für die Fälle des § 578b I, II BGB die Anwendung des § 536a II BGB ausgeschlossen, sofern der Unternehmer gegenüber dem Verbraucher gem. § 327l BGB Aufwendungen zu tragen hatte. Das wird jedoch nur relevant, wenn der Unternehmer das digitale Produkt seinerseits bei seinem Vertriebspartner angemietet hat.

hemmer-Methode: Hat er demgegenüber das digitale Produkt beim Vertriebspartner gekauft, gilt ohnehin § 327u I BGB. Genau dessen Geltung wird in § 578b IV S. 2 BGB für den seltenen Fall der Anmietung eines digitalen Produkts im unternehmerischen Bereich angeordnet.

§ 580a III S. 1 BGB

Da sich bei der Vermietung beweglicher Sachen „etwas versteckt" in § 580a III S. 1 BGB noch eine Regelung zur Beendigung von Mietverhältnissen über bewegliche Sachen befindet (ordentliche Kündigungsfrist), musste auch hier eine Anpassung erfolgen, so dass die dortige Regelung auch bei der Vermietung von digitalen Produkten gilt.

§§ 327c, 327m, 327r III BGB bleiben anwendbar, § 580a III S. 2 BGB

Klarstellend weist § 580a III S. 2 BGB darauf hin, dass die Bestimmungen zur Vertragsbeendigung wegen unterbliebener Bereitstellung (§ 327c BGB), wegen Mangelhaftigkeit des digitalen Produkts (§ 327m BGB) bzw. wegen einer Vertragsänderung (§ 327r III BGB) durch die Regelungen zur ordentlichen Kündigung von Mietverträgen über bewegliche Sachen oder digitale Produkte nicht verdrängt werden.

§ 580a III S. 1 BGB ist also keine abschließende Regelung, sofern es um eine Vermietung digitaler Produkte im Rahmen eines Verbrauchervertrags geht.

---

[109]   Grüneberg (vormals Palandt), § 536a, Rn. 8.
[110]   Grüneberg, a.a.O.

5. Dienstvertrag über digitale Dienstleistungen, § 620 IV BGB

Kein Konflikt mit Schuldrecht BT

Das Dienstvertragsrecht verfügt über kein eigenständiges Mängelrecht. Für Schlechtleistungen gilt daher das allgemeine Schuldrecht. Insoweit bedurfte es durch die Reform keiner Regelung, die das Verhältnis des „allgemeinen besonderen Schuldrechts" zum besonderen Schuldrecht regelt.

122

Unmittelbare Geltung der §§ 327 ff. BGB

Sie müssen daher bei einem Dienstvertrag „einfach" nach dem Gegenstand des Vertrags differenzieren. Sofern es um digitale Dienstleistungen geht, wie etwa das Pflegen eines Cloudspeichers, sind ohne Weiteres die §§ 327 ff. BGB anwendbar.

§ 620 IV BGB für Beendigung

Insoweit bestand für den Gesetzgeber lediglich ein Bedürfnis dafür, die Beendigung eines Dienstverhältnisses anzusprechen, sofern es um digitale Dienstleistungen geht. § 620 BGB regelt die Beendigung von „normalen" Dienstverhältnissen. Ist Gegenstand des Vertrags eine digitale Dienstleistung, gelten die §§ 620 I, II, 621 BGB ebenfalls.

Da die §§ 327c, 327m und 327r III, IV BGB bei fehlender Bereitstellung, mangelhafter Leistung sowie bei Vertragsänderung eigenständige Beendigungsmöglichkeiten regeln, musste in **§ 620 IV BGB** lediglich klargestellt werden, dass diese Möglichkeiten *neben* denen des Dienstvertragsrechts bestehen.

6. Werklieferungs- und Werkverträge, § 650 II, III, IV BGB

Bisheriger § 650 BGB jetzt dessen Absatz 1

§ 650 BGB hatte bislang nur einen Absatz. Dieser wird aufgrund der Gesetzesänderung nun zu Absatz 1. In den Absätzen 2 - 4 befinden sich nun Regelungen, die das Verhältnis zu den §§ 327 ff. BGB regeln.

123

Die §§ 327 ff. BGB können in verschiedenen Fällen auch Verträge betreffen, die vertragstypisch als Werkverträge einzuordnen sind. Dies verdeutlicht z.B. **§ 327 IV BGB**, wonach die §§ 327 ff. BGB auch auf Verbraucherverträge anzuwenden sind, die digitale Produkte zum Gegenstand haben, welche nach den Spezifikationen des Verbrauchers entwickelt werden.

124

Die denkbaren Varianten, in denen es Berührungspunkte zum Werkvertragsrecht gibt, sind vielschichtig. Man kann wie folgt differenzieren:

125

Denkbare Varianten

⇨ **Herstellung digitaler Inhalte (§ 650 II S. 1 Nr. 1** i.V.m. **§ 327 I S. 1 Alt. 1 BGB),**

126

⇨ **Herbeiführung eines Erfolgs durch digitale Dienstleistung (§ 650 II S. 1 Nr. 2** i.V.m. **§ 327 I S. 1 Alt. 2 BGB),**

127

⇨ **Herstellung eines körperlichen Datenträgers**, der ausschließlich als Träger digitaler Inhalte dient (**§ 650 II S. 1 Nr. 3** i.V.m. **§ 327 V BGB),**

128

⇨ **Lieferung eines herzustellenden körperlichen Datenträgers**, der ausschließlich als Träger digitaler Inhalte dient (Werklieferungsvertrag, **§ 650 III** i.V.m. **§ 327 V BGB),**

129

⇨ **Herstellung einer Sache, die ein digitales Produkt enthält oder mit ihr verbunden ist (§ 650 IV S. 1** i.V.m. **§ 327a II BGB),** und

130

⇨ **Lieferung einer herzustellenden Sache, die ein digitales Produkt enthält oder mit ihr verbunden ist** (Werklieferungsvertrag, **§ 650 IV S. 2** i.V.m. **§ 327a II BGB).**

131

§ 650 II S. 1 Nr. 1 bis 3 BGB

§ 650 II S. 1 BGB betrifft die ersten drei Varianten. Danach sind die §§ 633 bis 639 BGB über die Rechte bei Mängeln sowie § 640 BGB über die Abnahme nicht anzuwenden auf einen Verbrauchervertrag, bei dem der Unternehmer sich verpflichtet, digitale Inhalte herzustellen (§ 650 II S. 1 Nr. 1 BGB), einen Erfolg durch eine digitale Dienstleistung herbeizuführen (§ 650 II S. 1 Nr. 2 BGB), oder einen körperlichen Datenträger, der ausschließlich als Träger digitaler Inhalte dient, herzustellen (§ 650 II S. 1 Nr. 3 BGB).

132

Keine Geltung der §§ 633 bis 639 BGB

Die §§ 633 bis 639 BGB werden ausgeschlossen, weil mit den §§ 327d bis 327n BGB eigenständige Vorschriften über die Mängelhaftung existieren, die gem. § 650 II S. 2 BGB an die Stelle der werkvertraglichen Vorschriften treten.

133

§ 640 BGB (-), wegen Konflikt mit § 327k BGB

Der Ausschluss erfasst auch § 640 BGB über die Abnahme, weil von ihr im Werkvertragsrecht der Übergang der Beweislast für Mängel vom Unternehmer auf den Besteller abhängt.

134

Dies wäre mit § 327k BGB nicht vereinbar, der dem Unternehmer die Beweislast für einen Zeitraum von einem Jahr nach der Bereitstellung des digitalen Produkts auferlegt.

135

> **Bsp.:** *Verbraucher V ist leidenschaftlicher Nutzer von Computerspielen. Er möchte nicht mehr die langweiligen Spiele nutzen, die man kaufen kann. Daher beauftragt er Unternehmer U damit, ihm ein eigenes Spiel nach seinen Vorstellungen zu konstruieren. Man wird sich über einen Werklohn in Höhe von 5.000,- € einig.*
>
> *Nachdem das Spiel fertig ist, spielt V es auf seinen Computer auf und erklärt gegenüber U, er sei mit seiner Leistung zufrieden und begleicht den Werklohn.*
>
> *Nach drei Monaten bemerkt V allerdings, dass das Spiel häufig hängen bleibt und nicht fehlerfrei läuft. Er begehrt deshalb Nachbesserung von U. Dieser beruft sich darauf, dass V das Spiel doch akzeptiert habe. Er wisse auch nicht, warum das Spiel nicht läuft. Kann V von U die Behebung des Defekts verlangen, wenn sich nicht mehr klären lässt, ob U tatsächlich fehlerhaft programmiert hatte?*

136

1. Ein Anspruch auf Nachbesserung könnte sich aus §§ 634 Nr. 1, 635 I BGB ergeben.

V und U haben einen Werkvertrag geschlossen und möglicherweise wurde das Werk auch mangelhaft errichtet.

137

Neben der Mangelhaftigkeit der Werkleistung gem. § 633 BGB müsste V aber nachweisen können, dass dieser Defekt auch schon bei Abnahme des Werkes vorgelegen hat. Zwar normiert § 633 BGB den Zeitpunkt der Abnahme nicht als maßgeblich für das Vorliegen eines Mangels. Es ist jedoch wegen der mit der Abnahme einhergehenden Gefahrtragungsregelung des § 644 BGB unstreitig, dass der Mangel bei Gefahrübergang vorhanden sein muss, was vom Besteller zu beweisen ist. Mit der Abnahme gem. § 640 BGB – die vorliegend stattgefunden hat – geht die Beweislast nämlich auf den Besteller über.

Möglicherweise sind die §§ 634 Nr. 1, 635 BGB sowie § 640 BGB aber gar nicht anwendbar. Dies könnte sich aus § 650 II S. 1 Nr. 1 BGB ergeben. Dann müsste es sich bei dem Werkvertrag zwischen V und U um einen Verbrauchervertrag handeln, was laut Sachverhalt der Fall ist. Zudem hat sich U gegenüber V dazu verpflichtet, einen digitalen Inhalt herzustellen, so dass der Ausschluss der §§ 634 Nr. 1, 635 BGB sowie des § 640 BGB greift.

138

Anmerkung: Gem. § 650 II S. 3 BGB werden jedoch die §§ 644, 645 BGB aufrecht erhalten, nur dass an die Stelle der Abnahme der Zeitpunkt der Bereitstellung tritt. Das ist insoweit nicht nur eine formale Änderung, da die Bereitstellung als einseitige Handlung des Schuldners nicht die Erklärung des Bestellers verlangt, das Werk als im Wesentlichen vertragskonform zu akzeptieren. Auch für die gem. § 650 II S. 2 BGB anwendbaren Regelungen der §§ 327 ff. BGB kommt es auf eine der Definition der Abnahme entsprechende Erklärung des Verbrauchers nicht an!

2. Gem. § 650 II S. 2 BGB gelten die §§ 327 ff. BGB. **Ein Anspruch auf Nachbesserung könnte sich daher aus § 327i Nr. 1 i.V.m. § 327l I BGB ergeben.**   *139*

Da das Spiel häufig hängen bleibt, entspricht es nicht den objektiven Anforderungen an die Mangelfreiheit i.S.d. § 327e I S. 1 Var. 2 i.V.m. III Nr. 1 BGB, da es sich nicht zur gewöhnlichen Verwendung eignet. Diese liegt bei einem Computerspiel nämlich darin, es ohne Abstürze störungsfrei nutzen zu können.

Problematisch ist allerdings, dass § 327e I S. 1 BGB lediglich voraussetzt, dass das digitale Produkt zum maßgeblichen Zeitpunkt den genannten Anforderungen entspricht. Maßgeblicher Zeitpunkt ist gem. § 327d BGB der Zeitpunkt der Bereitstellung. Vorliegend kann aber nicht geklärt werden, ob die objektiven Anforderungen schon zu dieser Zeit fehlten.

Gem. § 327k I BGB gilt jedoch zugunsten des V eine Beweislastumkehr, wenn sich das Fehlen der Anforderungen i.S.d. § 327e BGB - wie hier - innerhalb eines Jahres ab der Zeit der Bereitstellung zeigt.

Daher muss V nicht beweisen, dass der Defekt schon zum Zeitpunkt der Überlassung vorhanden war; vielmehr müsste U sich entlasten, was ihm laut Sachverhalt jedoch nicht gelingt. V kann daher von U die Behebung des Defekts gem. § 327i Nr. 1 i.V.m. § 327l I BGB verlangen.

§ 650 III BGB: eigentlich wegen § 650 I BGB Kaufrecht anwendbar

§ 650 III BGB regelt das Verhältnis des Werkvertragsrechts zu den §§ 327 ff. BGB für einen Verbrauchervertrag, bei dem sich der Unternehmer verpflichtet, einen herzustellenden körperlichen Datenträger, der ausschließlich als Träger digitaler Inhalte dient, zu liefern (Werklieferungsvertrag i.S.d. § 327 V BGB).   *140*

Da es sich bei einem solchen Datenträger um eine bewegliche Sache handelt, wären auf ihn nach § 650 I BGB grundsätzlich die Vorschriften über den Kauf anzuwenden.

Gem. § 650 III S. 2 BGB gelten die §§ 327d ff. BGB

Das Konkurrenzverhältnis wird wie bei § 475a I BGB geregelt, d.h. dass §§ 433 I S. 2, 434 bis 442 BGB, 475 III S. 1, IV bis VI BGB und die §§ 476 und 477 BGB über die Rechte bei Mängeln nicht anzuwenden sind. An die Stelle der nach § 650 III S. 1 BGB ausgeschlossenen Vorschriften treten nach § 650 III S. 2 BGB die §§ 327d ff. BGB.

§ 650 IV BGB

§ 650 IV BGB enthält Konkurrenzregelungen, welche die Verbraucherverträge über Sachen, die digitale Produkte enthalten oder mit ihnen verbunden sind (§ 327a II BGB), betreffen.   *141*

Werkvertrag, § 650 IV S. 1 BGB

Für den *Werkvertrag* gilt gem. **§ 650 IV S. 1 BGB** der Anwendungsausschluss nach § 650 II BGB, der aber wegen § 327a II S. 2 BGB nur diejenigen Bestandteile des Vertrags erfasst, welche das digitale Produkt betreffen.

Für die *Sache* selbst gelten daher die werkvertraglichen Mängelrechte der §§ 633 ff. BGB.

Werklieferungsvertrag,
§ 650 IV S. 1 BGB

Für den *Werklieferungsvertrag*, bei dem der Unternehmer sich verpflichtet, eine herzustellende Sache zu liefern, die digitale Produkte enthält oder mit digitalen Produkten verbunden ist, gilt gem. **§ 650 IV S. 2 BGB** der Anwendungsausschluss nach § 650 III BGB entsprechend, der wegen § 327a II S. 2 BGB ebenfalls nur diejenigen Bestandteile des Vertrags erfasst, welche das digitale Produkt betreffen.

142

Für die *Sache* selbst gelten daher die kaufvertraglichen Mängelrechte der §§ 650 I, 434 ff. BGB.

§ 4 DER „NEW DEAL FOR CONSUMERS"

Verkündung am 17.08.2021

Das „Gesetz zur Änderung des Bürgerlichen Gesetzbuchs und des Einführungsgesetzes zum Bürgerlichen Gesetzbuche in Umsetzung der EU-Richtlinie zur besseren Durchsetzung und Modernisierung der Verbraucherschutzvorschriften der Union" (im Folgenden etwas weniger sperrig als **„new deal for consumers"** abgekürzt) wurde am 10.08.2021 vom Bundestag beschlossen und am 17.08.2021 im Bundesgesetzblatt verkündet.[111]

143

Umsetzung der Modernisierungs-RL

Umgesetzt wurde durch dieses Gesetz die Richtlinie (EU) 2019/2161 des Europäischen Parlaments und des Rates vom 27. November 2019 zur Änderung der Richtlinie 93/13/EWG des Rates und der Richtlinien 98/6/EG, 2005/29/EG und 2011/83/EU[112] des Europäischen Parlaments und des Rates zur besseren Durchsetzung und Modernisierung der Verbraucherschutzvorschriften der Union.

hemmer-Methode: Im Folgenden wird die Richtlinie vereinfacht als „Modernisierungsrichtlinie" zitiert!

Inkrafttreten am 28.05.2022

Die Modernisierungsrichtlinie[113] ist von den Mitgliedstaaten bis zum 28.05.2022 in nationales Recht umzusetzen. Pünktlich an diesem Tag wird der **„new deal for consumers"** in Deutschland auch in Kraft treten.

Stärkung des Verbraucherschutzes im Onlinehandel

Die Modernisierungsrichtlinie ist das umfangreichste Projekt zur Stärkung des Verbraucherschutzes der vergangenen Jahre im Onlinehandel.[114] Mit der Richtlinie soll auf die gesellschaftspolitischen und technologischen Veränderungen reagiert werden, um das europäische Verbraucherschutzniveau zukunftsfähig zu machen.[115]

Ziele der neuen Regelungen sind die Steigerung der Transparenz und der Sicherheit im Onlinehandel.

A) Anpassungen des § 312 BGB und § 312j II BGB durch die Änderung der Verbraucherrechte-Richtlinie

Änderung in § 312 BGB

In Umsetzung der durch die Modernisierungsrichtlinie geänderten Verbraucherrechterichtlinie erfährt § 312 BGB eine Änderung im Hinblick auf Verträge über die Personenbeförderung. § 312 II Nr. 5 BGB wird gestrichen und stattdessen um einen neuen § 312 VIII BGB ergänzt.

144

§ 312a V BGB gilt künftig auch für Personenbeförderungsverträge

Künftig sind auf Verträge über die Beförderung von Personen nicht nur § 312a I, III, IV und VI BGB anwendbar, sondern auch noch § 312a V BGB.

Danach ist die Vereinbarung einer Entgeltpflicht für vom Verbraucher eingeholte telefonische Auskünfte unwirksam, wenn deren Höhe das Entgelt für die bloße Nutzung des Telekommunikationsdienstes übersteigt.

Bsp.: „0,24 Euro pro Minute für Anrufe aus dem deutschen Festnetz, Preise aus dem Mobilfunknetz können abweichen" - so oder ähnlich muss nach dem Telekommunikationsgesetz (TKG) auf die Preise für kostenpflichtige Hotlines hingewiesen werden.

---

[111]   Vgl. BGBl. 2021, Teil I, Nr. 53, Seite 3483 ff. vom 17.08.2021.

[112]   Hierbei handelt es sich um die sog. Verbraucherrechte-Richtlinie.

[113]   ABl. L 328 vom 18.12.2019, S. 7; abrufbar unter https://eur-lex.europa.eu/legal-content/DE/TXT/?uri=CELEX%3A32019L2161

[114]   Augenhofer, EuZW 2019, 5 (13).

[115]   Gleixner, Personalisierte Preise im Onlinehandel und Europas „New Deal for Consumers", VuR 2020, 417 (418 a.E.).

Bei Personenbeförderungsverträgen hat diese „Abzocke" nun ein Ende.

Künftig darf dieser Satz beim Anruf bei Verkehrsbetriebsgesellschaften also nicht mehr „ertönen". Nach §§ 312 VIII, 312a V BGB kann nämlich kein Personenbeförderer mehr für telefonische Auskünfte ein höheres Entgelt verlangen als die Kosten, die für den Anruf selbst entstehen.

Änderung in § 312j II BGB

In § 312j II BGB wird der Wortlaut der Vorschrift der geänderten Verbraucherrechterichtlinie angepasst. Künftig spricht die Vorschrift nicht mehr von einer entgeltlichen Leistung des Unternehmers, sondern von Verbrauchervertrag im elektronischen Geschäftsverkehr, der **den Verbraucher zur Zahlung verpflichtet.**

145

> **hemmer-Methode:** Durch das „Gesetz zur Umsetzung der Digitale-Inhalte-Richtlinie" wurde auch in § 312 I BGB der Begriff „entgeltliche Leistung" durch „Zahlung eines Preises" ersetzt.
>
> Dadurch sollen Abgrenzungsschwierigkeiten zum neuen § 312 Ia BGB vermieden werden. Nach § 312 Ia S. 1 BGB finden die Vorschriften der §§ 312 ff. BGB auch auf Verträge Anwendung, bei denen der Verbraucher an Stelle oder neben der Zahlung eines Preises personenbezogene Daten[116] bereitstellt oder sich zu deren Bereitstellung verpflichtet.
>
> Auch § 327 III BGB normiert, dass der durch das „Gesetz zur Umsetzung der Digitale-Inhalte-Richtlinie" neu eingefügte Titel 2a (§§ 327 ff. BGB) auch auf Verbraucherverträge anzuwenden ist, bei denen der Verbraucher dem Unternehmer personenbezogene Daten bereitstellt oder sich hierzu verpflichtet.
>
> Vor diesem Hintergrund wurde auch § 312j II BGB sprachlich angepasst. Durch die sprachliche Anpassung in § 312j II BGB ist es nicht mehr relevant, ob sich der Verbraucher zur Zahlung eines Preises oder zur Zahlung mit Daten verpflichtet. Wenn ein Verbraucher für den Erhalt einer Leistung personenbezogene Daten bereitstellt, dann ist das so, als wäre es die Zahlung eines Geldbetrages.
>
> Unmittelbare Folge der §§ 312 Ia S. 1, 327 III BGB ist, dass das Verbraucherschutzrecht beim „Zahlen mit Daten" anwendbar ist.[117]

Redaktionelle Anpassungen in §§ 312e, 312j II BGB an Art. 246a § 1 S. 1 EGBGB

In § 312e BGB und § 312j II BGB wurden infolge der Änderung des Art. 246a § 1 S. 1 EGBGB lediglich redaktionelle Anpassungen vorgenommen.

B) Neue Informationspflichten für Betreiber von Online-Marktplätzen gemäß § 312k BGB (<u>ab 01.07.2022</u>: § 312l BGB)

Allgemeine Informationspflichten für Unternehmer, die einen „Online-Marktplatz" betreiben

In **§ 312k I BGB i.V.m. Art. 246d EGBGB** werden für Unternehmer, die einen „Online-Marktplatz" betreiben, allgemeine Informationspflichten eingeführt.

146

Betreiber eines Online-Marktplatzes ist nach § 312k IV BGB der Unternehmer, der einen Online-Marktplatz für Verbraucher zur Verfügung stellt.

Definition Online-Marktplatz, § 312k III BGB

„Online-Marktplatz" ist nach der Definition des § 312k III BGB ein **virtueller Marktraum**, in dem Verbraucher mit Unternehmern oder mit anderen Verbrauchern unter Verwendung einer Software des Betreibers des Online-Marktplatzes Fernabsatzverträge abschließen können.[118]

Ein Online-Marktplatz liegt auch vor, wenn sowohl eigene Produkte des Marktplatz-Betreibers als auch Produkte anderer Unternehmer angeboten werden.

---

[116]   Der Begriff „personenbezogene Daten" entspricht dem in **Art. 4 Nr. 1 DSGVO** (Datenschutz-Grundverordnung).

[117]   Vgl. dazu auch Klink-Straub, Do ut des data – Bezahlen mit Daten im digitalen Vertragsrecht, NJW 2021, 3217 ff.

[118]   <u>**Hinweis:**</u> Soweit auf Plattformen im Internet Verträge über den Verkauf beweglicher Sachen aufgrund von Zwangsvollstreckungsmaßnahmen oder anderen gerichtlichen Maßnahmen angeboten werden, handelt es sich bereits nicht um Online-Marktplätze, weil die Anbieter im Rahmen ihrer hoheitlichen Befugnisse handeln und damit nicht der Abschluss von Fernabsatzverträgen ermöglicht wird.

Beispiele: eBay oder Amazon

> **Bsp.:** *Bekannteste Beispiele sind der US-amerikanische Online-Marktplatz* **eBay** *sowie der US-amerikanische Onlinevertragshändler* **Amazon,** *der es über die integrierte Verkaufsplattform Marketplace auch Privatpersonen oder anderen Unternehmern ermöglicht, im Rahmen des Onlinehandels neue und gebrauchte Produkte anzubieten.*

Keine Anwendung auf Verträge über Finanzdienstleistungen

Mit Ausnahme der nach § 312k II BGB ausgeschlossenen Verträge über Finanzdienstleistungen (vgl. dazu die Legaldefinition in § 312 V BGB) kommt es nicht darauf an, welche Art von Fernabsatzverträgen auf dem Online-Marktplatz geschlossen wird.

> **Bsp.:** *Unanwendbar ist § 312k BGB demnach auf den Betreiber des Online-Marktplatzes* **„check24"**, *einem der größten Finanzdienstleister in Deutschland!*
>
> *Zwar handelt es sich bei check24 grundsätzlich um ein Vergleichsportal. Bei einer Vermittlungs- oder Vergleichswebseite liegt allerdings dann ein Online-Marktplatz vor, wenn Fernabsatzverträge durch die Verwendung von Software des Betreibers des Online-Marktplatzes geschlossen werden, also zum Beispiel auf einem Teil der Webseite des Marktplatz-Betreibers.*

> **hemmer-Methode: Die Unanwendbarkeit der Informationspflichten nach § 312k I BGB i.V.m. Art. 246d EGBGB wird vom Gesetzgeber damit begründet, dass in Art. 246b, 247, 247a und Art. 248 EGBGB für spezifische Finanzdienstleistungen eigene und zum Teil abweichende Informationspflichten gelten!**

I. Die Informationspflichten nach Art. 246d § 1 EGBGB

Art. 246d § 1 EGBGB regelt im Einzelnen die Informationspflichten, die Betreiber eines Online-Marktplatzes gegenüber Verbrauchern treffen.

147

1. Ranking, Art. 246d § 1 Nr. 1 EGBGB

Information über das angezeigte Ranking, Art. 246d § 1 Nr. 1 EGBGB

Nach Art. 246d § 1 Nr. 1 EGBGB muss der Verbraucher über das angezeigte **„Ranking"** der Waren, Dienstleistungen oder digitalen Inhalte sowie über die Parameter zur Festlegung des Rankings und deren Gewichtung informiert werden.

148

Definition Ranking

Auf die Übernahme einer Definition des Begriffs Ranking im BGB bzw. EGBGB wurde leider verzichtet. Beim sog. „Ranking" handelt es sich um die relative Hervorhebung von Produkten, wie sie vom Gewerbetreibenden dargestellt, organisiert oder kommuniziert wird.

Das „Ranking" von kommerziellen Angeboten in den Ergebnissen einer Online-Suchanfrage wirkt sich oft nicht unerheblich auf die Entscheidung des Verbrauchers zum Vertragsschluss aus.

Daher müssen Verbraucher vom Betreiber eines Online-Marktplatzes über die Hauptparameter zur Festlegung des Rankings und deren Gewichtung im Vergleich zu anderen Parametern informiert werden.

Definition Parameter

Parameter für das Ranking sind alle allgemeinen Kriterien, Prozesse und spezifischen Signale, die in Algorithmen eingebunden sind, oder sonstige Anpassungs- oder Rückstufungsmechanismen, die im Zusammenhang mit dem Ranking eingesetzt werden.

Beispiele zu Parametern

> **Beispiele für Parameter:** *Anzahl der Aufrufe des Angebots, Datum der Einstellung des Angebots, Bewertung des Angebots oder des Anbieters, Anzahl der Verkäufe des Produkts oder die Nutzung der Dienstleistung („Beliebtheit"), Provisionen, Verwendung von Editorprogrammen etc.*

Für jeden Hauptparameter ist anzugeben, welche Gewichtung er im Vergleich zu anderen Hauptparametern und sonstigen Parametern besitzt.

Eine Offenlegung der Details der Funktionsweise der Rankingsysteme, einschließlich der Algorithmen, wird von der allgemeinen Informationspflicht hingegen nicht verlangt.

2. Vergleichsangebote, Art. 246d § 1 Nr. 2 EGBGB

Bei Angebotsvergleich müssen die Anbieter, die bei Ermittlung eines Vergleichsergebnisses berücksichtigt wurden, mitgeteilt werden

149

Die Betreiber von „Online-Marktplätzen", die neben der Auflistung von Angeboten auch noch einen Vergleich verschiedener Angebote durchführen, müssen bei der Präsentation des Vergleichsergebnisses den Verbraucher nach Art. 246d § 1 Nr. 2 EGBGB über die Anbieter informieren, deren Angebote bei der Erstellung des Vergleichs berücksichtigt wurden (**sogenannte Positivliste der Anbieter**).

> *Wiederholung: Da wegen § 312k II BGB die Vorschrift des § 312k I BGB nicht auf Online-Marktplätze anwendbar ist, auf denen Verträge über Finanzdienstleistungen angeboten werden, trifft diese Verpflichtung das Vergleichsportal „check24" gerade nicht.*

Zweck: Schaffung von Transparenz für die zu treffende Entscheidung zum Vertragsschluss seitens des Verbrauchers

Grund für die Einführung dieser Informationspflicht ist der Umstand, dass Vergleichsportale den Verbraucher häufig nicht oder nur sehr begrenzt auf die dem Vergleich zugrundeliegende Marktabdeckung hinweisen. Wenn dem Verbraucher keine hinreichenden Anhaltspunkte darüber zur Verfügung stehen, welche Anbieter von Waren, Dienstleistungen oder digitalen Inhalten vom Betreiber des Vergleichsportals beim Vergleich von Angeboten berücksichtigt wurden, fehlen ihm wesentliche Angaben, um eine informierte geschäftliche Entscheidung treffen zu können.

Auch diese Informationspflicht bezweckt daher Transparenz, damit vom Verbraucher eine „informierte" Kaufentscheidung getroffen wird bzw. zumindest werden kann.

Anbieter kann auch der Betreiber des Online-Marktplatzes selbst sein, wenn er eigene Waren, Dienstleistungen oder digitale Inhalte in den Vergleich einbezieht.

3. Verbundene Unternehmen, Art. 246d § 1 Nr. 3 EGBGB

Hinweis auf mit dem Betreiber des Online-Marktplatzes verbundene Unternehmen

150

Bestehen wirtschaftliche Verflechtungen zwischen dem Betreiber des Online-Marktplatzes und dem Anbieter, so besteht das Risiko, dass das vom Betreiber des Online-Marktplatzes erstellte Ranking beziehungsweise das Ergebnis des durchgeführten Vergleichs und in der Folge davon auch die Kaufentscheidung des Verbrauchers nicht sachgerecht beeinflusst werden.

Von einem entsprechenden Risiko ist dann auszugehen, wenn es sich bei dem Betreiber des Online-Marktplatzes und dem Anbieter um verbundene Unternehmen im Sinne von § 15 AktG handelt.

Auch die Informationspflicht in Art. 246d § 1 Nr. 3 EGBGB will sicherstellen, dass Verbraucher eine unbeeinflusste geschäftliche Entscheidung treffen können.

4. Person des Anbieters, Art. 246d § 1 Nr. 4 EGBGB

Mitteilung, ob der Anbieter ein Unternehmer (§ 14 BGB) ist

Nach Art. 246d § 1 Nr. 4 EGBGB muss der Verbraucher darüber aufgeklärt werden, ob es sich bei dem Anbieter nach dessen eigener Erklärung gegenüber dem Betreiber des Online-Marktplatzes um einen Unternehmer (§ 14 BGB) handelt. **151**

Mit dieser Informationspflicht soll dem Umstand abgeholfen werden, dass für Verbraucher der Status des Anbieters auf dem Online-Marktplatz und damit seines Vertragspartners oft nicht ersichtlich ist (vgl. auch Art. 246d § 1 Nr. 5 EGBGB, Rn. 152).

Der Betreiber eines Online-Marktplatzes muss von den Anbietern daher verlangen, dass diese ihren Status als Unternehmer oder Verbraucher im Sinne der §§ 13, 14 BGB auf dem Online-Marktplatz zur Verfügung stellen.

hemmer-Methode: Der Betreiber von Online-Marktplätzen ist hingegen nicht dazu verpflichtet, den Rechtsstatus des Anbieters zu überprüfen.

Die Verpflichtung, seinen Status anzugeben, gilt im Übrigen auch für den Betreiber des Online-Marktplatzes selbst, wenn auch er eigene Waren, Dienstleistungen oder digitale Inhalte auf seinem Marktplatz anbietet.

5. Hinweis auf fehlenden Verbraucherschutz, wenn Anbieter kein Unternehmer ist, Art. 246d § 1 Nr. 5 EGBGB

Hinweis auf fehlenden Verbraucherschutz, wenn der Anbieter kein Unternehmer ist

Nach Art. 246d § 1 Nr. 5 EGBGB muss der Verbraucher für den Fall, dass der Anbieter kein Unternehmer ist, hierauf hingewiesen werden, dass die besonderen Vorschriften für Verbraucherverträge auf den Vertrag nicht anzuwenden sind. **152**

> *Bsp.: Verbraucher V verkauft über eBay Waren. Hier muss eBay als Betreiber des Online-Marktplatzes künftig Privatkunden darauf hinweisen, dass es sich um ein Privatgeschäft handelt und daher die Vorschriften zum Verbraucherschutz keine Anwendung finden!*

6. Hinweis, dass Betreiber des Online-Marktplatzes nicht selbst Vertragspartner wird, Art. 246d § 1 Nr. 6 EGBGB

Rolle des Betreibers eines Online-Marktplatzes muss angegeben werden

Nach Art. 246d § 1 Nr. 6 EGBGB muss der Verbraucher darüber informiert werden, in welchem Umfang der Anbieter der Waren, Dienstleistungen oder digitalen Inhalte sich des Betreibers des Online-Marktplatzes bei der Erfüllung von Verbindlichkeiten aus dem Vertrag mit dem Verbraucher bedient. Zudem muss der Verbraucher informiert werden, dass ihm hierdurch keine eigenen vertraglichen Ansprüche gegenüber dem Betreiber des Online-Marktplatzes entstehen. **153**

hemmer-Methode: Diese Informationspflicht ist mehr als sinnvoll, weil sich kaum ein Verbraucher, der auf Online-Marktplätzen Verträge abschließt, auch nur ansatzweise darüber im Klaren ist, mit wem er überhaupt kontrahiert. Für Verbraucher ist oft nicht erkennbar, wer die sich aus dem Vertrag ergebenden Verpflichtungen zu erfüllen hat und welche Rolle der Betreiber des Online-Marktplatzes dabei spielt.

So kommt es vor, dass der Betreiber des Online-Marktplatzes als Erfüllungsgehilfe (§ 278 S. 1 Alt. 2 BGB) einzelne Verbindlichkeiten des Anbieters übernimmt, z.B. den Versand der Ware. Der Betreiber des Online-Marktplatzes tritt dann gegenüber dem Verbraucher in Erscheinung, ohne dass er eigene vertragliche Verpflichtungen gegenüber dem Verbraucher zu erfüllen hat.

Bsp.: Verbraucher V bestellt über Amazon für sein Heimkino einen Beamer von „visunext.beamershop24". Die Ware wird dem V in einem Karton von Amazon geliefert.

Damit der Verbraucher in solchen Situationen keine falschen Schlüsse im Hinblick auf die Person des vertraglich Verpflichteten zieht, muss er künftig darüber entsprechend informiert werden.

7. Preismitteilung beim Weiterverkauf von Eintrittskarten, Art. 246d § 1 Nr. 7 EGBGB

Information über vom Veranstalter verlangten Preis beim Weiterverkauf von z.B. Konzertkarten

Nach Art. 246d § 1 Nr. 7 EGBGB muss beim Weiterverkauf einer Eintrittsberechtigung (z.B. einer Konzertkarte) der Verbraucher über den Preis informiert werden, zu welchem der Veranstalter selbst die Eintrittsberechtigung verkauft bzw. verkauft hat.

154

Wenn Verbraucher über einen Online-Marktplatz eine Eintrittskarte als Zweitkäufer erwerben möchten, zahlen sie nämlich oft einen deutlich - häufig vielfach - höheren Preis. Die Information hat auf Grundlage der Angaben des Anbieters, der die Eintrittsberechtigung weiterverkaufen will, zu erfolgen.

Bsp.: Verbraucher V möchte sich die womöglich letzte AC/DC-Tour nicht entgehen lassen. Da alle Deutschlandkonzerte innerhalb weniger Minuten ausverkauft sind, versucht es V über die Plattform www.viagogo.de. Dort bietet „Abu.Zocker" (A) eine Karte für das Konzert im Hamburger Volksparkstadion zum Kauf von 650,- € an.

A muss nach Art. 246d § 1 Nr. 7 EGBGB gegenüber viagogo angeben, zu welchem Preis er die Karte vom Veranstalter gekauft hat. Hierüber muss V von dem Marktplatzbetreiber viagogo vor dem Kauf der Karte informiert werden.

hemmer-Methode: Eine Pflicht des Online-Marktplatz-Betreibers zur Überprüfung dieser Information besteht hingegen nicht.

Auch der Betreiber des „Online-Marktplatzes" selbst muss den ursprünglichen Preis angeben, wenn er auf seinem Marktplatz eine Eintrittsberechtigung für eine Veranstaltung weiterverkauft.

Hinweis: Nach der Modernisierungsrichtline handelt es sich beim gewerblichen Weiterverkauf von Eintrittskarten um eine unlautere Geschäftspraxis, wenn der Gewerbetreibende diese unter Verwendung automatisierter Verfahren erworben hat, die dazu dienen, die für den Verkauf der Eintrittskarten geltenden Regelungen (wie z.B. die Regel von www.eventim.de, dass pro Person der Verkauf auf maximal vier Tickets beschränkt ist) zu umgehen.

II. Formale Anforderungen an die Erfüllung der Informationspflichten, Art. 246d § 2 EGBGB

Art. 246d § 2 EGBGB

Die Formalien zu den Informationspflichten regelt Art. 246d § 2 I EGBGB. Danach müssen die Informationen vor Abgabe der Bestellung in klarer, verständlicher und in einer den benutzten Fernkommunikationsmitteln angepassten Weise zur Verfügung gestellt werden[119]

155

Die Angaben zum Ranking und den Vergleichsangeboten sind nach Art. 246d § 2 II EGBGB so zur Verfügung zu stellen, dass sie unmittelbar auf der Angebotsseite leicht zugänglich dargestellt sind.

---

[119] **Hinweis:** Für die Auslegung der Begriffe „klar" und „verständlich" kann auf die Rechtsprechung zum Transparenzgebot des **§ 307 I S. 2 BGB** zurückgegriffen werden!

III. Rechtsfolgen bei Verletzung der Informationspflichten nach § 312k I BGB

Bußgeld nach Art. 246e § 1 II Nr. 10 i.V.m. § 2 EGBGB

Wenn der Unternehmer den Verbraucher nach § 312k I BGB nicht informiert, liegt nach Art. 246e § 1 II Nr. 10 EGBGB eine Verletzung von Verbraucherinteressen vor.

156

Diese Verletzung ist nach Art. 246e § 2 BGB bußgeldbewehrt (vgl. dazu Rn. 186 in diesem Skript).

C.i.c. wegen vorvertraglicher Pflichtverletzung, §§ 280 I, 311 II, 241 II i.V.m. § 249 I BGB

Bei Verletzung der Informationspflichten kommen aber auch Ansprüche auf Schadensersatz aus c.i.c. wegen vorvertraglicher Pflichtverletzung gem. §§ 280 I, 311 II, 241 II BGB in Betracht.

Ein Verbraucher, der unter Verstoß gegen die Informationspflichten einen Vertrag geschlossen hat, den er bei gehöriger Information nicht abgeschlossen hätte, kann daher über die c.i.c. gem. §§ 280 I, 311 II, 241 II Var. 3 BGB i.V.m. § 249 I BGB vom Unternehmer die Zustimmung zur Vertragsaufhebung verlangen. Kausaler Schaden ist die durch den Vertrag eingegangene Verpflichtung.

Anfechtung wegen Täuschung, § 123 I Alt. 1 BGB

Verletzt der Unternehmer seine Informationspflichten vorsätzlich, um den Verbraucher dadurch zum Vertragsschluss zu bewegen, so kommt auch eine Anfechtung wegen arglistiger Täuschung in Betracht, § 123 I Alt. 1 BGB.

C) Änderungen zum Erlöschen des Widerrufsrechts bei Dienstleistungen und digitalen Inhalten

Erfassung von Verträgen, bei denen der Verbraucher keinen Preis zahlt, sondern dem Unternehmer nur personenbezogene Daten bereitstellt

Die Neufassung des **§ 356 IV BGB** (Erlöschen des Widerrufsrechts bei Dienstleistungen) und des **§ 356 V BGB** (Erlöschen des Widerrufsrechts bei digitalen Inhalten) ist zurückzuführen auf die in § 312 Ia BGB enthaltene Erweiterung des Anwendungsbereichs der §§ 312 ff. BGB.

157

Diese Vorschriften gelten nämlich seit dem 01.01.2022 im Zuge der Umsetzung der „Digitale-Inhalte-Richtlinie" auch für solche Verbraucherverträge, in denen der Verbraucher sich nicht zur Zahlung eines Preises verpflichtet (vgl. § 312 I BGB), sondern dem Unternehmer personenbezogene Daten zur Verfügung stellt (§ 312 Ia BGB).

hemmer-Methode: Zu diesen Änderungen vgl. § 3 dieses Skripts!

I. Erlöschen des Widerrufsrechts bei Dienstleistungen, vgl. § 356 IV BGB

Preis oder personenbezogene Daten geschuldet?

Das Erlöschen des Widerrufsrechts bei Dienstleistungen differenziert künftig danach, ob der Verbraucher gegenüber dem Unternehmer zur Zahlung eines Preises verpflichtet war, oder eben nicht und nur personenbezogene Daten zur Verfügung stellt.

158

1. Verbraucher schuldet keinen Preis

*Verbraucher schuldet **keinen** Preis*

Nach § 356 IV Nr. 1 BGB erlischt das Widerrufsrecht bei einem Vertrag über Dienstleistungen, der den Verbraucher **nicht zur Zahlung verpflichtet**, wenn der Unternehmer die Dienstleistung vollständig erbracht hat.

158a

Das Erlöschen des Widerrufsrechts hängt in diesem Fall nicht davon ab, dass der Verbraucher über diese Rechtsfolge informiert wurde! Es genügt, dass die Dienstleistung vollständig erbracht wurde.[120]

> **hemmer-Methode:** Handelt es sich bei der Dienstleistung um ein Dauerschuldverhältnis (z.B. Vertrag mit einem E-Mail-Provider oder einem „Sozialen Netzwerk"), ist die Dienstleistung allerdings nicht durch die erstmalige Bereitstellung vollständig erbracht.

2. Verbraucher ist zur Zahlung eines Preises verpflichtet

*Verbraucher ist zur Zahlung **eines** Preises verpflichtet*

Wenn der Vertrag über die Erbringung von Dienstleistungen den Verbraucher zur Zahlung eines Preises verpflichtet, erlischt das Widerrufsrecht unter den bislang in § 356 IV S. 1 BGB a.F. normierten Voraussetzungen künftig nach § 356 IV Nr. 2 a) und c) BGB n.F. Das Widerrufsrecht erlischt danach, wenn der Verbraucher

158b

⇨ ausdrücklich zugestimmt hat, dass der Unternehmer vor Ablauf der Widerrufsfrist mit der Erbringung der Dienstleistung beginnt, vgl. **§ 356 IV Nr. 2a)** BGB,

⇨ und er seine Kenntnis davon bestätigt hat, dass sein Widerrufsrecht mit vollständiger Vertragserfüllung durch den Unternehmer erlischt, vgl. **§ 356 IV Nr. 2c)** BGB.

Die bisher in § 356 IV S. 2 BGB geregelte Voraussetzung, dass die Zustimmung bei außerhalb von Geschäftsräumen geschlossenen Verträgen (§ 312b BGB) auf einem dauerhaften Datenträger[121] zu übermitteln ist, wird in § 356 IV Nr. 2b) BGB n.F. geregelt.[122]

***Neue Regelung** bei einer vom Verbraucher bestellten Reparatur!*

Wird ein Unternehmer vom Verbraucher ausdrücklich aufgefordert, diesen aufzusuchen, um Reparaturarbeiten vorzunehmen, setzt der Verlust des Widerrufsrechts des Verbrauchers gem. § 356 IV Nr. 3 BGB n.F. nicht mehr voraus, dass der Verbraucher seine Kenntnis davon bestätigt hat, dass sein Widerrufsrecht bei vollständiger Vertragserfüllung durch den Unternehmer erlischt.

159

Es genügt nach **§ 356 IV Nr. 3 BGB n.F.**, dass der Verbraucher ausdrücklich auf einem dauerhaften Datenträger (z.B. einer E-Mail) zugestimmt hat, dass der Unternehmer mit der Erbringung seiner Dienstleistung vor Ablauf der Widerrufsfrist beginnt (vgl. § 356 IV Nr. 2a) und b) i.V.m. § 356 IV Nr. 3 BGB n.F.).

Bedeutung der Vorschrift

Bei Verträgen, bei denen der Verbraucher den Unternehmer aufgefordert hat, ihn zwecks Vornahme **dringender** Reparaturen oder Instandhaltungsmaßnahmen aufzusuchen, besteht bereits kein Widerrufsrecht (vgl. § 312g II Nr. 11 HS 1 BGB).

Daher hat § 356 IV Nr. 3 BGB nur Bedeutung bei nicht dringenden Reparaturen oder bei allen weiteren Arbeiten, die der Unternehmer anlässlich eines solchen Besuchs aufgrund neuer vertraglicher Vereinbarungen vornimmt. In diesen Fällen besteht nämlich aufgrund der Rückausnahme in § 312g II Nr. 11 HS 2 BGB wiederum ein Widerrufsrecht.

---

[120] Klink-Straub, Do ut des data – Bezahlen mit Daten im digitalen Vertragsrecht, NJW 2021, 3217 (3222).

[121] **Hinweis:** Soweit die Prüfungsordnung Ihres Bundeslandes Kommentierungen des Gesetzes zulässt, schreiben Sie sich die Legaldefinition des § 126b S. 2 BGB an den Begriff „dauerhafter Datenträger"!

[122] Vgl. zu diesem Erfordernis zuletzt **BGH, Life&LAW 09/2021, 589 ff.** = jurisbyhemmer.

II. Änderungen zum Widerrufsrecht bei digitalen Inhalten

Erfassung von Verträgen, bei denen der Verbraucher keinen Preis zahlt, sondern dem Unternehmer nur personenbezogene Daten bereitstellt

Auch in § 356 V BGB wird die Unterscheidung nachvollzogen, ob sich der Verbraucher in einem Vertrag über die Bereitstellung digitaler Inhalte, die nicht auf einem dauerhaften Datenträger geliefert werden, zur Zahlung eines Preises verpflichtet, oder der Verbraucher dem Unternehmer lediglich die Bereitstellung personenbezogener Daten zusagt.

160

*Verbraucher schuldet **keinen** Preis, § 356 V Nr. 1 BGB*

§ 356 V Nr. 1 BGB regelt das Erlöschen des Widerrufsrechts bei Verträgen über die Bereitstellung von nicht auf einem körperlichen Datenträger befindlichen digitalen Inhalten, die den Verbraucher **nicht zur Zahlung eines Preises** verpflichten.

161

Danach erlischt das Widerrufsrecht, wenn der Unternehmer mit der Vertragserfüllung begonnen hat.

Verbraucher schuldet einen Preis, § 356 V Nr. 2 BGB

In § 356 V Nr. 2 BGB sind bei Verträgen, die den Verbraucher **zur Zahlung eines Preises verpflichten**, zusätzliche Voraussetzungen für das Erlöschen des Widerrufsrechts aufgeführt.

162

Die Voraussetzungen in § 356 V Nr. 2 a), b) BGB n.F. entsprechen dem bisherigen § 356 V Nr. 1, 2 BGB a.F.

Neu: Bestätigung gemäß § 312f BGB (vgl. § 356 V Nr. 2c) BGB n.F.)

Die Modernisierungsrichtlinie sieht aber als Voraussetzung für das Erlöschen des Widerrufsrechts bei zahlungspflichtigen Verträgen nunmehr auch vor, dass der Unternehmer dem Verbraucher eine Bestätigung des Vertrags gemäß den Vorgaben des § 312f BGB zur Verfügung gestellt hat.

Diese Vorgabe wurde durch § 356 V Nr. 2c) BGB n.F. umgesetzt.

D) Änderungen zu den Rechtsfolgen des Widerrufs von außerhalb von Geschäftsräumen geschlossenen Verträgen und von Fernabsatzverträgen

Redaktionelle Änderungen in § 357 V bis VII BGB

Die bisherigen § 357 V und VI BGB werden in § 357 V bis VII BGB n.F. neu strukturiert.

163

Neuer § 357 VIII BGB

Außerdem wird ein neuer § 357 VIII BGB angefügt.

Regelungen zum Wertersatz werden in § 357a BGB verschoben

Die bisher in § 357 VII bis IX BGB a.F. getroffenen Regelungen über den bei Widerruf zu leistenden Wertersatz werden aus Gründen der Übersichtlichkeit in den neu eingefügten § 357a BGB verschoben. Zu den dadurch bedingten Verschiebungen vgl. Rn. 174.

hemmer-Methode: Die meisten dieser Änderungen sind redaktioneller Natur und sollen der Übersichtlichkeit dienen.

I. Änderungen in § 357 BGB

§ 357 IV S. 1 und S. 2 BGB werden zu § 357 V BGB n.F.

Die bisher in § 357 VI S. 1 und 2 BGB getroffene Regelung über die Kosten der Rücksendung der Waren wird künftig in § 357 V BGB enthalten sein.

164

§ 357 V BGB wird § 357 VI BGB n.F.

Der bisherige § 357 V BGB a.F. wird zu § 357 VI BGB n.F. und sprachlich angepasst, ohne dass damit eine inhaltliche Änderung einhergehen soll.

§ 357 VI S. 3 BGB wird zu § 357 VII BGB n.F.	Der bisherige § 357 VI S. 3 BGB a.F. wird § 357 VII BGB n.F. und redaktionell angepasst, ohne dass damit eine inhaltliche Änderung einhergehen soll.

Neu: *§ 358 VIII BGB*

Neu eingefügt wurde § 358 VIII BGB. Diese (neue) Vorschrift verweist hinsichtlich der weiteren Rechtsfolgen des Widerrufs von Verträgen über die Bereitstellung digitaler Produkte auf § 327p BGB, der durch das „Gesetz zur Umsetzung der Digitale-Inhalte-Richtlinie" eingeführt wurde und den Umgang mit digitalen Inhalten nach Vertragsbeendigung regelt (vgl. dazu Rn. 99 in § 3 dieses Skripts). **165**

§ 357 I BGB ist neben §§ 357 VIII, 327p BGB anwendbar

Die weiteren in § 357 BGB geregelten Rechtsfolgen des Widerrufs sind neben § 357 VIII BGB n.F. zu beachten. So ist die 14-tägige Höchstfrist für die Rücksendung digitaler Inhalte auf körperlichen Datenträgern weiterhin § 357 I BGB zu entnehmen.

II. Regelungen über den bei Widerruf zu leistenden Wertersatz

§ 357 VIII bis IX BGB a.F. wird zu § 357a BGB n.F.

Die bisher in § 357 VII bis IX BGB a.F. getroffenen Regelungen über den bei Widerruf zu leistenden Wertersatz werden aus Gründen der Übersichtlichkeit in den neu eingefügten § 357a BGB verschoben. **166**

---

1. Wertersatz für Wertverlust einer Ware, § 357a I BGB

Wertersatz für den Wertverlust einer Ware, § 357a I BGB n.F.

Der bisherige § 357 VII BGB a.F. wird zu § 357a I BGB n.F. und in Nr. 2 redaktionell geändert. Wie bisher hat der Verbraucher daher nur dann Wertersatz zu leisten, wenn kumulativ zwei Voraussetzungen vorliegen: **167**

Ordnungsgemäße Unterrichtung, § 357a I Nr. 2 BGB

a) Der Verbraucher muss ordnungsgemäß nach Art. 246a § 1 II S. 1 Nr. 1 EGBGB über sein Widerrufsrecht unterrichtet worden sein, § 357a I Nr. 2 BGB n.F.

Umgang mit der Ware war zu deren Prüfung nicht notwendig, § 357a I Nr. 1 BGB

b) Weitere Voraussetzung für eine Wertersatzpflicht ist, dass ein Wertverlust eingetreten ist, der auf einen Umgang mit der Ware zurückzuführen ist, der zur Prüfung der Beschaffenheit, der Eigenschaften und der Funktionsweise der Ware nicht notwendig war, § 357a I Nr. 1 BGB n.F.

Maßstab für die Abgrenzung des noch nicht zum Wertersatz führenden Prüfens vom zum Wertersatz verpflichtenden Gebrauchen ist der Vergleich damit, welche Erkenntnis- und Informationsmöglichkeiten dem Verbraucher in einem durchschnittlichen Ladengeschäft typischerweise zur Verfügung stehen würden.[123]

Die Grundsätze der Wertersatzpflicht

Inhaltlich sind mit den Neuregelungen keine Änderungen verbunden. Da die Frage der Wertersatzpflicht nach Widerruf vielen Studierenden Schwierigkeiten bereitet, werden die wichtigsten Grundsätze hierzu kurz zusammengefasst: **168**

Wertverlust durch Beschädigung

aa) Ein **Wertverlust** kann zum einen **durch** eine Beeinträchtigung der Sachsubstanz eintreten, welche aus der **Abnutzung der Ware** oder einem unsachgemäßen Umgang mit dieser resultiert.

Wertverlust durch Gebrauch

bb) Neben einem durch Substanzschäden oder Untergang vermittelten Wertverlust umfasst § 357a I BGB auch einen Wertverlust, der ohne Beeinträchtigung der Sachsubstanz aus einem negativen Werturteil des Marktes resultiert[124], was beim Gebrauch einer Sache regelmäßig der Fall sein dürfte.

---

[123]   MüKo/*Fritsche*, BGB, 8. Auflage 2019, § 358, Rn. 31.
[124]   BeckOK BGB/Müller-Christmann, 59. Ed. 01.05.2021, BGB § 357 Rn. 17.

Abgrenzung zwischen Abnutzung ⇔ Prüfung der Ware

Maßstab für die Abgrenzung des noch nicht zum Wertersatz führenden Prüfens (§ 357a I Nr. 1 BGB) und des zum Wertersatz verpflichtenden Gebrauchens ist der Vergleich damit, welche Erkenntnis- und Informationsmöglichkeiten dem Verbraucher in einem durchschnittlichen Ladengeschäft typischerweise zur Verfügung stehen würden[125]

Berechnung des Wertersatzes

Für die Berechnung des Wertersatzes darf aber unstreitig nicht auf den Gebrauchsvorteil abgestellt werden, weil dies auf die Gewährung eines reinen Nutzungsersatzanspruches hinausliefe.

Beim Widerruf ist nämlich ein Anspruch auf Ersatz gezogener Nutzungen ausgeschlossen, weil sich seit dem 13.06.2014 die Rückabwicklung nicht mehr nach dem Rücktrittsrecht richtet, also ein Anspruch wie in § 346 II S. 1 Nr. 1 BGB gerade ***nicht*** besteht!

In der Praxis wird zur Berechnung die „Wertverzehrtheorie" angewendet.[126] Danach wird auf den Umfang der tatsächlichen Nutzung im Verhältnis zur voraussichtlichen Gesamtnutzungsdauer abgestellt.

> **hemmer-Methode:** Im Hinblick darauf, dass beim Widerruf gerade kein Anspruch auf Ersatz gezogener Nutzungen besteht, ist diese Art der Berechnung nicht unbedenklich. Es wäre wünschenswert gewesen, wenn durch den „new deal for consumers" eine Klarstellung erfolgt wäre. Da dies nicht geschehen ist, wird die Praxis wohl weiterhin an dieser Berechnungsmethode festhalten!

§ 357a BGB ist abschließend, § 361 BGB

Diese Regelung zum Wertersatz ist abschließend, sodass daneben keine weiteren Ansprüche bestehen, § 361 BGB. Auch hieran ändert sich durch den „new deal for consumers" nichts.

169

Umstritten ist daher nach wie vor die Frage, ob der Verbraucher für eine nach erklärtem Widerruf erfolgte fahrlässige Beschädigung der Ware nach §§ 280 I, 241 II, 355 I BGB Schadensersatz leisten muss.

Teleologische Reduktion des § 361 BGB (str.)

Nach überzeugender Ansicht soll die Sperrwirkung des § 361 I BGB im Wege teleologischer Reduktion nicht für Beschädigungen nach Ausübung des Widerrufsrechts gelten.[127]

Sinn der Vorschrift sei es, den Verbraucher nicht durch ein unübersehbares Haftungsrisiko von der Ausübung seines Widerrufs abzuhalten. Dieser Sinn und Zweck greift aber dann nicht mehr, wenn der Verbraucher sein Recht zum Widerruf bereits ausgeübt hat (a.A. sehr gut vertretbar).

2. Wertersatz für bis zum Widerruf erbrachte Dienstleistungen, § 357a II BGB n.F.

§ 357 VIII BGB a.F. wird zu § 357a II BGB n.F.

Die bislang in § 357 VIII BGB a.F. geregelte Wertersatzpflicht für bis zum Widerruf erbrachte Dienstleistungen wird in § 357a II BGB n.F. neu geregelt, wobei sich keine inhaltliche Änderungen ergeben.

170

Danach schuldet der Verbraucher Wertersatz, wenn

a) der Verbraucher von dem Unternehmer ausdrücklich verlangt hat, dass mit der Leistung vor Ablauf der Widerrufsfrist begonnen werden soll (§ 357a II S. 1 Nr. 1 BGB n.F.)

---

[125] MüKo/*Fritsche*, BGB, 8. Auflage 2019, § 358, Rn. 31.
[126] MüKo/*Fritsche*, BGB, 8. Auflage 2019, § 358, Rn. 36.
[127] MüKo/*Fritsche*, BGB, 8. Auflage 2019, § 361, Rn. 4.

hemmer-Methode: Nach § 357a II S. 1 Nr. 2 BGB n.F. muss - wie bislang nach § 357 VIII S. 3 BGB - der Verbraucher dieses Verlangen dem Unternehmer auf einem dauerhaften Datenträger übermittelt haben.

und

b) der Unternehmer den Verbraucher ordnungsgemäß über dessen Widerrufsrecht nach Art. 246a § 1 II S. 1 Nr. 1 und Nr. 3 EGBGB informiert hat (§ 357a II S. 1 Nr. 3 BGB).

Zur Berechnung des Wertersatzes ist gem. § 357a II S. 2 BGB n.F. (= § 358 VIII S. 4 BGB a.F.) der vereinbarte Gesamtpreis zu Grunde zu legen. Ist der vereinbarte Gesamtpreis unverhältnismäßig hoch, so ist der Wertersatz nach § 357a II S. 3 BGB n.F. auf der Grundlage des Marktwerts der erbrachten Leistung zu berechnen (= § 357 VIII S. 5 BGB a.F.).

171

Wertersatz beschränkt auf Verträge, für die ein Preis zu zahlen ist

Allerdings ist der Anspruch auf Wertersatz beschränkt auf Verträge über Dienstleistungen, die für den Verbraucher die Zahlung eines Preises vorsehen.

172

Dies stellt keine Änderung zur bisherigen Rechtslage dar, da die Erstreckung des Anwendungsbereichs der §§ 312 ff. BGB auf Verbraucherverträge, in denen sich der Verbraucher verpflichtet, dem Unternehmer personenbezogene Daten bereitzustellen, eine durch das Gesetz zur Umsetzung der Digitale-Inhalte-Richtlinie in § 312 Ia BGB eingefügte Neuerung ist.

hemmer-Methode: Problematisch ist, dass § 312a I BGB zum 01.01.2022 in Kraft getreten ist und § 357a II BGB erst zum 28.05.2022 in Kraft treten wird.
Da aber in § 358 VIII S. 4 BGB a.F. für die Berechnung des Wertersatzes der Gesamtpreis zu Grunde zu legen ist, ist nicht davon auszugehen, dass die Rechtsprechung in der Übergangszeit vom 01.01.2022 bis zum 27.05.2022 die Wertersatzpflicht des § 358 VIII BGB a.F. auf die Verträge nach § 312 Ia BGB anwenden wird.

3. Wertersatz für nicht auf körperlichen Datenträgern befindlichen digitale Inhalte

§ 357 IX BGB a.F. wird zu § 357a III BGB

§ 357a III BGB n.F. übernimmt den bisherigen § 357 IX BGB a.F. und passt diesen lediglich redaktionell an.

173

Keine Wertersatzpflicht bei Widerruf

Widerruft der Verbraucher einen Vertrag über die Bereitstellung von nicht auf einem körperlichen Datenträger befindlichen digitalen Inhalten, so besteht auch künftig kein Wertersatzanspruch des Unternehmers.

III. Redaktionelle Folgeänderungen

Redaktionelle Folgeänderungen in §§ 357b bis 357e BGB n.F.

Infolge des Einschubs von § 357a BGB n.F. kommt es natürlich zu redaktionellen Folgeänderungen.

174

§§ 357a bis 357d BGB a.F. werden zu §§ 357b bis 357e BGB n.F.

Durch die redaktionellen Änderungen des § 357 BGB a.F. wurden in den §§ 357b ff. BGB n.F. bei den Bezugnahme auf §§ 357, 357a BGB n.F. redaktionelle Folgeanpassungen vorgenommen.

Redaktionelle Anpassungen in §§ 358, 360 BGB

Auch bei den Anpassungen in den §§ 358, 360 BGB handelt es sich lediglich um redaktionelle Folgeänderungen.

hemmer-Methode: Vergleichen Sie hierzu die Hervorhebungen in der Gesetzesbeilage zu § 4 in diesem Skript!

E) Erweiterung der Informationspflichten beim Vorliegen eines Verbrauchervertrages nach Art. 246 EGBGB

Informationspflichten bei Verbraucherverträgen, § 312a BGB

Nach § 312a II S. 1 BGB treffen den Unternehmer beim Vorliegen eines Verbrauchervertrages i.S.d. § 310 III BGB nach Maßgabe des Art. 246 EGBGB zahlreiche Informationspflichten.

175

Hinweispflicht auf das Mängelrecht der §§ 327d ff. BGB beim Erwerb digitaler Produkte

Die Informationspflicht in Art. **246 I Nr. 5 EBGB** wird im Hinblick auf das durch die Umsetzung der „Digitale-Inhalte-Richtlinie" neu in den §§ 327d ff. BGB eingeführte Gewährleistungsrecht beim Erwerb digitaler Produkte erweitert (vgl. dazu **§ 3 dieses Skripts**).

176

hemmer-Methode: Da die §§ 327 ff. BGB bereits am 01.01.2022 in Kraft getreten sind, haben die Unternehmer also noch bis 28.05.2022 Zeit, diese Vorgaben organisatorisch umzusetzen!

Information zu digitalen Produkte und Waren mit digitalen Elementen

Die Informationspflichten in **Art. 246 I Nr. 7 und 8 EGBGB** werden abgeändert und im Hinblick auf die durch das Gesetz zur Umsetzung der „Digitale-Inhalte-Richtlinie" eingeführten Regelungen zu digitalen Produkten (§§ 327 ff. BGB) erweitert, die von Waren mit digitalen Elementen, §§ 327a III, 475b, c BGB, abzugrenzen sind.

177

hemmer-Methode: Lesen Sie zu dieser wirklich wichtigen Abgrenzung nochmals ausführlich die Rn. 31, 70 f. in diesem Skript!

Art. 246 § 1 Nr. 7 EGBGB

Hingewiesen werden muss auf die Funktionalität der Waren mit digitalen Elementen oder der digitalen Produkte.

Art. 246 § 1 Nr. 7 EGBGB

Außerdem muss der Unternehmer den Verbraucher über die Kompatibilität und Interoperabilität der Waren mit digitalen Elementen oder der digitalen Produkte informieren, soweit diese Informationen dem Unternehmer bekannt sind oder bekannt sein müssen.

hemmer-Methode: Die Begriffe „Funktionalität", „Kompatibilität" und „Interoperabilität" wurden in § 327e II S. 2 bis 4 BGB legaldefiniert.

F) Änderung der Informationspflichten bei außerhalb von Geschäftsräumen geschlossenen Verträgen und Fernabsatzverträgen nach Art. 246a EGBGB

Informationspflicht bei außerhalb von Geschäftsräumen geschlossenen Verträgen und Fernabsatzverträgen nach Art. 246a EGBGB

Bei außerhalb von Geschäftsräumen geschlossenen Verträgen und bei Fernabsatzverträgen sind Unternehmer nach § 312d I S. 1 BGB verpflichtet, den Verbraucher nach Maßgabe des Art. 246a EGBGB zu informieren.

178

hemmer-Methode: Die in Erfüllung dieser Pflicht gemachten Angaben des Unternehmers werden Inhalt des Vertrags, es sei denn, die Vertragsparteien haben ausdrücklich etwas anderes vereinbart.

Die Informationen, die der Unternehmer dem Verbraucher zur Verfügung zu stellen hat, wurden in Art. 246a § 1 I S. 1 EGBGB ergänzt und geändert.

Art. 246a § 1 I S. 1 Nr. 2, 4 EGBGB	Anzugeben nach Art. 246a § 1 I S. 1 Nr. 2 EGBGB sind die Identität, der Handelsname, die Anschrift der Niederlassung und die Geschäftsanschrift des Unternehmers und nach Nr. 4 gegebenenfalls auch die Anschrift des Unternehmers, in dessen Auftrag er handelt, an die sich der Verbraucher mit jeder Beschwerde wenden kann, falls diese Anschrift von der Anschrift unter Nummer 2 abweicht.	179
	Außerdem müssen vom Unternehmer dessen Telefonnummer, die E-Mail-Adresse sowie gegebenenfalls andere von ihm zur Verfügung gestellte Online-Kommunikationsmittel (z.B. Messengerdienste), sofern diese gewährleisten, dass der Verbraucher seine Korrespondenz mit dem Unternehmer, einschließlich deren Datum und Uhrzeit, auf einem dauerhaften Datenträger (vgl. § 126b BGB) speichern kann, Art. 246a § 1 I S. 1 Nr. 3 EGBGB.	
Angabe von Faxnummer entfällt	Bei den Unternehmensangaben fällt die Angabe der Telefaxnummer weg, da aufgrund der technologischen Entwicklungen der Gebrauch von Faxgeräten stark rückläufig ist.	180

hemmer-Methode: Durch diesen Wegfall der Pflicht zur Angabe der Faxnummer ändert sich auch das Muster zur Widerrufsbelehrung in der Anlage 1 zum EGBGB (vgl. dazu auch Rn. 187 ff.).

Preisangaben	Die bisherigen Anforderungen an die Angabe eines Gesamtpreises (künftig Art. 246a § 1 I S. 1 Nr. 5 EGBGB) einschließlich aller Steuern und Abgaben sowie der Fracht-, Liefer- oder Versandkosten (künftig Nr. 7) bleiben bestehen.	181
Neu: *Hinweis auf personalisierte Preise, Art. 246a § 1 I S. 1 Nr. 6 EGBGB*	Neu ist der eingefügte Art. 246a § 1 I S. 1 Nr. 6 EGBGB. Danach muss der Unternehmer die Verbraucher darüber informieren, wenn er den **Preis** seines Angebots auf Grundlage einer automatisierten Entscheidungsfindung personalisiert hat.	182
	Digitale Dienste, Online-Händler und Werbenetzwerke besitzen viele personenbezogene Daten über die Nutzer aus verschiedenen Quellen, so insbesondere aus dem Surfverhalten, den in den Endgeräten gespeicherten Daten, den Browsereinstellungen und Aktivitäten, wie z.B. den getätigten Einkäufen. Sie nutzen diese zur Erstellung von Profilen des Verbrauchers, sogenanntes **„Profiling"**.	
	Diese Profile könne sehr präzise sein und genaue Aussagen über das Privatleben des Verbrauchers, seine Vorlieben, Interessen oder Gewohnheiten, sein Zahlungsverhalten, seine Kaufkraft und auch seine finanzielle Leistungsfähigkeit und Preissensibilität enthalten. Daher können Unternehmer unter Verwendung eines solchen Profils den Preis für bestimmte Verbraucher oder Verbrauchergruppen mittels einer automatisierten Entscheidungsfindung personalisieren.[128]	
	Hierüber müssen Verbraucher künftig vom Unternehmer informiert werden. Die Information muss in klarer und verständlicher Weise und spezifisch vor Abschluss des konkreten Vertrags mit dem bestimmten Verbraucher erfolgen. Die Informationspflicht kann also nicht dadurch erfüllt werden, dass der Unternehmer z.B. in seinen Allgemeinen Geschäftsbedingungen generell darauf hinweist, dass Preise gegebenenfalls auf der Grundlage einer automatisierten Entscheidungsfindung personalisiert sein können.	
Hinweis auch auf Mängelrechte nicht nur für Waren, sondern auch für digitale Produkte	Die Informationspflicht über das gesetzliche Mängelhaftungsrecht für Waren im bisherigen Art. 246a § 1 I S. 1 Nr. 8 EGBGB wird künftig in Art. 246a § 1 I S. 1 Nr. 11 EGBGB enthalten sein. Sie wird erweitert um die Hinweispflicht auf das gesetzliche Mängelrecht für digitale Produkte nach §§ 327d ff. BGB.	183

---

[128] Ausführlich hierzu Gleixner, Personalisierte Preise im Onlinehandel und Europas „New Deal for Consumers", VuR 2020, 417 ff.

Hinweispflicht bei digitalen Produkten	Die Informationspflicht in Art. 246a I Nr. 17 (*bislang Nr. 14*) und Nr. 18 (*bislang Nr. 15*) EGBGB wird abgeändert und im Hinblick auf die durch das Gesetz zur Umsetzung der „Digitale-Inhalte-Richtlinie" eingeführten Regelungen zu digitalen Produkten (§§ 327 ff. BGB) erweitert, die von Waren mit digitalen Elementen, §§ 327a III, 475b, c BGB, abzugrenzen sind.	*184*
- *Funktionalität der Waren mit digitalen Elementen oder der digitalen Produkte*	Die Informationspflicht zur Funktionsweise digitaler Inhalte eischließlich anwendbarer technischer Schutzmaßnahmen für solche Inhalte wurde erweitert auf die Funktionalität der Waren mit digitalen Elementen oder der digitalen Produkte, einschließlich anwendbarer technischer Schutzmaßnahmen.	
- *Kompatibilität/Interoperabilität der Waren mit digitalem Element oder der digitalen Produkte*	Die bisherige Informationspflicht zur Kompatibilität und Interoperabilität digitaler Inhalte mit Hard- und Software wurde dahingehend geändert, dass jetzt über die Kompatibilität und Interoperabilität der Waren mit digitalen Elementen oder der digitalen Produkte zu informieren ist.	

hemmer-Methode: Diese Informationen müssen auch schon aufgrund der allgemeinen Informationspflichten bei Verbraucherverträgen nach Art. 246 I Nr. 7 und Nr. 8 EGBGB erteilt werden (vgl. Rn. 177).

Redaktionelle Folgeänderungen	Bei den Anpassungen in Art. 246a § 1 I S. 2 und § 1 II S. 1 Nr. 3 EGBGB handelt es sich nur um redaktionelle Folgeänderungen.	*185*

G) Sanktionen

Liste der Verletzungen von Verbraucherinteressen	Art. 246e § 1 II Nr. 1 bis 15 EGBGB enthält eine Liste, in welcher die Verletzung von Verbraucherinteressen aufgezählt wird.
Art. 246e § 1 II Nr. 1 bis 15 EGBGB	Die Verletzung beginnt bei der unberechtigten Geltendmachung von Ansprüchen bei Zusendung unbestellter Ware nach § 241a BGB (vgl. Art. 246e § 1 II Nr. 1 EGBGB) und endet mit der Verletzung der Pflicht zur rechtzeitigen Übergabe einer Sache nach §§ 433 I, 475 I BGB (vgl. Art. 246e § 1 II Nr. 1 EGBGB).

hemmer-Methode: Sofern die Prüfungsordnung Ihres Bundeslandes Kommentierungen des Gesetzes zulässt, sollten Sie sich an jede Norm, bei der eine Verletzung von Verbraucherinteressen vorliegt, die jeweilige Nr. des Art. 246e § 1 II EGBGB an den Rand schreiben.

Bußgeld nach Art. 246 § 2 EGBGB	Mit Art. 246e § 2 II EGBGB wird eine Bußgeldvorschrift für die in Art. 246e § 1 EGBGB aufgezählten Zuwiderhandlungen geregelt. Das Bußgeld beträgt grds. bis zu 50.000,- €. Für Unternehmer, die im Geschäftsjahr vor dem begangenen Verstoß mehr als 1,25 Millionen Euro Jahresumsatz erzielt haben, kann das Bußgeld bis zu 4 % des Jahresumsatzes, maximal aber 2 Millionen € betragen.	*186*

hemmer-Methode: Es lohnt sich also für Unternehmer, die Vorgaben an den Verbraucherschutz zu beachten!

H) Änderung der Muster-Widerrufsbelehrung und des Musters für das Widerrufsformular

	Da bei Unternehmensangaben nach Art. 246a § 1 I S. 1 Nr. 2 EGBGB die Angabe der Telefaxnummer weggefallen ist, musste auch das Muster für die Widerrufsbelehrung (vgl. dazu Anlage 1 zum EGBGB) geändert werden.	*187*

Änderung der **Anlage 1** *zum EGBGB* **(Muster-Widerrufsbelehrung)**

Bislang musste der Unternehmer auf der Grundlage von Gestaltungshinweis 2 der Muster-Widerrufsbelehrung seine Telefonnummer und Faxnummer und E-Mailadresse angeben, „soweit verfügbar". Der neue Gestaltungshinweis 2 verpflichtet jetzt nur noch zur Angabe der Telefonnummer sowie der E-Mailadresse. Das Telefax fällt als Option sowohl in der Muster-Widerrufsbelehrung als auch in den Gestaltungshinweisen weg.

188

Änderung der **Anlage 2** *zum EGBGB* **(Muster-Widerrufsformular)**

Gleiches gilt für das Muster für das Widerrufsformular (vgl. dazu Anlage 1 zum EGBGB). Die Option der Versendung per Fax wird gestrichen. Es sind nur noch der Name, die Anschrift und die E-Mail-Adresse des Unternehmers als Adressat des Formulars anzugeben.

189

> **hemmer-Methode:** Der „new deal for consumer" enthält noch weitere (meist) redaktionelle Änderungen und Anpassungen zum Beispiel bei außerhalb von Geschäftsräumen geschlossenen Verträgen und bei Fernabsatzverträgen über Finanzdienstleistungen, im Fernunterrichtsschutzgesetz, im Vermögensanlagegesetz und im Kapitalanlagegesetzbuch.
>
> Diese Änderungen haben aber für das Studium und das Staatsexamen keine Bedeutung, sodass auf eine Darstellung dieser redaktionellen Anpassungen im Rahmen dieses Skripts verzichtet wurde!

§ 5 DAS GESETZ FÜR FAIRE VERBRAUCHERVERTRÄGE[129]

Gesetz für faire Verbraucherverträge (GfV)

Mit dem Gesetz für faire Verbraucherverträge (GfV) wird die Reform des Schuldrechts im Jahr 2022 abgeschlossen.

190

A) Einleitung

Dieses Gesetz beruht ausnahmsweise nicht auf einer EG-Richtlinie, sondern auf einem Gesetzesentwurf der Bundesregierung vom 16.12.2020[130], in welchem auf die neuen Herausforderungen reagiert wird, die durch die Digitalisierung für den Verbraucherschutz entstehen.

191

Am 24.06.2021 hat der Bundestag den Gesetzentwurf in der Fassung der Beschlussempfehlung des Ausschusses für Recht und Verbraucherschutz[131] beschlossen. Das Gesetz wurde am 10.08.2021 vom Bundestag beschlossen und am 17.08.2021 im Bundesgesetzblatt verkündet.[132]

Änderungen im AGB-Recht in § 308 Nr. 9 und § 309 Nr. 9 BGB

Das Gesetz enthält wichtige Änderungen im Abschnitt 2 des zweiten Buches bei der Gestaltung rechtsgeschäftlicher Schuldverhältnisse durch Allgemeine Geschäftsbedingungen. Unzulässig sind künftig grds. formularvertragliche Abtretungsverbote, § 308 Nr. 9 BGB.

192

Neu geregelt wird auch die automatische Verlängerung von Dauerschuldverhältnissen in § 309 Nr. 9 BGB.

Kündigungsbutton, § 312k BGB

Außerdem wird Verbrauchern die Kündigung von Verträgen, die im elektronischen Geschäftsverkehr abgeschlossen werden können, durch die Einführung eines sog. **„Kündigungsbuttons"** erleichtert, § 312k BGB.

Diese Neuregelungen, die auf den ersten Blick grundverschieden sind, beruhen letztlich alle auf Entwicklungen im Zusammenhang mit der Digitalisierung:

Gesetz reagiert auf die neuen Herausforderungen für den Verbraucherschutz durch die fortschreitende Digitalisierung

Die Unangemessenheit von Abtretungsverboten in Allgemeinen Geschäftsbedingungen resultiert v.a. daraus, dass sie der Durchsetzung von Verbraucherrechten im Wege der Inkassozession durch sog. „Legal-Tech-Unternehmen" entgegenstehen. Auch die Einschränkung automatischer Vertragsverlängerungen ist der Digitalisierung geschuldet, die viele neue Anwendungsfelder für das Anbieten von Leistungen im Rahmen von Dauerschuldverhältnissen geschaffen hat.

Die Regelung über die Einrichtung des Kündigungsbuttons weist den offensichtlichsten Bezug zur Digitalisierung auf, wobei die Intention hier eine andere ist, weil es insoweit nicht um die Gefahren der Digitalisierung geht, sondern darum, sie für die Ziele des Verbraucherschutzes nutzbar zu machen.[133]

> **hemmer-Methode:** Abgesehen von den - für das Staatsexamen nicht relevanten - Änderungen im UWG zur Einwilligung in Telefonwerbung und der Änderung der Bußgeldvorschriften bei einem diesbezüglichen Verstoß (§§ 7a, 20 UWG) war es das dann auch schon.
> Vergleicht man den Inhalt der Gesetzesänderungen mit dem viel versprechenden Titel des Gesetzes, so weiß man, dass das Gesetz eine Mogelpackung ist.

---

129   Vgl. dazu die Kommentierung des Gesetzes von **Tyroller/Hilkenbach, Life&LAW 09/2021, 629 ff.**

130   https://www.bmjv.de/SharedDocs/Gesetzgebungsverfahren/DE/Faire_Verbrauchervertraege.html.

131   BT-Drs. 19/30840, vgl. https://dserver.bundestag.de/btd/19/308/1930840.pdf.

132   Vgl. BGBl. 2021, Teil I, Nr. 53, Seite 3433 ff. vom 17.08.2021.

133   So die zutreffende Zusammenfassung von Wais, Das Gesetz für faire Verbraucherverträge – Weitere Reaktionen auf die Digitalisierung, NJW 2021, 2833 ff.

Vor dem Hintergrund, dass der Referentenentwurf des Bundesministeriums der Justiz und für Verbraucherschutz in zentralen Punkten eine weitergehende Verbesserung des Verbraucherschutzes vorsah, als das GfV tatsächlich nun umgesetzt hat, ist dies umso enttäuschender. So gab u.a. Professor Schmitt-Kessel von der Universität Bayreuth in seiner Stellungnahme zum Entwurf eines Gesetzes für faire Verbraucherverträge zu bedenken, dass der Titel des Gesetzes letztlich grob irreführend sei, weil er suggeriere, dass die Fairness von Verbrauchervertragsbeziehungen in großem Rahmen angegangen würde. Tatsächlich geht es nur um einige wenige Sachfragen. Das Gesetzgebungsvorhaben könne daher insgesamt wenig Verständnis erwarten.[134]
Dem ist nichts hinzuzufügen!

Inkrafttreten ist gestaffelt

193 Das Inkrafttreten der Neuregelungen dieses Gesetzes ist in **Art. 229 § 60 EGBGB** gestaffelt geregelt.

Das in **§ 308 Nr. 9 BGB** neu ins Gesetz aufgenommene Verbot von Abtretungsausschlüssen in Allgemeinen Geschäftsbedingungen ist gemäß Art. 229 § 60 S. 1 EGBGB bereits **am 01.10.2021** in Kraft getreten.

Die Regelungen zur automatischen Vertragsverlängerung in **§ 309 Nr. 9 BGB** treten nach Art. 229 § 60 S. 2 EGBGB **am 01.03.2022** in Kraft.

§ 312k BGB zur erleichterten Kündigung von Verbraucherverträgen im elektronischen Geschäftsverkehr („Kündigungsbutton") tritt nach Art. 229 § 60 S. 3 EGBG **erst am 01.07.2022 in Kraft**. Dadurch wird den Unternehmern Zeit gegeben, ihre Geschäftsorganisation auf diese Änderungen umzustellen.[135]

B) Das Verbot formularvertraglicher Abtretungsausschlüsse gem. § 308 Nr. 9 BGB

Abtretungsvertrag, § 398 S. 1 BGB

194 Nach § 398 S. 1 BGB kann eine Forderung von dem bisherigen Gläubiger (Zedent) durch Vertrag mit einem anderen (Zessionar) auf diesen übertragen werden.

I. Der Abtretungsvertrag, § 398 S. 1 BGB

Abtretungsvertrag, § 398 S. 1 BGB

195 Voraussetzung für einen wirksamen Forderungsübergang sind das Vorliegen eines wirksamen Abtretungsvertrags (§ 398 S. 1 BGB) und das Bestehen einer abtretbaren Forderung.

hemmer-Methode: Der Abtretungsvertrag ist grds. formfrei. Das gilt auch dann, wenn die abgetretene Forderung auf einem formpflichtigen Rechtsgeschäft beruht.
Eine Ausnahme regelt § 1154 BGB für die Abtretung einer hypothekarisch gesicherten Forderung.

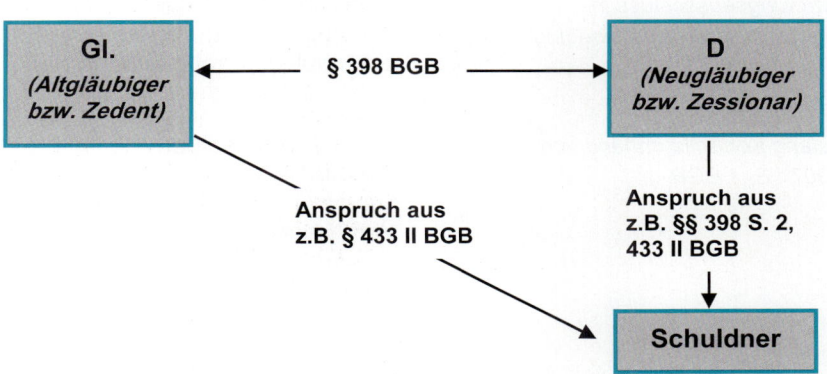

---

[134] https://www.bundestag.de/resource/blob/825870/3f1035778773fc5ea0e9f92c8b00d395/stellungnahme-schmidt-kessel-data.pdf
[135] Vgl. BT-Drs. 19/30840, Seite 20.

Wirkung der Abtretung: Gläubigerwechsel, § 398 S. 2 BGB

Durch die Abtretung wird der Zessionar zum Inhaber der Forderung und damit zum neuen Gläubiger, § 398 S. 2 BGB. Es findet daher ein sog. „Gläubigerwechsel" statt.

Der alte Gläubiger (Zedent) verliert das Recht, vom Schuldner die im Anspruch bestimmte Leistung zu fordern. Der neue Gläubiger (Zessionar) ist hinsichtlich des Erfüllungsanspruchs nun allein aktivlegitimiert, vgl. § 398 S. 2 BGB.

II. Nichtvorliegen eines Abtretungsverbotes

Voraussetzung für eine wirksame Abtretung ist das Nichtbestehen von Abtretungsverboten.   *196*

Abtretungsverbote können im Gesetz angeordnet sein, §§ 399 Alt. 1, 400, 717 BGB.

Abtretungsverbot ist gem. § 399 Alt. 2 BGB möglich

Auch wenn Forderungen grundsätzlich verkehrsfähig sind, ist es entgegen § 137 S. 1 BGB nach § 399 Alt. 2 BGB auch möglich, ein „dinglich" wirkendes Abtretungsverbot rechtsgeschäftlich zu vereinbaren (sog. „pactum de non cedendo") bzw. die Abtretung von der Zustimmung des Schuldners abhängig zu machen.

Sonderfall: § 354a I S. 1 HGB

Handelt es sich um eine Geldforderung aus einem beiderseitigen Handelsgeschäft, so ist die Abtretung nach **§ 354a I S. 1 HGB** gleichwohl wirksam. Außerhalb des Anwendungsbereichs des § 354a I HGB unterliegen einzelvertraglich vereinbarte Abtretungsausschlüsse hingegen bislang keinen besonderen Beschränkungen.

hemmer-Methode: Durch § 354a I HGB wird gewährleistet, dass Kaufleute ihre Geldforderungen als Sicherungsmittel oder durch Verkauf zur Refinanzierung einsetzen können.

Überwindung des Abtretungsverbots durch guten Glauben möglich, § 405 Alt. 2 BGB

Hat der Schuldner eine Urkunde über die Schuld ausgestellt und ist aus dieser das wirksam vertraglich vereinbarte Abtretungsverbot nicht ersichtlich, so regelt § 405 Alt. 2 BGB die Möglichkeit, dass das Abtretungsverbot kraft guten Glaubens überwunden werden kann, wenn die Abtretung unter Vorlage der Urkunde erfolgt und der neue Gläubiger dieses Abtretungsverbot bei der Abtretung weder kannte noch kennen musste.

hemmer-Methode: „Kennenmüssen" ist in § 122 II BGB definiert als fahrlässige Unkenntnis. Es schadet daher bei § 405 Alt. 2 BGB bereits leicht fahrlässige Unkenntnis.

1. Formularvertragliches Abtretungsverbot bis zum 30.09.2021

Abtretungsausschluss in Allgemeinen Geschäftsbedingungen

Abtretungsausschlüsse in Allgemeinen Geschäftsbedingungen unterlagen nach der bis zum 30.09.2021 geltenden Rechtslage nur der Inhaltskontrolle anhand der Generalklausel in **§ 307 I S. 1 BGB**.   *197*

Bislang Kontrolle anhand von § 307 I S. 1 BGB

Nach der ständigen Rechtsprechung des BGH[136] war danach ein formularvertraglicher Abtretungsausschluss gem. § 307 I S. 1 BGB nur dann unwirksam, wenn entweder kein berechtigtes Interesse des Verwenders am Ausschluss der Abtretbarkeit bestand oder eine Abwägung der beiderseitigen Interessen ergab, dass das grds. schützenswerte Interesse des Verwenders am Ausschluss der Abtretung durch überwiegende Belange des Vertragspartners an der Abtretbarkeit überlagert wurden.

---

[136]   BGH, NJW 2012, 2107 ff. = **juris**byhemmer; BGH, **Life&LAW 12/2005, 810 ff.** = NJW-RR 2005, 624 ff. = **juris**byhemmer.

Interesse am Abtretungsverbot muss Interesse des Gläubigers an der Abtretbarkeit überwiegen

Mit anderen Worten musste das schützenswerte Interesse des Verwenders am Abtretungsverbot das Interesse des Gläubigers an der Abtretbarkeit überwiegen.[137]

Zustimmungsvorbehalt steht einem Abtretungsverbot gleich

Das Gleiche galt auch für formularvertragliche Vereinbarungen, in denen die Abtretung zwar nicht ausgeschlossen, aber die Wirksamkeit der Abtretung an die Zustimmung des Verwenders geknüpft wurde.[138] Hat der Klauselverwender die Wirksamkeit der Abtretung einer vertraglichen Forderung von seiner Zustimmung abhängig gemacht, so darf er sie später nicht unbillig verweigern.[139]

Ein unbilliges Verweigern war regelmäßig dann anzunehmen, wenn ein schützenswertes Interesse des Schuldners an dem Verbot nicht mehr bestand oder die berechtigten Belange des Vertragspartners an der Abtretbarkeit der Forderung nunmehr überwogen.[140]

2. Die Rechtslage ab dem 01.10.2021

§ 308 Nr. 9 BGB

Mit Wirkung zum 01.10.2021 (Art. 229 § 60 S. 1 EGBGB) wurde in § 308 Nr. 9 BGB ein neues Klauselverbot mit Wertungsmöglichkeit eingefügt.

198

Anpassung des § 310 I S. 1 BGB und des § 310 I S. 2 BGB

Für Verträge zwischen Unternehmern gilt § 308 Nr. 9 BGB nicht, was sich aus § 310 I S. 1 BGB ergibt, der um die Vorschrift des § 308 Nr. 9 BGB erweitert wurde. Durch die Änderung des § 310 I S. 2 BGB wird aber klargestellt, dass § 307 I und II BGB auch in den Fällen anwendbar ist, in denen eine Klausel wegen § 310 I S. 1 BGB vom Anwendungsbereich des neuen Klauselverbots in § 308 Nr. 9 BGB ausgenommen ist.

a) Das neue Klauselverbot des § 308 Nr. 9 BGB

§ 308 Nr. 9a) BGB

Nach **§ 308 Nr. 9a) BGB** ist in Allgemeinen Geschäftsbedingungen eine Bestimmung, durch die die Abtretbarkeit ausgeschlossen wird, künftig unwirksam, wenn es sich um einen auf Geld gerichteten Anspruch des Vertragspartners gegen den Verwender handelt.

199

Ausnahme: Ansprüche aus § 675f II BGB

Die Ansprüche aus Zahlungsdiensterahmenverträgen sind nach § 308 Nr. 9 HS 2 BGB vom Klauselverbot ausgenommen worden.

hemmer-Methode: Der Zahlungsdiensterahmenvertrag ist in § 675f II BGB geregelt.
Er umfasst Verträge über Girokonten oder ähnliche Rahmenvereinbarungen, die die Ausführung von Zahlungsvorgängen zum Gegenstand haben.
Unterstreichen Sie sich, soweit die Prüfungsordnung Ihres Bundeslandes Kommentierungen des Gesetzes zulässt, in § 308 Nr. 9 HS 2 BGB den Begriff Zahlungsdiensterahmenvertrag und kommentieren sich § 675f II BGB an den Rand.

Durch diese Ausnahme vom Verbot des Abtretungsausschlusses wird gewährleistet, dass die bestehenden Abtretungsausschlüsse der Banken und Sparkassen, die girovertragliche Ansprüche des Kontoinhabers auf das sogenannte „Tagesguthaben" oder den nach Rechnungsabschluss folgenden Anspruch auf den anerkannten Saldo von Girokonten betreffen, beibehalten werden können. Dabei handelt es sich um auf Geldleistungen gerichtete Ansprüche.

---

[137]   BGH, NJW 1990, 1601 ff. = **juris**byhemmer; BGH, NJW 1997, 3434 ff. = **juris**byhemmer.

[138]   Vgl. dazu die Entscheidung des AG Frankfurt/Main, Urteil vom 03.04.06, Az.: 31 C 3120/05-17 = ZGS 2006, 197 ff. = **Life&LAW 06/2006, 373 ff.** = **juris**byhemmer zur Abtretung des Anspruches auf Stadionbesuch zu einem Länderspiel der WM 2006 in Deutschland.

[139]   BGH, NJW 1995, 665 ff. = **juris**byhemmer.

[140]   BGH, NJW-RR 2000, 1220 ff. = **juris**byhemmer.

Ebenfalls nicht vom Verbot des Abtretungsausschlusses erfasst sind Ansprüche auf Versorgungsleistungen im Sinne des Betriebsrentengesetzes.

§ 308 Nr. 9b) BGB

Nach **§ 308 Nr. 9b) BGB** ist ein formularvertraglicher Ausschluss der Abtretung sonstiger Rechte unwirksam, wenn beim Verwender kein schützenswertes Interesse an dem Abtretungsausschluss besteht oder berechtigte Belange des Vertragspartners an der Abtretbarkeit des Rechts das schützenswerte Interesse des Verwenders an dem Abtretungsausschluss überwiegen.

200

Nach der amtlichen Begründung des Gesetzes ist das Verbot von Abtretungsausschlüssen umfassend. Das Klauselverbot soll nach dem Willen des Gesetzgebers nicht nur Vereinbarungen erfassen, durch die die Abtretung eines Anspruchs gänzlich ausgeschlossen wird, sondern auch Vereinbarungen, durch die die Abtretbarkeit beschränkt wird.[141]

Damit sollen auch Klauseln unter das neue Klauselverbot fallen, mit denen eine Abtretung des Anspruchs nur an bestimmte Personen zugelassen, beschränkt, an bestimmte Voraussetzungen gebunden oder von einer Zustimmung des Schuldners abhängig gemacht wird.

hemmer-Methode: Warum der Gesetzgeber dies nicht mit der Formulierung „ausgeschlossen oder beschränkt wird" deutlich gemacht hat, ist nicht nachvollziehbar. Ob die Rechtsprechung den gesetzgeberischen Willen angesichts des Wortlauts, der nur von „ausgeschlossen" spricht, auch tatsächlich umsetzt, bleibt abzuwarten.

§ 308 Nr. 9b) BGB schreibt lediglich die gefestigte Rechtsprechung fest

§ 308 Nr. 9b) BGB regelt dem Grunde nach nichts Neues, sondern schreibt nur die bisherige Rechtsprechung des BGH zum Abtretungsverbot in Allgemeine Geschäftsbedingungen in das Gesetz.

b) Hintergrund der Neuregelung in § 308 Nr. 9a) BGB

Tatsächlich neu hingegen ist die in **§ 308 Nr. 9a) BGB** geregelte Unwirksamkeit eines formularvertraglichen Abtretungsverbots von Forderungen, die auf Zahlung von Geld gerichtet sind.

201

Verbraucher scheuen oft eine gerichtliche Auseinandersetzung

Hintergrund dieser Neuregelung ist der Umstand, dass Verbraucher sich bei Bagatellforderungen oft scheuen, ihre Forderungen gegen Unternehmen gerichtlich durchzusetzen, auch wenn die Erfolgsaussichten hoch sind.

Legal-Tech-Unternehmen bieten insbesondere bei Geldforderungen Inkassoleistungen an

Insbesondere für Geldforderungen, deren Bestehen nach Grund und Höhe einfach festzustellen und nachzuweisen sind, bieten sich daher immer häufiger Dritte als „Inkassodienstleister" an, diese Geldforderungen durchzusetzen.

In den letzten Jahren haben sich auf dem Rechtsmarkt gerade für Bagatellansprüche insbesondere auch sog. „Legal-Tech-Unternehmen" wie z.B. www.wenigermiete.de und www.flightright.de positioniert, die durch eine weitgehend automatisierte elektronische Bearbeitung solcher Ansprüche Verbrauchern eine kosteneffiziente Durchsetzung der Ansprüche ermöglichen.

Abtretung an Inkassounternehmen nun zulässig

Mit der Neuregelung wollte der Gesetzgeber sicherstellen, dass Verbraucher für die Zwecke der Rechtsdurchsetzung auf die Dienste registrierter Inkassounternehmen zurückgreifen können.

202

---

[141]   Vgl. dazu BT-Drs. 19/26915, Seite 29.

Inkassodienstleister können nun im Wege der Inkassozession vorwiegend auf Geldleistung gerichtete Ansprüche von Verbrauchern außergerichtlich und gerichtlich geltend machen.[142]

Dies war bislang nicht zwingend gewährleistet, weil Verbrauchern von den Unternehmen die Abtretung an Inkassounternehmen oft in den Allgemeinen Geschäftsbedingungen untersagt wurde. Der BGH hat diese Abtretungsverbote wegen des schutzwürdigen Interesses an einer übersichtlichen Vertragsabwicklung wiederholt für zulässig erachtet.

§ 308 Nr. 9a) BGB stellt nun sicher, dass Verbraucher künftig ihre Ansprüche an „Legal-Tech-Unternehmen" abtreten können und dadurch nicht mehr von der gerichtlichen Durchsetzung ihrer oft unstreitig bestehenden Ansprüche absehen.

Prozessualer Hintergrund für die Gesetzesänderung

hemmer-Methode: Die Neuregelung in § 308 Nr. 9a) BGB geht einher mit einer Änderung des Rechtsdienstleistungsgesetzes (RDG) durch das „Gesetz zur Förderung verbrauchergerechter Angebote im Rechtsdienstleistungsmarkt", welches am 17.08.2021 verkündet wurde und am 01.10.2021 in Kraft getreten ist.[143]

Durch dieses Gesetz wurden die teilweise in der Literatur geäußerten Zweifel[144] an der grundsätzlichen Zulässigkeit der neuen Geschäftsmodelle von „Legal-Tech-Unternehmen" beseitigt.

Vielleicht wird man sich jetzt fragen, warum für diese Dienstleistung eine Abtretung erforderlich ist. Wieso vertritt der Inkassodienstleister nicht einfach den Verbraucher im Prozess?

Die Antwort hierauf ist gar nicht so leicht.

Zunächst einmal ist im Parteiprozess vor den Amtsgerichten nicht jeder zur Vertretung befugt. Von wem sich eine Partei vertreten lassen kann, regelt § 79 II ZPO. Nach § 79 II S. 1 ZPO sind bevollmächtigte Rechtsanwälte zur Vertretung befugt.

Darüber hinaus sind als Bevollmächtigte zur Vertretung nur die in § 79 II S. 2 ZPO abschließend genannten Personen befugt. Alle anderen Bevollmächtigten werden vom Gericht nach § 79 III S. 1 ZPO durch unanfechtbaren Beschluss zurückgewiesen!

Nach § 10 I S. 1 Nr. 1 RDG sind registrierte Inkassodienstleister vor den Amtsgerichten nach § 79 II S. 2 Nr. 4 ZPO im streitigen Verfahren (immer noch) <u>nicht</u> zur Vertretung befugt, sondern nur in Teilen des Zwangsvollstreckungsverfahrens und im Mahnverfahren bis zur Abgabe an das Streitgericht.

Auch eine gewillkürte Prozessstandschaft ist keine zulässige Alternative. Eine Prozessführung im eigenen Namen aufgrund einer gewillkürten Prozessstandschaft setzt nach h.M. und ständiger Rechtsprechung des BGH[145] ein schutzwürdiges Eigeninteresse des analog § 185 I BGB Ermächtigten an der Prozessführung im eigenen Namen voraus.

Ein solches Interesse ist aber <u>nicht</u> gegeben, wenn der Ermächtigte gemäß der Ermächtigungserklärung ausdrücklich für Rechnung des Gläubigers handelt, also etwa eingezogene Beträge schlicht weiterzuleiten hat. Zur Begründung eines solchen Interesses genügt es auch nicht, dass diese Vorgehensweise im Interesse der Prozesswirtschaftlichkeit und der technischen Erleichterung der Prozessführung gewählt wird.[146]

Die Klage eines Inkassodienstleistungsunternehmens in gewillkürter Prozessstandschaft zur Einziehung einer fremden Forderung ist daher grundsätzlich unzulässig.[147]

Die Inkassozession ist daher die einzige Möglichkeit für den Verbraucher, einen Prozess nicht im eigenen Namen führen zu müssen. Die Regelung in § 308 Nr. 9a) BGB hat daher große praktische Bedeutung gerade auch im Prozessrecht.

203

---

[142]   Wais, NJW 2021, 2833 (2834).

[143]   BGBl. 2021, Teil I, Nr. 53, vom 17.08.2021, Seite 3415.

[144]   Vgl. Henssler, NJW 2019, 545 (546); Killian, NJW 2019, 1401 (1407).

[145]   Vgl. dazu Musielak/Voit, ZPO, 18. Auflage 2021, § 51, Rn. 27 m.w.N.

[146]   Musielak/Voit, ZPO, 18. Auflage 2021, § 51, Rn. 29; BGH, NJW 1988, 1210 ff. = **juris**byhemmer.

[147]   Vgl. hierzu zuletzt ausdrücklich LG Frankenthal, Urteil vom 25.11.2020, Az.: 2 S 178/19 = **juris**byhemmer (Vorinstanz AG Ludwigshafen, Urteil vom 05.07.2019, Az.: 2h C 92/19) = **juris**byhemmer.

3. Bewertung der Neuregelung

§ 308 Nr. 9a) BGB sinnvoll

Während die Vorschrift des § 308 Nr. 9b) BGB dem Grunde nach überflüssig ist, weil sie ohnehin nur die bisherige Rechtsprechung des BGH festschreibt, handelt es sich bei § 308 Nr. 9a) BGB tatsächlich um eine sinnvolle Verbesserung des Verbraucherschutzes.

204

Ausnahmen vom Klauselverbot in § 308 Nr. 9 HS. 2 BGB fragwürdig

Die auf Anregung des Bundesrates in § 308 Nr. 9 HS 2 BGB für Zahlungsdiensterahmenverträge i.S.d. § 675f II BGB und für Versorgungsleistungen normierten Ausnahmen vom Verbot der Abtretungsausschlüsse werden in der Literatur zu Recht kritisch bewertet. In der amtlichen Begründung des Gesetzes werden die Ausnahmen damit begründet, dass durch die Zulässigkeit formularvertraglicher Abtretungsverbote Verbraucher und Beschäftigte davor geschützt werden sollen, künftige Ansprüche unbedacht abzutreten, die sie zur Bestreitung ihres Lebensunterhalts, bzw. für ihre Altersversorgung, benötigen.

Ausreichender Schutz vor existenzgefährdender Abtretung wird bereits durch § 400 BGB erreicht

Dies klingt zunächst plausibel. Allerdings wird ein Zedent bereits durch § 400 BGB ausreichend geschützt, wonach die Abtretbarkeit des Anspruchs von seiner Pfändbarkeit abhängt. Warum nicht dieser Schutz verbessert wurde, sondern das Schicksal der Verbraucher in die Hände der Banken gelegt und diesen formularvertragliche Abtretungsverbote gestattet werden, ist „zumindest bemerkenswert".[148]

C)   Die Neuregelung zur formularvertraglichen automatischen Vertragsverlängerung bei Dauerschuldverhältnissen gem. § 309 Nr. 9 BGB

Die Änderungen des **§ 309 Nr. 9b) und c) BGB** zur Laufzeit von Dauerschuldverhältnissen sind im Vergleich zu den im Referentenentwurf des Bundesministeriums der Justiz und für Verbraucherschutz vom 24.01.2020 und den im Regierungsentwurf vom 16.12.2020[149] vorgesehenen Änderungen vergleichsweise moderat ausgefallen.

205

I. Die bis zum 28.02.2022 geltende Rechtslage

Rechtslage bis zum 28.02.2022

Nach dem noch bis zum 28.02.2022 geltenden **§ 309 Nr. 9 BGB** ist in Allgemeinen Geschäftsbedingungen bei einem Vertragsverhältnis, das die regelmäßige Lieferung von Waren oder die regelmäßige Erbringung von Dienst- oder Werkleistungen durch den Verwender zum Gegenstand hat, eine Regelung erst dann unwirksam, wenn sie

206

⇨ eine den anderen Vertragsteil länger als zwei Jahre bindende Laufzeit des Vertrags vorsieht, vgl. **§ 309 Nr. 9a) BGB**,

⇨ eine den anderen Vertragsteil bindende stillschweigende Verlängerung des Vertragsverhältnisses *um jeweils mehr als ein Jahr* vorsieht, vgl. **§ 309 Nr. 9b) BGB**, oder

⇨ zu Lasten des anderen Vertragsteils *eine längere Kündigungsfrist als drei Monate vor Ablauf* der zunächst vorgesehenen oder stillschweigend verlängerten Vertragsdauer regelt, vgl. **§ 309 Nr. 9c) BGB**.

Ausgenommen von diesem Klauselverbot sind lediglich Verträge über die Lieferung als zusammengehörig verkaufter Sachen sowie Versicherungsverträge.

---

[148]   So wörtlich Wais, NJW 2021, 2833 (2834), der noch mit dem Argument nachlegt, dass *„sich die Banken in der Vergangenheit gewiss keinen Namen als Vorkämpfer des Verbraucherschutzes gemacht haben".*

[149]   Beides ist abrufbar unter https://www.bmjv.de/SharedDocs/Gesetzgebungsverfahren/DE/Faire_Verbrauchervertraege.html.

II. Rechtslage ab dem 01.03.2022

Die Mindestvertragslaufzeit von zwei Jahren bleibt!

§ 309 Nr. 9a) BGB wird nicht geändert, sodass nach wie vor eine Mindestvertragslaufzeit von bis zu zwei Jahren grundsätzlich auch in Allgemeinen Geschäftsbedingungen vereinbart werden kann, ohne dies an weitere Voraussetzungen zu binden.

207

*Rechtslage **ab dem 01.03.2022***

Ab dem 01.03.2022 (vgl. Art. 229 § 60 S. 2 EGBGB) wird sich die Rechtslage aber zum Schutz der Verbraucher in zweierlei Hinsicht ändern:

⇨ Zum einen werden strengere Regelungen für die automatische Verlängerung von Verträgen getroffen.

⇨ Zum anderen wird auch die Kündigungsfrist, die einzuhalten ist, um die automatische Verlängerung des ursprünglich befristeten Vertrags in einen unbefristeten Vertrag zu verhindern, verkürzt.

hemmer-Methode: Voraussetzung für die Anwendbarkeit des neuen § 309 Nr. 9 BGB ist aber, dass das Schuldverhältnis nach dem 28.02.2022 entstanden ist. Für vor dem 01.03.2022 abgeschlossene Verträge bleibt es bei der bisherigen Rechtslage, sodass bestehende Verträge nicht geändert werden müssen!
Zu den Problemen im Zusammenhang mit den sog. Übergangsfällen vgl. die Ausführungen unter B) III.

1. Automatische Vertragsverlängerung mit Mindestlaufzeit ist nicht mehr zulässig

Die erste Neuerung bei einem Dauerschuldverhältnis betrifft die automatische Vertragsverlängerung.

208

Während bis zum 28.02.2022 eine solche Vertragsverlängerung auch in Formularverträgen bis zu 12 Monaten zulässig war, ist ab dem 01.03.2022 eine Verlängerungsklausel nur noch wirksam, wenn sie die Verlängerung des Vertrags auf unbestimmte Zeit vorsieht.

2. Kündigungsfristen

Geändert wurde auch das Klauselverbot zur Regelung der Fristen für die Kündigung von Dauerschuldverhältnissen.

209

a) Kündigungsfrist bei automatischen Vertragsverlängerungen

Ordentliche Kündigung bei automatischer Verlängerung

Bei Verträgen, bei denen eine automatische Vertragsverlängerung vorgesehen ist, entsteht ab dem 01.03.2022 ein Dauerschuldverhältnis **auf unbestimmte** Zeit. Eine andere Regelung wäre nämlich mit **§ 309 Nr. 9b) BGB** nicht vereinbar.

210

Kündigungsfrist höchstens ein Monat

Da bei auf unbestimmte Zeit geschlossen Dauerschuldverhältnissen eine ordentliche Kündigung möglich ist, musste der Gesetzgeber in § 309 Nr. 9b) BGB auch eine ordentliche Kündigungsmöglichkeit und eine Kündigungsfrist regeln. § 309 Nr. 9b) BGB sieht daher vor, dass das verlängerte Vertragsverhältnis jederzeit gekündigt werden kann und die Kündigungsfrist höchstens einen Monat betragen darf.

Soweit daneben gesetzliche Kündigungsrechte bestehen, bleiben diese unberührt. Sie entbinden den Verwender der AGB aber nicht davon, seinem Vertragspartner ein vertragliches Kündigungsrecht einzuräumen.

b) Kündigungsfrist zur Verhinderung einer automatischen Vertragsverlängerung

Auch die Kündigungsfrist, die einzuhalten ist, um die automatische Verlängerung des ursprünglich befristeten Vertrags in einen unbefristeten Vertrag zu verhindern, wird in **§ 309 Nr. 9c) BGB** von drei Monaten auf einen Monat verkürzt.

211

Die Kündigung eines Dauerschuldverhältnisses, das mit einer Mindestvertragslaufzeit (von maximal zwei Jahren, vgl. § 309 Nr. 9a) BGB) abgeschlossen wurde, ist daher ab 01.03.2022 zu einem früheren Zeitpunkt möglich.

c) Unterschied zwischen den beiden Kündigungsfristen nach § 309 Nr. 9b) BGB und nach § 309 Nr. 9c) BGB

Beide Fristen betragen einen Monat

Sowohl die Kündigungsfrist für die Beendigung eines verlängerten Vertragsverhältnisses nach § 309 Nr. 9b) BGB als auch die Frist für die Kündigung zur Verhinderung einer automatischen Vertragsverlängerung nach § 309 Nr. 9c) BGB beträgt einen Monat.

212

Die beiden Fristen unterscheiden sich daher auf den ersten Blick nicht in der Länge. Faktisch gibt es aber einen Unterschied.

Nach § 309 Nr. 9b) BGB kann jederzeit gekündigt werden

Nach § 309 Nr. 9b) BGB kann ein automatisch verlängertes Dauerschuldverhältnis jederzeit mit einer einmonatigen Frist gekündigt werden.

Beispiel

> **Beispiel:** *V schließt am 01.04.2022 mit dem Fitnessstudiobetreiber U einen Vertrag mit einer Laufzeit von einem Jahr ab. V versäumt es, den Vertrag zu kündigen, sodass sich der Vertrag am 01.04.2023 auf unbestimmte Zeit verlängert. V bemerkt dies am 04.04.2023 und kündigt.*
>
> V kann am 04.04.2023 ordentlich kündigen. Gem. § 187 I BGB wird der 04.04.2023 für die Berechnung der Monatsfrist nicht mitgerechnet, sodass die Frist am 05.04.2023 zu laufen beginnt. Nach § 188 II Alt. 1 BGB endet die Monatsfrist am 04.05.2023. Das Vertragsverhältnis endet daher mit Ablauf des 04.05.2023.

Nach § 309 Nr. 9c) BGB muss ein Monat vor Vertragsende gekündigt werden

Nach § 309 Nr. 9c) BGB beträgt die ordentliche Kündigungsfrist zwar auch einen Monat. Allerdings muss die Kündigung einen Monat vor dem Ende des Vertragsdauer erfolgen, sodass der der Zeitpunkt, zu dem die Kündigung wirkt, vom kündigenden Verbraucher nicht willkürlich beeinflusst werden kann.

213

Beispiel

> **Beispiel:** *V schließt am 01.04.2022 mit dem Fitnessstudiobetreiber U einen Vertrag mit einer Laufzeit von einem Jahr ab. V hat keinen Spaß mehr am Training und will daher die Mitgliedschaft kündigen. Am 02.03.2023 übergibt V dem U die Kündigung.*

214

Um eine automatische Vertragsverlängerung zu verhindern, hätte V mit einer Frist von einem Monat vor dem Vertragsende kündigen müssen. Da der Vertrag auf ein Jahr abgeschlossen wurde, endet der Vertrag mit dem Ablauf des 31.03.2023. Um die Monatsfrist einzuhalten, hätte dem U daher die Kündigung spätestens am 28.02.2023 zugehen müssen. Damit hat sich der Fitnessstudiovertrag auf unbestimmte Zeit verlängert.

Fraglich ist nun allerdings, zu welchem Zeitpunkt das Vertragsverhältnis endet.[150] Dafür kommen hier drei Lösungen in Betracht:

(1.) Die verfristete Kündigung ist unwirksam und V muss erneut eine Kündigung erklären.

---

[150] Vgl. dazu Wais, NJW 2021, 2833 (2835).

(2.) Die Monatsfrist läuft erst, wenn die Laufzeit des verlängerten Vertrags beginnt.

(3.) Die verfristete Kündigung ist als Kündigung des verlängerten Vertrags auszulegen (§§ 133, 157 BGB) und die Monatsfrist läuft ab dem Zeitpunkt der Kündigung.

Entscheidend ist in erster Linie stets die Auslegung der Kündigungserklärung. Die Auslegung wird regelmäßig ergeben, dass der Verbraucher jedenfalls zum nächstmöglichen Zeitpunkt kündigen will. Damit begann die Monatsfrist für die Kündigung des verlängerten Fitnessstudiovertrages am 03.03.2023 (vgl. § 187 I BGB) zu laufen und endet mit Ablauf des 02.04.2023. Da dieser Tag ein Sonntag ist, endet das Vertragsverhältnis mit Ablauf des 03.04.2023, § 193 BGB.

Dieses Beispiel wirft die Frage auf, ob der U im Fitnessstudiovertrag eine formularvertragliche Regelung aufnehmen darf, wonach die für die Kündigung des verlängerten Vertragsverhältnisses geltende Frist frühestens mit dem Beginn dieser Verlängerung zu laufen beginnt.

Nach Ansicht in der Literatur ist dies zu verneinen, weil nach dem Sinn und Zweck des verbraucherschützenden § 309 Nr. 9c) BGB dem Unternehmer nicht Mehreinnahmen für mindestens einen Monat ermöglicht werden sollen, sondern lediglich ein ausreichend bemessener Vorlauf zur Vorbereitung auf die Vertragsbeendigung gewährleistet werden soll.

Will der Unternehmer etwaige sich daraus ergebende Unannehmlichkeiten vermeiden, kann er sich frühzeitig darum bemühen, mit dem Verbraucher einen **_neuen_** Vertrag mit (maximal zweijähriger) Mindestlaufzeit zu schließen.[151]

III. Behandlung von vor dem 01.03.2022 abgeschlossenen Altverträgen, die sich nach dem 28.02.2022 verlängern

Für vor dem 01.03.2022 abgeschlossene Verträge gilt die „alte" Rechtslage weiter

Art. 229 § 60 S. 2 EGBGB bestimmt, dass auf ein Schuldverhältnis, das vor dem 01.03.2022 entstanden ist, § 309 BGB in der bis zu diesem Tag geltenden Fassung anzuwenden ist.

215

Dies klingt soweit ganz simpel, ist es aber bei genauerem Hinsehen nicht. Es stellt sich nämlich die Frage, welche Fassung des § 309 Nr. 9 BGB anzuwenden ist, wenn vor dem 01.03.2022 die erstmalige Vertragsbegründung erfolgte, aber die Verlängerung nach diesem Datum liegt.

1. Verlängerung eines Altvertrages um 12 Monate

Richtig problematisch wird diese Frage für den Verbraucher, wenn sich ein Altvertrag auf bestimmte Zeit verlängert. Dies ist bis zum 28.02.2022 nach § 309 Nr. 9b) BGB a.F. zulässig bis zu einem Jahr.

216

Beispiel

Beispiel: V schließt am 01.05.2020 mit dem Fitnessstudiobetreiber U einen Vertrag mit einer Laufzeit von zwei Jahren ab. Nach der zwischen U und V getroffenen Vereinbarung verlängert sich der Vertrag um ein weiteres Jahr, wenn er nicht vor der Vertragsverlängerung von V mit einer Frist von drei Monaten gekündigt wird. V vergisst, rechtzeitig vor dem vereinbarten Vertragsende (30.04.2022) zu kündigen. V möchte aus dem Vertrag „entlassen" werden. Er beruft sich im April 2022 auf § 309 Nr. 9 BGB in der ab dem 01.03.2023 geltenden Fassung. U ist der Ansicht, dass sich der Vertrag bis zum 30.04.2023 verlängert habe und daher vorher nicht gekündigt werden kann.

Kann V den Fitnessstudiovertrag vor dem 30.04.2023 kündigen?

---

[151] So zutreffend Wais, NJW 2021, 2833 (2836).

Die Beantwortung dieser Frage hängt davon ab, ob für die Kündigung des Vertrages, der sich am 01.05.2022 verlängert hat, die Vorschrift des § 309 Nr. 9b) BGB in der Fassung ab dem 01.03.2022 anwendbar ist, oder ob es bei der Anwendung der bis 28.02.2022 geltenden Rechtslage bleibt, weil der erstmalige Vertragsschluss vor dem 01.03.2022 erfolgte.

Übergangsvorschrift für diese „Mischfälle" nicht gesetzlich geregelt

Der Gesetzgeber hätte diese Problematik natürlich regeln können, er tat es aber nicht. Auch in der amtlichen Begründung findet sich kein Hinweis darauf, wie mit solchen „Übergangsfällen" umgegangen werden soll. In der Bundestagsdrucksache 19/30840 findet sich auf der Seite 19 lediglich der lapidare Satz: *„Für Altverträge soll auch weiterhin § 309 Nummer 9 BGB in der bestehenden Fassung anzuwenden sein".*

217

Unklar ist aber, ob es sich in dem Beispielsfall um einen Altvertrag gehandelt hat, weil der erstmalige Vertragsschluss vor dem 01.03.2022 erfolgte, oder ob nicht doch ein „neuer" Vertrag vorliegt, weil die Verlängerung nach dem 28.02.2022 erfolgte.

Theoretisch ließe sich die automatische Vertragsverlängerung als neuerlicher Vertragsschluss konstruieren, dem die Vereinbarung zugrunde liegt, dass dem Schweigen des Verbrauchers in diesem Fall ausnahmsweise der Erklärungswert einer Zustimmung zur Vertragsverlängerung beigemessen werden kann. Unter diesen Umständen würde das verlängerte Schuldverhältnis erst durch die Verlängerung selbst entstehen.

Rechtsprechung des BGH zur automatischen Vertragsverlängerung

Nach der Rechtsprechung des BGH und der überwiegenden Ansicht der Literatur beruht eine automatische Vertragsverlängerung allerdings nicht auf einer durch Schweigen fingierten Willenserklärung. Eine solche wäre nämlich nach § 308 Nr. 5 BGB unzulässig.[152]

218

Die Parteien treffen die Vereinbarung über die Verlängerung des Vertrags nämlich bereits bei Abschluss des Vertrags. Aus diesem Grund beruht die Verlängerung des Erstvertrags auch nicht auf einer fingierten Erklärung des Verbrauchers, sondern auf der getroffenen Vereinbarung über die Behandlung des „Schweigens" vor Ablauf der ursprünglich vereinbarten Vertragslaufzeit.[153]

Wenn man unterstellt, dass der Gesetzgeber den Willen hatte, der Rechtsprechung des BGH zu folgen, so war die Vertragsverlängerung um 12 Monate nach § 309 Nr. 9b) BGB a.F. wirksam

Für diese Lösung sprechen auch Gründe des Vertrauensschutzes. Der Verbraucher ist insoweit nicht schutzwürdig. Er hätte nämlich den Vertrag mit der dreimonatigen Frist des § 309 Nr. 9c) BGB a.F. kündigen und dadurch die Vertragsverlängerung verhindern können. Der Unternehmer hingegen ist in seinem Vertrauen darauf, dass sich der Vertrag unter den Voraussetzungen der Verlängerung um die vereinbarte Dauer verlängert, sehr wohl schutzwürdig, weil gerade diese Vertragslaufzeit bei seiner Preiskalkulation eine Rolle gespielt haben dürfte.[154]

Übergangsfälle sind „Altverträge"

Fazit: Auch die Übergangsfälle, bei denen die Vertragsverlängerung nach dem 28.02.2022, der erstmalige Abschluss aber vor dem 01.03.2022 erfolgte, sind als „Altverträge" zu bewerten, sodass nach Art. 229 § 60 S. 2 EGBGB in diesen Fällen die Vorschrift des § 309 Nr. 9 BGB in der Fassung bis zum 28.02.2022 zur Anwendung kommt.

219

---

[152]   BGH, NJW 2010, 2942 (2943) = **juris**byhemmer; BGH, NJW 1987, 2021 ff. = **juris**byhemmer; Grüneberg (vormals Palandt), § 308, Rn. 28 m.w.N.

[153]   MüKo/Wurmnest, BGB, 8. Auflage 2019, § 308 Nr. 5, Rn. 6.

[154]   So zutreffend Wais, NJW 2021, 2833 (2836).

Lösung: Da der Vertrag am 01.05.2020 abgeschlossen wurde, ist für diesen Vertrag die bis zum 28.02.2022 geltende Fassung des § 309 Nr. 9 BGB anzuwenden.

Der Umstand, dass sich der Vertrag erst am 01.05.2022 - und damit erst nach dem Inkrafttreten der Neuregelung des § 309 Nr. 9 BGB - um ein weiteres Jahr verlängert hat, ändert nichts daran, dass es sich um einen „Altvertrag" handelt.

Damit hat sich das Vertragsverhältnis am 01.05.2022 um ein weiteres Jahr verlängert. Eine ordentliche Kündigung seitens des V vor Ablauf der zwölf Monate (30.04.2023) kommt daher nicht in Betracht.

Ergebnis: V kann daher unter Einhaltung der dreimonatigen Frist des § 309 Nr. 9c) BGB in der Fassung bis 28.02.2022 den Vertrag mit dem Fitnessstudio kündigen. V muss daher bis spätestens Ende Januar 2023 kündigen, um eine erneute Verlängerung des Vertrages zu verhindern.

2. Verlängerung eines Altvertrages auf unbestimmte Zeit

Dasselbe gilt, wenn sich ein Altvertrag mangels Kündigung vor dem vereinbarten Vertragsende auf unbestimmte Zeit verlängert.

220

Beispiel: V schließt am 01.05.2020 mit dem Fitnessstudiobetreiber U einen Vertrag mit einer Laufzeit von zwei Jahren ab. Nach der zwischen U und V getroffenen Vereinbarung verlängert sich der Vertrag auf unbestimmte Zeit, wenn er nicht vor der Vertragsverlängerung von V gekündigt wird. Im Vertrag ist ferner vereinbart, dass in diesem Fall der Vertrag unter Einhaltung einer dreimonatigen Kündigungsfrist gekündigt werden kann.

V vergisst, die Mitgliedschaft vor dem vereinbarten Vertragsende zum 30.04.2022 zu kündigen. Am 05.05.2022 möchte sich V von dem Vertrag lösen.

Mit welcher Frist kann V nun kündigen?

Lösung: Da der Vertrag am 01.05.2020 abgeschlossenen wurde, ist für diesen Vertrag die bis zum 28.02.2022 geltende Fassung des § 309 Nr. 9 BGB anzuwenden (s.o.). Der Umstand, dass sich der Vertrag erst am 01.05.2022 - und damit erst nach dem Inkrafttreten der Neuregelung des § 309 Nr. 9 BGB - um ein weiteres Jahr verlängert hat, ändert nichts daran, dass es sich um einen „Altvertrag" handelt.

Damit bleibt es bei der Anwendung der bis zum 28.02.2022 geltenden dreimonatigen Kündigungsfrist des § 309 Nr. 9c) BGB a.F.

Der Umstand, dass im ursprünglichen Vertrag vorgesehen war, dass sich die Mitgliedschaft im Fitnessstudio ohne Kündigung auf unbestimmte Zeit verlängert und damit eine Regelung getroffen wurde, wie sie der ab dem 01.03.2022 geltenden Rechtslage des § 309 Nr. 9b) BGB n.F. entspricht, führt nicht dazu, dass für die ordentliche Kündigung des verlängerten Vertrages nun auch die Vorschrift des § 309 Nr. 9c) BGB n.F. zur Anwendung kommt.

Anderenfalls würde der U dafür „bestraft", dass er nach alter Rechtslage großzügiger war, als er es hätte sein müssen.

Ergebnis: U kann daher am 05.05.2022 unter Einhaltung der wirksam vertraglich vereinbarten dreimonatigen Kündigungsfrist den Vertrag mit dem Fitnessstudio, d.h. frühestens zum Ablauf des 05.08.2022, kündigen.

D) Die Kündigung von Verbraucherverträgen im elektronischen Geschäftsverkehr (der sog. „Kündigungsbutton")

Einführung eines sog. „Kündigungsbuttons"

Die wesentlichste Neuerung durch das Gesetz für faire Verbraucherverträge erfährt das BGB durch die Einfügung des § 312k BGB. Diese Vorschrift sieht zum Leidwesen von Unternehmern, die ihre Geschäftsorganisation darauf einstellen müssen, die Einführung des sog. **„Kündigungsbuttons"** vor.

221

Inkrafttreten am 01.07.2022

Damit die Unternehmer ausreichend Zeit für die Umstellung ihrer Geschäftsorganisation haben[155], tritt die Vorschrift des **§ 312k BGB** nach Art. 229 § 60 S. 3 EGBG **erst am 01.07.2022 in Kraft.**

hemmer-Methode: Die Vorschrift des § 312k BGB gibt es bis zum 01.07.2022 in drei verschiedenen Versionen.[156]
Der heute noch geltende § 312k BGB („Abweichende Vereinbarungen und Beweislast") wird bis zum 27.05.2022 in Kraft bleiben!
Durch den „new deal for consumers" (vgl. § 4 in diesem Skript) werden in einem neuen § 312k BGB, der ab dem 28.05.2022 gelten wird, „Allgemeine Informationspflichten für Betreiber von Online-Marktplätzen" geregelt. Der bisherige § 312k BGB wird dann zu § 312l BGB.
Mit dem Inkrafttreten des Gesetzes für faire Verbraucherverträge nimmt dann der Paragraph zum Kündigungsbutton die Position der Informationspflichten für Marktplätze ein (§ 312k BGB).
Die Informationspflichten für Marktplätze werden dann zu § 312l BGB.
Der heutige § 312k BGB, der vom 28.05.2022 bis zum 30.06.2022 für gut einen Monat zu § 312l BGB geworden ist, wird dann zu § 312m BGB. Viel komplizierter geht es wirklich nicht!

Kündigungsbutton nach § 312k BGB ist das Spiegelbild zum Bestellbutton des § 312j III BGB

Spiegelbildlich zu dem in § 312j BGB geregelten sog. „Bestellbutton" bei Internetbestellungen müssen nach **§ 312k BGB** Unternehmer künftig den Verbrauchern zur Kündigung von Dauerschuldverhältnissen auch einen sog. **„Kündigungsbutton"** zur Verfügung stellen.

222

Die Gesetzesänderung beruht darauf, dass viele Unternehmer den Abschluss eines Vertrages im elektronischen Geschäftsverkehr mit einem Klick ermöglichen, die Kündigung von Verträgen hingegen entweder gar nicht oder nur erschwert durch eine (meist absichtlich) unübersichtlich gestaltete Webseite.[157] Mit der Einführung des Kündigungsbuttons sollen Verbraucher in die Lage versetzt werden, eine Kündigungserklärung im elektronischen Geschäftsverkehr künftig in vergleichbar einfacher Weise abzugeben wie die auf den Abschluss des Vertrages gerichtete Erklärung.

Kündigung über Kündigungsbutton ist aber für Verbraucher nicht verpflichtend, vgl. § 309 Nr. 13c BGB

§ 312k BGB soll die Kündigungsmöglichkeiten des Verbrauchers erweitern, nicht jedoch die Abgabe von Kündigungserklärungen auf anderem Wege beschränken oder ausschließen.

223

Daher bleibt eine Vereinbarung im Wege vorformulierter Vertragsbedingungen dahingehend, dass der Verbraucher **nur über** die nach § 312k BGB zur Verfügung zu stellende **Schaltfläche** kündigen kann, auch weiterhin nach **§ 309 Nr. 13c) BGB** unwirksam.

I. Anwendungsbereich

1. Persönlicher Anwendungsbereich

224

Anwendbar auf Verträge zwischen Unternehmer und Verbraucher

Nach § 312k I BGB ist die Anwendbarkeit der Vorschrift auf Verträge zwischen einem Unternehmer (§ 14 BGB) und einem Verbraucher (§ 13 BGB) beschränkt.

---

[155]　Vgl. BT-Drs. 19/30840, Seite 20.
[156]　Vgl. dazu auch die Beilage „Gesetzestexte"!
[157]　Vgl. dazu BT-Drs. 19/30840, Seite 15.

Im rein unternehmerischen Geschäftsverkehr gilt die Vorschrift des § 312k BGB folglich nicht.

> **hemmer-Methode:** § 312k BGB steht im Kapitel 3 (Verträge im elektronischen Geschäftsverkehr, §§ 312i ff. BGB).
> Kapitel 3 befindet sich im Untertitel 2, welcher in den §§ 312 ff. BGB die „Grundsätze bei Verbraucherverträgen und besondere Vertriebsformen" regelt.
> § 310 III BGB definiert den Verbrauchervertrag wiederum als Vertrag zwischen einem Unternehmer und einem Verbraucher.
> Ein Fremdkörper in diesem „System" ist aber § 312i BGB, der bei den allgemeinen Pflichten im elektronischen Geschäftsverkehr bewusst vom „Kunden" spricht. Nach allgemeiner Meinung spielt es aber im Rahmen des § 312i I BGB keine Rolle, ob der Kunde Verbraucher oder Unternehmer ist.[158] Dagegen gilt § 312i II S. 2 BGB wiederum nur für Verbraucher.
> Die Systematik des Gesetzes wird daher von der Überschrift des Kapitels 3 nicht wirklich eingehalten!

2. Sachlicher Anwendungsbereich

a) Entgeltliches Dauerschuldverhältnis, das im elektronischen Geschäftsverkehr abgeschlossen werden kann

Sachlicher Anwendungsbereich

§ 312k I BGB bestimmt den Anwendungsbereich der Vorschrift und verwendet die Formulierung „Vertrag im elektronischen Geschäftsverkehr", dessen Legaldefinition sich in § 312i I S. 1 BGB findet.

225

Vertrag im elektronischen Geschäftsverkehr, § 312i I S. 1 BGB

Ein solcher Vertrag liegt nach § 312i I S. 1 BGB vor, wenn sich ein Unternehmer zum Zwecke des Abschlusses eines Vertrags über die Lieferung von Waren oder über die Erbringung von Dienstleistungen der Telemedien bedient.

> **hemmer-Methode:** Unterstreichen Sie sich, soweit die Prüfungsordnung Ihres Bundeslandes Kommentierungen des Gesetzes zulässt, in § 312k I BGB den Begriff Vertrag im elektronischen Geschäftsverkehr und kommentieren sich § 312i I S. 1 BGB an den Rand.

Der Abschluss dieser Verträge muss über eine „Webseite" lediglich *__ermöglicht__* werden.

> **hemmer-Methode:** Für die Auslegung des Begriffs „Webseite" kann auf die Rechtsprechung zum identischen Begriff in § 312j I BGB zurückgegriffen werden. Es macht keinen Unterschied, ob der Vertragsschluss über eine vom Unternehmer selbst betriebene Webseite ermöglicht wird oder – wie z.B. im Fall von Vermittlungsplattformen – über eine von einem Dritten betriebene Webseite. Der Unternehmer hat in beiden Fällen sicherzustellen, dass der Verbraucher eine Kündigungserklärung nach den Vorgaben des § 312k BGB abgeben kann. Wird der Vertragsschluss auf einer nicht vom Unternehmer selbst betriebenen Webseite ermöglicht, hat der Unternehmer den Dritten als Betreiber der fremden Webseite hierzu vertraglich zu verpflichten.

Ob der Vertrag im elektronischen Geschäftsverkehr abgeschlossen wurde, spielt keine Rolle

Für die Begründung der Pflicht des Unternehmers kommt es nicht darauf an, ob der zu kündigende Vertrag selbst im elektronischen Geschäftsverkehr geschlossen wurde. Entscheidend ist vielmehr, ob der Unternehmer zum Zeitpunkt der Kündigung eines Vertrags dessen Abschluss im elektronischen Geschäftsverkehr *__ermöglicht__*.

226

---

[158] Grüneberg (vormals Palandt), § 312i, Rn. 3.

Nur anwendbar bei Kündigung von Dauerschuldverhältnissen gegen Entgelt

Da § 312k I S. 1 BGB den sachlichen Anwendungsbereich auf Verträge zur Begründung von **Dauerschuldverhältnissen** beschränkt, die den Unternehmer zu einer **entgeltlichen** Leistung verpflichten, ist der Anwendungsbereich des § 312k I S. 1 BGB enger als der des § 312i I BGB.

hemmer-Methode: Auch der persönliche Anwendungsbereich des § 312k BGB ist enger, da er nur für Verträge zwischen Unternehmern und Verbrauchern gilt. § 312i BGB spricht hingegen vom Kunden und meint damit sowohl Verbraucher als auch Unternehmer (s.o.).

Die Beschränkung auf Dauerschuldverhältnisse erfolgt unter dem Gesichtspunkt des Verbraucherschutzes, da die Kündigung anderer Schuldverhältnisse als Dauerschuldverhältnisse für den Verbraucher mit nachteiligen Rechtsfolgen verbunden sein kann.

Hier ist insbesondere an die „freie" Kündigung eines Werkvertrages zu denken, die zur Folge hat, dass die Vergütungspflicht des Bestellers nach § 648 BGB fortbesteht.

hemmer-Methode: Dadurch würde auch die standardisierte Erfüllung der Informationspflicht des Unternehmers nach § 312k II S. 3 Nr. 2 BGB erheblich erschwert.
Daher sollen andere Verträge als solche über Dauerschuldverhältnisse wegen der im Einzelfall eintretenden besonderen Folgen einer Kündigung nicht von § 312k BGB erfasst sein.

b) Beschränkung auf die ordentliche und die außerordentliche Kündigung, vgl. § 312k II BGB

Anwendbar auf ordentliche und außerordentliche Kündigung

Wie sich dem § 312k II BGB entnehmen lässt, gilt die Vorschrift nur für die ordentliche und die außerordentliche Kündigung.   *227*

Gewährleistungsrechtliche Kündigungen sowie andere Rechte zur Beendigung von Dauerschuldverhältnissen einschließlich des Rücktritts sowie der Vertragsbeendigung wegen einer unterbliebenen Bereitstellung (§ 327c I BGB), eines Mangels (§ 327i i.V.m. § 327m BGB) oder einer nachteiligen Änderung digitaler Produkte (§ 327r III BGB) sind damit nicht von dieser Regelung umfasst.

Unter Verbraucherschutzaspekten ist die vom Gesetzgeber intendierte Möglichkeit der Begrenzung allerdings nicht unproblematisch, weil der juristische Laie sich mit der Unterscheidung zwischen den verschiedenen Kündigungsarten und ebenso mit der Abgrenzung zu anderen Kündigungen und rechtsgeschäftlichen Erklärungen durchaus schwertun dürfte.[159]

Unternehmer darf aber den Kündigungsbutton auf andere Fälle der Vertragsbeendigung erweitern!

Zu beachten ist allerdings, dass es dem Unternehmer nach § 312k BGB nicht verboten ist, dem Verbraucher für alle Formen der Kündigung den Kündigungsbutton zur Verfügung zu stellen. Vor dem Hintergrund der Vereinfachung der Geschäftsorganisation des Unternehmers ist diese „Erweiterung des Kündigungsbuttons" durchaus realistisch und sinnvoll.   *228*

hemmer-Methode: Die Kündigung von Verträgen zur Begründung dinglicher Rechte (Grundpfandrechte oder Dienstbarkeiten) ist schon deshalb nicht vom Anwendungsbereich des § 312k BGB erfasst, weil diese dinglichen Verträge nicht im elektronischen Geschäftsverkehr abgeschlossen werden können.

---

[159]   So zutreffend Wais, NJW 2021, 2833 (2837).

c) Ausnahmen vom Anwendungsbereich

§ 312k I S. 2 Nr. 1 BGB

Nach § 312k I S. 2 Nr. 1 BGB gilt diese Vorschrift nicht für Verträge, für deren Kündigung nach dem Gesetz eine strengere Form als die Textform vorgeschrieben ist. Dies ist beispielsweise für die Kündigung eines Wohnraummietverhältnisses in § 568 I BGB vorgesehen, die in der gesetzlichen Schriftform erfolgen muss, § 126 BGB.

229

§ 312k I S. 2 Nr. 2 BGB

Außerdem sind Unternehmer von den Pflichten nach § 312k BGB befreit, wenn die Webseite Finanzdienstleistungen (vgl. § 312 V S. 1 BGB) betrifft oder es sich bei den betreffenden Verträgen um Verträge über Finanzdienstleistungen handelt.

II. Der Kündigungsbutton

§ 312k II BGB konkretisiert die Pflicht des Unternehmers zur Einrichtung der Kündigungsmöglichkeit.

230

Einrichtung des Kündigungsbuttons auf der Webseite, auf welcher der Vertrag geschlossen werden kann

Der Unternehmer hat gem. § 312k II S. 1 BGB sicherzustellen, dass der Verbraucher auf derselben Webseite, auf welcher er den Vertrag abschließen konnte, auch seine Erklärung zu einer ordentlichen oder außerordentlichen Kündigung über eine Kündigungsschaltfläche, den sog. **„Kündigungsbutton"**, abgeben kann.

Zweistufiger Kündigungsbutton

Zweistufiges Verfahren

Das Gesetz sieht in § 312k II BGB ein zweistufiges Verfahren zur Abgabe der Kündigungserklärung vor.

231

1. Erste Stufe: Einrichtung des „Kündigungsbuttons"

In einem ersten Schritt muss der Unternehmer den Verbrauchern auf der Webseite eine Schaltfläche (**Button**) einrichten.

232

Schaltfläche „Vertrag hier kündigen"

Diese Schaltfläche muss gut lesbar sein und darf mit nichts anderem als den Wörtern **„Verträge hier kündigen"** oder mit einer anderen entsprechenden eindeutigen Formulierung beschriftet sein, vgl. dazu § 312k II S. 2 BGB.

Der Kündigungsbutton muss außerdem „ständig verfügbar" sowie „unmittelbar und leicht zugänglich" sein, § 312k II S. 4 BGB.

Ständige Verfügbarkeit

Das Kriterium „ständig verfügbar" orientiert sich am entsprechenden Erfordernis in § 5 I des Telemediengesetzes (TMG). Verbraucher müssen somit jederzeit und ohne sich hierfür zunächst auf der Webseite anmelden zu müssen auf die Schaltfläche zugreifen können.

> **hemmer-Methode:** Eine nur vorübergehende technisch bedingte Unerreichbarkeit wegen Wartungsarbeiten ist hingegen unschädlich.[160] Wartungsarbeiten sind aber zu Zeitpunkten durchzuführen, zu denen erfahrungsgemäß die wenigsten Kündigungen getätigt werden. Kommt es wiederholt zu Wartungsarbeiten während der Stoßzeiten, sollte der Unternehmer darzulegen und zu beweisen haben, dass ein unmittelbares Einschreiten erforderlich war.[161]

---

[160]   OLG Düsseldorf, ZUM-RD 2009, 61 ff. = **juris**byhemmer.
[161]   Wais, NJW 2021, 2833 (2838).

Unmittelbar und leicht zugänglich

Die Anforderung „**unmittelbar und leicht zugänglich**" orientiert sich an **Art. 246d § 2 II EGBGB**. Das bedeutet insbesondere, dass ein vorgeschaltetes Anmeldeerfordernis auf der Webseite unzulässig ist.[162]

hemmer-Methode: Den Gesetzestext zu Art. 246d § 2 II EGBGB finden Sie in der Gesetzesbeilage zu § 4 dieses Skripts.[163]

2. Zweite Stufe: Einrichtung der „Bestätigungsseite"

Bestätigungsseite

Klickt der Verbraucher auf diesen Button, muss er im zweiten Schritt nach § 312k II S. 3 BGB auf eine sog. „Bestätigungsseite" weitergeleitet werden.

233

Unmittelbar und leicht zugänglich sowie ständig verfügbar

Diese Seite muss ebenso unmittelbar und leicht zugänglich sowie ständig verfügbar sein, § 312k II S. 4 BGB.

Die Bestätigungsseite hat Felder zu enthalten, in denen bestimmte Angaben zur Identifizierbarkeit des Verbrauchers und des Vertrags zu machen sind.

hemmer-Methode: Der Verbraucher kann dem Unternehmer nur ganz bestimmte Informationen zur Verfügung stellen, damit eine möglichst einfache und unkomplizierte Kündigung nicht durch das Abfragen von nicht erforderlichen Daten unnötig erschwert wird.
Zugleich soll die Abfrage dem „Grundsatz der Datensparsamkeit" nach Art. 5 I c) der Datenschutzgrundverordnung (DSGVO) genügen.

Angaben zur Person und des zu kündigenden Vertrags

Auf der Bestätigungsseite muss der Verbraucher zunächst Angaben zu seiner Person machen, damit er eindeutig identifiziert werden kann, vgl. § 312k II S. 3 Nr. 1b) BGB. Außerdem muss natürlich der zu kündigende Vertrag eindeutig bezeichnet werden, § 312k II S. 3 Nr. 1c) BGB.

234

Zur Bezeichnung des Vertrags kann der Unternehmer Kunden-, Bestell- oder Vertragsnummern abfragen.

Art der Kündigung (ordentlich oder außerordentlich) und Grund für die außerordentliche Kündigung

Verbraucher müssen dort auch angeben können, ob es sich um eine ordentliche oder um eine außerordentliche Kündigung handelt und - im Fall der außerordentlichen Kündigung - was der Kündigungsgrund ist, § 312k II S. 3 Nr. 1a) BGB.

Angaben zum Beendigungszeitpunkt

Zudem müssen Verbraucher den Zeitpunkt, zu dem die Kündigung wirksam sein soll, angeben können, § 312k II S. 3, Nr. 1c) BGB.

235

hemmer-Methode: Dies darf aber nicht als Pflichtangabe verlangt werden, ohne welche die Kündigung nicht über die Webseite erklärt werden kann.
Dies ergibt sich schon aus § 312k V BGB, nach welchem die Kündigungserklärung im Zweifel zum frühestmöglichen Zeitpunkt wirksam wird, wenn kein Kündigungszeitpunkt angegeben wird.

Ferner muss es dem Verbraucher nach § 312k II S. 3 Nr. 1 e) BGB ermöglicht werden, Angaben zu machen, die dem Unternehmer eine schnelle elektronische Übermittlung der Kündigungsbestätigung nach § 312k IV S. 1 BGB an den Verbraucher ermöglichen.

236

hemmer-Methode: In der Regel wird es sich dabei um die Angabe der E-Mail-Adresse handeln.

---

[162]   Vgl. BT-Drs. 19/30840, Seite 17.

[163]   Gesetz zur Änderung des BGB und des EGBGB in Umsetzung der EU-Richtlinie zur besseren Durchsetzung und Modernisierung der Verbraucherschutzvorschriften der Union (sog. „new deal for consumers").

§ 312k II S. 3 Nr. 2 BGB als der "finale Kündigungsbutton"

Die Bestätigungsseite muss gem. **§ 312k II S. 3 Nr. 2 BGB** außerdem auch eine „Bestätigungsschaltfläche" enthalten, die gut lesbar mit nichts anderem als den Wörtern „**jetzt kündigen**" beschriftet sein darf. Dies ist der eigentliche (finale) „**Kündigungsbutton**".

237

III. Dokumentation und Bestätigung der Kündigung

Ermöglichung des Speicherns der abgegebenen Kündigungserklärung

Nach § 312k III BGB muss der Unternehmer dem Verbraucher die Möglichkeit einräumen, die von ihm abgegebene Kündigungserklärung speichern zu können.

238

Der Verbraucher kann so bereits die Abgabe seiner Kündigungserklärung dokumentieren. Dies kann z.B. durch eine herunterladbare Zusammenfassung der mittels der Kündigungsschaltfläche abgegebenen Kündigungserklärung geschehen, die insbesondere das Datum und die Uhrzeit der Betätigung der Schaltfläche dokumentiert.

hemmer-Methode: Durch diese Dokumentation wird die von § 126b S. 2 Nr. 1 BGB vorgesehene Möglichkeit zur Speicherung der Erklärung des Verbrauchers gewahrt.

Unternehmer muss Zugang der Kündigung bestätigen

§ 312k IV BGB sieht zudem eine Verpflichtung des Unternehmers vor, den Empfang, d.h. den Zugang als Wirksamkeitsvoraussetzung für die Kündigungserklärung (vgl. § 130 I S. 1 BGB), zu bestätigen.

239

Die *sofortige Bestätigung* muss in *Textform* (§ 126b BGB) erfolgen, was im elektronischen Geschäftsverkehr auch automatisiert zulässig ist.

Widerlegbare Vermutung des Zugangs

Nach § 312k IV S. 2 BGB wird widerlegbar vermutet, dass eine durch das Betätigen des Kündigungsbuttons abgegebene Kündigungserklärung dem Unternehmer unmittelbar nach ihrer Abgabe zugegangen ist.

240

hemmer-Methode: Diese widerlegliche Vermutungsregelung soll dem Verbraucher, der keinen Einblick in die technischen Vorgänge bei der Übermittlung der Kündigungserklärung hat, die Beweisführung hinsichtlich des Zugangs der Kündigungserklärung beim Unternehmer erleichtern.

IV. Beendigungszeitpunkt, § 312k V BGB

Beendigung zum frühestmöglichen Zeitpunkt

Wenn der Verbraucher bei der Abgabe der Kündigungserklärung im Bestätigungsfeld keinen Zeitpunkt angibt, zu dem die Kündigung das Vertragsverhältnis beenden soll (bei der Angabe nach § 312k II S. 3 Nr. 1d) BGB handelt es sich nicht um eine Pflichtangabe, s.o.), so wirkt die Kündigung im Zweifel zum frühestmöglichen Zeitpunkt, vgl. § 312k V BGB.

241

V. Rechtsfolgen eines Verstoßes gegen § 312k I, II BGB: Verbraucher hat außerordentliches, fristloses Kündigungsrecht

Sanktion bei einem Verstoß gegen § 312k I, II BGB

§ 312k VI BGB normiert die Rechtsfolgen, wenn der Unternehmer gegen die in § 312k I und II BGB vorgesehenen Pflichten verstößt.

242

Verbraucher hat außerordentliches und fristloses Kündigungsrecht

Werden die Schaltflächen und die Bestätigungsseite nicht nach § 312k I und II BGB zur Verfügung gestellt, kann ein Verbraucher gemäß § 312k VI S. 1 BGB einen Vertrag, für dessen Kündigung diese Schaltflächen zur Verfügung zu stellen sind, jederzeit und ohne Einhaltung einer Kündigungsfrist kündigen. Für das Vorliegen der Voraussetzungen von § 312k VI S. 1 BGB trägt der Verbraucher die Darlegungs- und Beweislast. **243**

Der Sache nach enthält § 312k VI S. 1 BGB also eine „Bestrafung" des Unternehmers (sog. „Sanktionsnorm").

> **hemmer-Methode:** Hält der Unternehmer keinen „Bestellbutton" bereit, wozu er nach § 312j III BGB verpflichtet ist, so regelt § 312j IV BGB, dass der Vertrag nichtig ist.
> Diese Sanktionsfolge empfand der Gesetzgeber bei einem Verstoß gegen die Pflicht zur Bereithaltung des „Kündigungsbuttons" als zu mild und nicht in gleicher Weise wirksam.[164]
> Der Gesetzgeber begründet dies damit, dass der Unternehmer im Fall des § 312j III BGB einen Anreiz hat, einen Bestellbutton bereitzustellen. In der umgekehrten Situation der Vertragskündigung fehlt aber naturgemäß ein solcher Anreiz.
> Daher soll hier der Unternehmer, der dem Verbraucher die gesetzlich vorgesehene einfache und unkomplizierte Kündigungsmöglichkeit vorenthält, durch die Möglichkeit des Verbrauchers bestraft werden, den Vertrag jederzeit und ohne Einhaltung einer Kündigungsfrist kündigen zu können.

Mit § 312k VI S. 2 BGB wird klargestellt, dass die Möglichkeit des Verbrauchers zur außerordentlichen Kündigung des Vertrags aus anderen Gründen unberührt bleibt. **244**

E) Änderungen des UWG durch §§ 7a, 20 UWG zur Einwilligung in die Telefonwerbung

§ 7a I UWG regelt Pflicht zur Dokumentation der Einwilligung in Telefonwerbung

Um eine effizientere Sanktionierung von unerlaubter Telefonwerbung zu ermöglichen, sieht der bereits am 01.10.2021 in Kraft getretene **§ 7a I UWG** eine Pflicht des Unternehmers zur Dokumentation der Einwilligung des Verbrauchers vor. **245**

Eine besondere Form der Einwilligung wird nicht vorgeschrieben. Die Einwilligung kann auch mündlich erteilt werden; die Dokumentation kann in diesem Fall z.B. aus einer Tonaufzeichnung bestehen. Zudem müssen Inhalt und Umfang der Einwilligung dokumentiert werden. Die Bundesnetzagentur kann als zuständige Behörde Hinweise veröffentlichen, wie sie den unbestimmten Rechtsbegriff der „angemessenen Dokumentation" auslegen wird.

5-jährige Aufbewahrungspflicht, § 7a II UWG

Die Dokumentationspflicht gilt nach **§ 7a II S. 1 UWG** für fünf Jahre ab Erteilung der Einwilligung sowie jeder erneuten Verwendung der Einwilligung.[165] **246**

Zur effizienten Bewertung und Sanktionierung der von Verbrauchern angezeigten Sachverhalte verpflichtet § 7a II S. 2 UWG die werbenden Unternehmen, der Bundesnetzagentur die Einwilligung auf Verlangen unverzüglich vorzulegen.

---

[164] Vgl. BT-Drs. 19/30840, Seite 17.
[165] Die Aufbewahrungsfrist entspricht der vergleichbaren Regelung in § 83 VIII des Wertpapierhandelsgesetzes (WpHG).

hemmer-Methode: Die Einführung einer solchen Vorlagepflicht ist zur Sachverhaltsaufklärung notwendig, weil in vielen Fällen keine Nachweise vorgelegt werden oder Verbraucher bei Vorlage der entsprechenden Einwilligung vielfach erklären, dass sie die Einwilligung nicht abgegeben haben oder die in der Einwilligung verwendeten persönlichen Daten nicht korrekt sind.

Bei Verstößen droht ein Bußgeld bis zu 50.000,- €, § 20 I Nr. 2 UWG

§ 20 I Nr. 2 UWG belegt Verstöße des Unternehmers gegen die Pflicht zur angemessenen Dokumentation der Einwilligung in Telefonwerbung sowie zu deren Aufbewahrung mit einem Bußgeld bis zu 50 000,- €.

247

F) Textformerfordernis für Energielieferungsverträge

§ 41b EnWG
⇨ *Textform für Energielieferverträge und deren Kündigung*

Der Regierungsentwurf zum Gesetz für faire Verbraucherverträge sah eine Änderung des Energiewirtschaftsgesetzes (EnWG) vor. Für Energielieferverträge mit Haushaltskunden sollte - ebenso wie für deren Kündigung - das Erfordernis der Textform geregelt werden.

248

Diese Regelungen wurden aus dem Gesetz für faire Verbraucherverträge ausgegliedert und durch das „Gesetz zur Umsetzung unionsrechtlicher Vorgaben und zur Regelung reiner Wasserstoffnetze im Energiewirtschaftsrecht" in § 41b EnWG umgesetzt.

hemmer-Methode: Dieses Gesetz wurde am 16.07.2021 beschlossen und am 26.07.2021 im Bundesgesetzblatt verkündet.[166] § 41b EnWG ist einen Tag nach der Verkündung, also am 27.07.2021, in Kraft getreten.

Diese Änderung ist sinnvoll, weil das nach § 312g I BGB bestehende Widerrufsrecht den Verbrauchern keinen hinreichenden Schutz vor am Telefon aufgedrängten und untergeschobenen Wechseln in einen anderen Energieliefervertrag bietet. Verbraucher scheuen die Konsequenzen des Widerrufs, insbesondere den Aufwand der Rückabwicklung des neuen und der Wiederherstellung des alten Vertrags.

G) Die nicht umgesetzte Änderung des § 476 II BGB

§ 476 BGB wurde nicht geändert

Anders als es ursprünglich im Regierungsentwurf noch vorgesehen war, wurde die Vorschrift des **§ 476 BGB** beim Kauf gebrauchter Sachen nun doch nicht geändert.

249

§ 476 II BGB war europarechtswidrig

§ 476 II HS 2 BGB in der Fassung bis zum 31.12.2021 hat eindeutig gegen die Verbrauchsgüterkaufrichtlinie (VGK-RL)[167] verstoßen, weil danach bei einem Verbrauchsgüterkauf über gebrauchte Sachen eine Vereinbarung über die Verkürzung der Verjährungsfrist für Sachmängelgewährleistungsrechte auf ein Jahr zulässig war.

250

Die Mitgliedstaaten konnten aber nach Art. 5 I und Art. 7 I Unterabs. 2 VGK-RL nur eine Vereinbarung über die Verkürzung der Haftungsdauer auf bis zu ein Jahr, nicht jedoch über die Verkürzung der Verjährungsfrist erlauben. Der Entwurf des Gesetzes für faire Verbraucherverträge sah daher folgende Änderung des § 476 BGB vor:

---

[166]   Vgl. BGBl. 2021, Teil I, Nr. 47, Seite 3026 ff. vom 26.07.2021.
[167]   EuGH v. 13.07.2017 (Rs. C-133/16, Ferenschild).

Vorgesehene Änderung

> **§ 476 BGB-E**
> **Abweichende Vereinbarungen**
>
> **(1)** [1]unverändert.
> [2]**Bei gebrauchten Sachen können die Vertragsparteien vereinbaren, dass der Unternehmer nur für einen Mangel haftet, der sich innerhalb eines bestimmten Zeitraums seit der Ablieferung der Sache gezeigt hat.** [3]**Dieser Zeitraum darf ein Jahr nicht unterschreiten.** [4]**Diese Regelungen** finden auch Anwendung, wenn sie durch anderweitige Gestaltungen umgangen werden.
> **(2)** Die Verjährung der in § 437 bezeichneten Ansprüche kann vor Mitteilung eines Mangels an den Unternehmer nicht durch Rechtsgeschäft erleichtert werden, wenn die Vereinbarung zu einer Verjährungsfrist ab dem gesetzlichen Verjährungsbeginn von weniger als zwei Jahren, ~~bei gebrauchten Sachen von weniger als einem Jahr~~ führt.
> **(3)** unverändert.

251

Urteil des BGH

Die Unsicherheiten, die nach dem **Ferenschild-Urteil des EuGH** entstanden sind, wurden aber durch das Urteil des BGH vom 18.11.2020[168] beseitigt. Der BGH hat eine „Korrektur" des eindeutig europarechtswidrigen § 476 II BGB abgelehnt, da eine solche dem eindeutigen Wortlaut der Norm widersprechen würde. Die Korrektur des § 476 II HS 2 BGB sei aus verfassungsrechtlichen Gründen (Art. 20 III GG) nicht die Aufgabe der Rechtsprechung, sondern die des Gesetzgebers.

252

Umsetzung der Warenkauf-RL hat Änderung hinfällig gemacht

Durch die Warenkauf-RL wurde die Verbrauchsgüterkaufrichtlinie aufgehoben. Nach Art. 10 VI Warenkauf-RL können die Mitgliedstaaten auch eine Verkürzung der Verjährungsfrist vorsehen.

In Umsetzung der Warenkauf-RL (§ 2 dieses Skripts) wurde daher die Möglichkeit der Verjährungsverkürzung der Mängelrechte beim Kauf gebrauchter Waren auf ein Jahr in § 476 II S. 1 BGB n.F. grds. beibehalten. Vereinbarungen zur Verkürzung der Verjährung sind aber nur unter den strengen Voraussetzungen des § 476 II S. 2 BGB zulässig, wie sie auch nach § 476 I S. 2 BGB n.F. für negative Beschaffenheitsvereinbarungen vorgeschrieben ist.

253

hemmer-Methode: Und damit endet dieses Skript, wie es begonnen hat. Mit der wichtigsten Neuregelung für das Jahr 2022 – der Umsetzung der Warenkaufrichtlinie!

---

[168]   BGH, **Life&LAW 03/2021, 145 ff.** = **juris**byhemmer.

Die Zahlen verweisen auf die Randnummern des Skripts

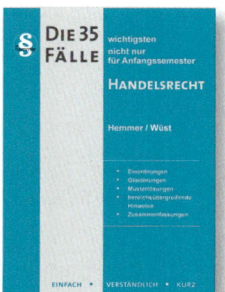

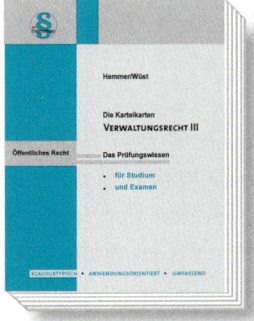
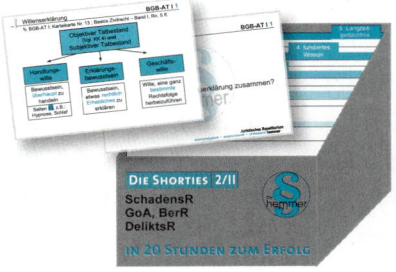

hemmer/wüst Verlag
Unser Lernsystem im Überblick

Digitale Produkte

 &

■ HEMMER APP

FÜR SMARTPHONE, TABLET UND PC

Das Frage-Antwort-System der hemmer Hauptskripten, unsere „haupties", digital lernen mit der intelligenten Lernplattform StudySmarter. Behalten Sie mit detaillierten Lernstatistiken Ihren Fortschritt im Blick und lernen Sie mit einem individuellen Lernplan. Kostenlos testbar: „haupties BGB AT I - III" (579 KK) sowie „Definitionen StrafR" (279 KK). Einfach den Code hemmer20 bei der Registrierung eingeben. Zusätzlich erhalten unsere Kursteilnehmenden über 600 Wiederholungs- und Vertiefungsfragen des HK-Materials. Der exklusive Code ist über die Kursleiter und Kursleiterinnen erhältlich.

■ EBOOKS - ab 9,90 €

DIE HEMMER SKRIPTENREIHE ALS EBOOKS

In den eBooks, die mit unserer hemmer Skriptenreihe identisch sind, werden die für die Prüfung nötigen Zusammenhänge umfassend aufgezeigt und wiederkehrende Argumentationsketten eingeübt. Nutzen Sie die eBooks als Ihre ortsunabhängige Bibliothek. Sie sind klausurorientiert und zahlreiche Beispielsfälle erleichtern das Verständnis. So wird Prüfungswissen auf anspruchsvollem Niveau vermittelt.

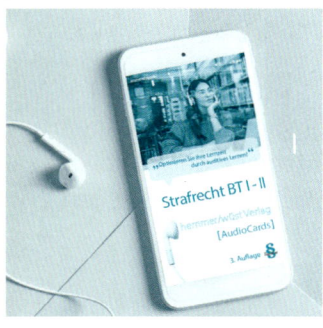

■ AUDIOCARDS - ab 19,95 €

AUDITIV - MODERN - EFFEKTIV

Die Wiederholungsfragen der hemmer Hauptskripten werden in den hemmer AudioCards vertont und beantwortet. Gleichzeitig haben Sie die Möglichkeit, den kompletten Inhalt inklusive Inhaltsverzeichnis per PDF einzusehen und auszudrucken. Wir verhelfen Ihnen mit unserem auditiven Lernsystem zu einer optimalen Prüfungsvorbereitung.

■ LIFE&LAW - DIGITAL - je 6,80 €

NEUESTE RECHTSPRECHUNG - KLAUSURTYPISCH AUFBEREITET

Die Life&LAW ist die deutschlandweit monatlich erscheinende hemmer-Ausbildungszeitschrift. In jeder Ausgabe werden aktuelle Entscheidungen im Bereich des Zivil-, Straf- und Öffentlichen Rechts aufbereitet und klausurtypisch von unseren hemmer-Repetitoren gelöst.

Erhältlich über unseren hemmer-shop
www.hemmer-shop.de

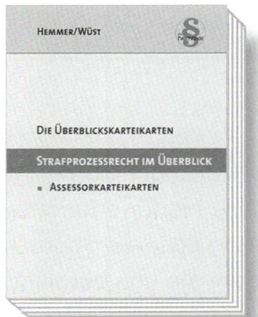

Psychologische Ratgeber & mentales Training

■ PRÜFUNGEN ALS HERAUSFORDERUNG - 14,80 €

MENTALE STÄRKE IM EXAMEN

Prüfungen erzeugen enormen Druck. Wenn die Belastung durch Angst und negative Gedanken zu groß wird, können Prüfungen trotz guter Vorbereitung misslingen. Hier setzt mentales Training an. Mit dem Arbeitsbuch von Dr. Bertold Ulsamer haben Sie den Coach an Ihrer Seite, der Sie mit zahlreichen Übungen mit verblüffender Wirkung begleitet. Seine gesamten Erfahrungen mit Mentaltraining als Coach, Managementtrainer und Psychotherapeut sind in dieses Buch eingeflossen. Diese werden auch Ihnen nutzen!

■ NLP FÜR EINSTEIGER - 12,80 €

SIND SIE NEUGIERIG UND WOLLEN SELBSTBESTIMMT NEUE WEGE BESCHREITEN?

NLP behandelt den erfolgreichen Umgang mit Menschen: Bei sich und bei anderen positive Veränderungen in Gang setzen, die Kunst, seine Mitmenschen zu verstehen und sich Ihnen verständlich zu machen. Dieses Buch stellt Schlüsselfragen, enthält viele Beispiele aus der Praxis und hilft mit Übungen, die Beziehung zwischen Körper und Denken zu nutzen. So stehen Ihnen mehr Kraft und Fähigkeiten in schwierigen Situationen zur Verfügung.

■ LEBENDIGES REDEN - 21,80 €

Wie man Redeangst überwindet, die Geheimnisse der Redekunst erlernt und Vorträge interessant gestaltet. Die Fähigkeit zum lebendigen angstfreien Reden vor Gruppen und vor Autoritätspersonen ist in der Schule, im Studium (z.B. mündliche Prüfungen, Seminare) und im Beruf ein entscheidender Schlüssel zum Erfolg.
Mithilfe der bekanntesten psychologischen Techniken schulen Sie Ihre rhetorischen Fähigkeiten und lernen, angstfrei, verständlich und souverän zu sprechen. Inkl. Coaching-CD.

■ COACH DICH! - 19,80 €

Sei Dein eigener Lebensmeister mit Hilfe des Rationalen Effektivitäts-Trainings! Ob wir im Berufsleben oder in der Examensphase erfolgreich bestehen wollen: Die hierfür erforderlichen psychischen Stärken können trainiert werden. So wie eine Sportlerin oder ein Sportler sich auf den Wettkampf vorbereitet, können auch wir Fertigkeiten lernen, die uns beruflich und vor allem im Umgang mit Menschen erfolgreicher werden lassen.

Versandkostenfreie Bestellung in unserem hemmer-shop

www.hemmer-shop.de